Havia Gigantes na Terra

Deuses, Semideuses e Antepassados Humanos: A Evidência do DNA Alienígena

Zecharia Sitchin

Havia Gigantes na Terra

Deuses, Semideuses e Antepassados Humanos: A Evidência do DNA Alienígena

Tradução:
Marcelo Albuquerque

Madras®

Publicado originalmente em inglês sob o título *There Were Giants Upon the Earth* por Bear & Company.
©2010, Zecharia Sitchin.
Direitos de edição e tradução para o Brasil.
Tradução autorizada do inglês.
© 2018, Madras Editora Ltda.

Editor:
Wagner Veneziani Costa

Produção e Capa:
Equipe Técnica Madras

Foto da Capa:
Cortesia de Art Archive

Tradução:
Marcelo Albuquerque

Revisão da Tradução:
Marcos Malvezzi Leal

Revisão:
Maria Cristina Scomparini
Jerônimo Feitosa

Dados Internacionais de Catalogação na Publicação (CIP)
(Câmara Brasileira do Livro, SP, Brasil)

Sitchin, Zecharia
Havia gigantes na terra: deuses, semideuses e antepassados humanos: a evidência do DNA alienígena/Zecharia Sitchin; tradução
Marcelo Albuquerque. – São Paulo: Madras, 2018.
Título original: There were giants upon the earth

ISBN 978-85-370-0813-3

1. Civilização antiga – Influências extraterrestre 2. Deusas – História 3. Deuses – História 4. DNA 5. Hereditariedade 6. Seres extraterrestres I. Título.

12-12688   CDD-930

Índices para catálogo sistemático:
1. Antiguidade: História antiga 930

É proibida a reprodução total ou parcial desta obra, de qualquer forma ou por qualquer meio eletrônico, mecânico, inclusive por meio de processos xerográficos, incluindo ainda o uso da internet, sem a permissão expressa da Madras Editora, na pessoa de seu editor (Lei nº 9.610, de 19.2.98).

Todos os direitos desta edição, em língua portuguesa, reservados pela

MADRAS EDITORA LTDA.
Rua Paulo Gonçalves, 88 – Santana
CEP: 02403-020 – São Paulo/SP
Caixa Postal: 12183 – CEP: 02013-970
Tel.: (11) 2281-5555 – Fax: (11) 2959-3090
www.madras.com.br

ÍNDICE

INTRODUÇÃO – E Assim Aconteceu 7
I   – A Busca de Alexandre pela Imortalidade 11
II   – Os Dias Que Antecederam o Dilúvio 27
III – Em Busca de Noé 43
IV – Suméria: Onde a Civilização Começou 63
V   – Quando o Reinado Foi Trazido para a Terra 89
VI – Um Planeta Chamado "Nibiru" 107
VII – Dos Anunnakis e Igigis 129
VIII – Um Servo Feito sob Medida 149
IX – Deuses e Outros Antepassados 167
IX – Dos Patriarcas e Semideuses 181
XI – Havia Gigantes na Terra 201
XII – Imortalidade: a Grande Ilusão 227
XIII – O Surgimento da Deusa 251
XIV – Glória do Império, Ventos de Destruição 269
XV – Sepultado com Grandeza 297
XVI – A Deusa Que Nunca Partiu 333

PÓS-ESCRITO – As Origens Alienígenas da Humanidade:
a Evidência 349

INTRODUÇÃO
E Assim Aconteceu

Eaconteceu que,
Quando os homens começaram a se multiplicar sobre a face da Terra
e lhes nasceram filhas,
os filhos de Deus viram as filhas do homem
e elas eram formosas, e eles desposaram
aquelas que escolheram.

Havia gigantes na Terra
naqueles dias como também daí em diante,
Quando os filhos de Deus
se uniam às filhas dos homens
e elas geravam filhos –
estes eram os Homens Poderosos de antigamente,
Homens de Renome.

O leitor, caso esteja familiarizado com a versão da Bíblia do rei James da Inglaterra, reconhecerá esses versos do capítulo 6 do Gênesis como o preâmbulo da história do Dilúvio, a Grande Inundação em que Noé, reunido na arca, foi salvo para repovoar a Terra.

O leitor, caso esteja familiarizado com o meu trabalho, também reconhecerá esses versos como a razão pela qual, há muitas décadas, um estudante foi instigado a perguntar ao seu professor por que os "gigantes" são o tema desses versos, quando a palavra, no texto original hebraico, é *Nefilim* – que deriva do verbo hebraico *NaFol*, que significa cair, ser derrubado, descer – e, de nenhuma forma, quer dizer "gigantes".

O estudante era eu. Em vez de ser parabenizado pela minha perspicácia linguística, fui severamente repreendido. "Sitchin, sente-se!", o professor sibilou com raiva reprimida, "não questione a Bíblia!". Fiquei profundamente magoado naquele dia, pois não estava questionando a Bíblia – ao contrário, assinalava a necessidade de compreendê-la de forma mais precisa. E foi isso que alterou a direção de minha vida para perseguir os *Nefilins*. Quem eram eles, e quem eram seus descendentes, os "Homens Poderosos"?

A busca por respostas começou com questões linguísticas. O texto hebraico não fala de "Homens" que começaram a se multiplicar, mas de *Ha'Adam* – "***O Adão***", um termo genérico, uma espécie humana. Ele não fala dos filhos de "Deus", mas utiliza o termo *Bnei Ha-Elohim* – os *filhos* (no plural) dos ***Elohim***, um termo no plural que significa "deuses", mas literalmente "Os Altivos". As "Filhas do Adão" não eram "formosas", mas *Tovoth* – boas, compatíveis... E, de maneira inevitável, confrontamos temas das *origens*. Como a Humanidade surgiu neste planeta, e transportamos o código genético de quem?

Em apenas três versículos e poucas palavras – 49 palavras no texto original hebraico do Gênesis – a Bíblia descreve a criação do Céu e da Terra e, em seguida, registra um período pré-histórico real dos primórdios da Humanidade e uma série de acontecimentos surpreendentes, incluindo uma Inundação global, a presença na Terra de deuses e seus filhos, miscigenação entre espécies e descendentes semideuses....

E assim, começando, com uma palavra (*Nefilim*), eu citei o conto dos *anunnakis*, "Aqueles que do Céu para a Terra vieram" – viajantes espaciais e colonizadores interplanetários que vieram do seu planeta conturbado para a Terra em busca de ouro e acabaram moldando O Adão à sua imagem. Ao fazer isso, eu os trouxe à vida – reconhecendo-os individualmente, desembaraçando seus relacionamentos intrincados, descrevendo suas tarefas, amores, ambições e guerras – e identificando seus descendentes entre espécies, os "semideuses".

Às vezes, perguntaram-me aonde meus interesses teriam me levado caso o professor tivesse me elogiado em vez de repreender. Na verdade, eu me fiz uma pergunta diferente: e se realmente "havia gigantes na Terra, naqueles dias *como também daí em diante*"? As implicações culturais, científicas e religiosas são impressionantes; elas levam às próximas questões inevitáveis: por que os compiladores do Antigo Testamento, que é totalmente dedicado ao monoteísmo, incluíram os versículos chocantes no registro pré-histórico – e quais eram suas fontes?

Acredito ter encontrado a resposta. Decifrando o enigma dos semideuses (o ilustre Gilgamesh entre eles), concluo neste livro – minha obra suprema – que convincentes *provas físicas da antiga presença alienígena na Terra foram sepultadas em uma tumba ancestral*. É um conto que possui imensas implicações para nossas origens genéticas – uma chave para desvendar os segredos da saúde, longevidade, vida e morte; é um mistério que, ao ser descoberto, guiará o leitor em uma aventura única e, por fim, revelará o que foi restringido a Adão no Jardim do Éden.

ZECHARIA SITCHIN

I
A Busca de Alexandre pela Imortalidade

Na primavera de 334 a.C., Alexandre da Macedônia liderou um sólido exército grego através do Helesponto, um apertado estreito de águas que separava a Europa da Ásia (hoje chamado Dardanelos), e lançou a primeira invasão armada conhecida da Ásia pela Europa. Suas forças militares, com alguns 15 mil soldados de elite a pé e cavalaria, representavam uma aliança dos estados gregos formada em retaliação às repetidas invasões da Grécia pelos persas asiáticos: primeiro, em 490 a.C. (quando a invasão foi repelida em Maratona) e depois em 480/479 a.C., quando os persas humilharam os gregos ocupando e saqueando Atenas.

Os dois lados estavam em guerra desde então por causa da Ásia Menor, onde assentamentos gregos (entre os quais Troia tem sido o mais narrado) proliferavam e entravam em conflito por causa dos lucrativos caminhos marítimos do Mediterrâneo oriental. Enquanto os persas estavam organizados em um poderoso império governado por uma sucessão de "Rei dos Reis", os gregos se fragmentavam em cidades-estados em desacordo; as devastadoras e humilhantes invasões persas uniam-se aos contínuos choques em terra e em mar e culminaram no ímpeto de formar uma Liga sob o comando da Macedônia; e a tarefa de liderar o contra-ataque foi confiada a Alexandre.

Ele optou por atravessar da Europa à Ásia pelo Helesponto ("A" no mapa, Figura 1), os mesmos estreitos que os persas tinham atravessado para suas invasões ao Ocidente. Em tempos longevos, os estreitos eram dominados, no lado asiático, pela cidade fortificada de *Troia* – o epicentro da Guerra Troiana que eclodiu ali, de acordo com a *Ilíada* de Homero, muitos séculos antes. Levando consigo uma cópia do conto épico oferecida pelo seu tutor Aristóteles, Alexandre fez questão de parar nas ruínas de Troia para oferecer sacrifícios à

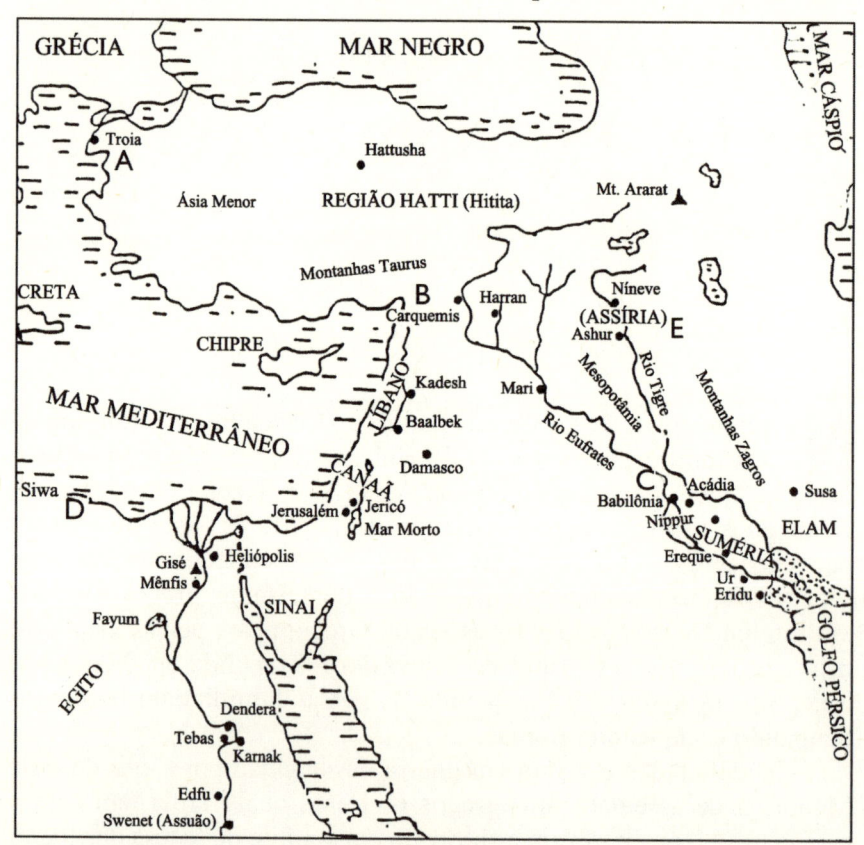

Figura 1

deusa Atena e render homenagem à tumba de Aquiles (cuja coragem e heroísmo Alexandre admirava).

A travessia de um exército de milhares foi tranquila. Os persas, em vez de repelir os invasores na praia, viram uma oportunidade de aniquilar as forças gregas atraindo-as para o interior. Um exército persa, liderado por um de seus melhores generais, esperava por Alexandre e seu exército ao longo de um rio, formando uma linha de batalha um pouco para o interior; porém, embora os persas tivessem a vantagem das posições e dos números, os gregos forçaram a passagem. Recuando, os persas reuniram outro exército e planejaram uma contrainvasão da Grécia; enquanto isso, sua retirada possibilitou aos gregos avançarem livremente pela Ásia Menor, indo direto para o que hoje é conhecido como a fronteira entre a Síria e a Turquia ("B" no mapa, Figura 1).

No outono de 333 a.C., o próprio persa *Shah-in-Shah* ("Rei dos Reis"), Dario III, liderou uma cavalaria lançada contra as tropas de Alexandre, que avançavam; a batalha, conhecida como a Batalha de Isso (e muito retratada por artistas gregos, Figura 2), terminou com a captura da tenda real de Dario, mas não do próprio Dario. O rei persa, derrotado, mas não vencido, retirou-se para a Babilônia ("C" no mapa, Figura 1), o quartel-general ocidental de um império que se estendia da Ásia Menor (que Alexandre invadira) até a Índia.

Figura 2

De forma incompreensível, Alexandre desistiu da oportunidade de esmagar o inimigo persa de uma vez por todas. Em vez de perseguir os persas remanescentes e seu humilde rei, ele permitiu que Dario recuasse em direção ao Oriente, para a Babilônia, e incitasse o exército a continuar a guerra. Ao desistir da chance de uma vitória decisiva, Alexandre, em vez disso, estabelece o rumo na direção sul... A derrota dos persas em sua tentativa de vingar seus anteriores ataques à Grécia – a razão para a aliança dos estados gregos sob o comando de Alexandre – foi deferida para um momento mais tardio. Os surpresos generais gregos descobriram que era o Egito, não a Pérsia, o premente destino de Alexandre.

O que Alexandre tinha em mente, mais tarde se revelaria, era seu próprio destino em vez da Grécia, pois ele fora motivado por rumores constantes na corte macedônia de que seu verdadeiro pai não era o rei Filipe, mas um egípcio misterioso. Como referido em vários relatos, a corte do rei Filipe recebeu certa vez a visita de um faraó egípcio que os gregos chamavam de Nectanebo. Ele era um mestre de magia, um adivinho, que seduziu secretamente a rainha Olímpia, mãe de Filipe; assim, quando ela deu à luz Alexandre, presumiu-se naturalmente que o rei Filipe era o pai, embora o verdadeiro pai de Alexandre fosse um visitante egípcio.

Esses rumores persistentes, que azedaram as relações entre o rei Filipe e a rainha, ganharam credibilidade quando Filipe – alguns dizem que com o intuito de deixar o caminho livre para se casar com a jovem filha de um nobre macedônio – acusou Olímpia, publicamente, de adultério, um passo que lançou dúvidas sobre o *status* de Alexandre como o príncipe herdeiro. Talvez tenha sido nesse momento e não mais tarde, quando a nova esposa do rei estava grávida, que a história sofreu uma reviravolta: o misterioso visitante que talvez fosse o pai de Alexandre não era um simples egípcio – ele era um deus disfarçado: o deus egípcio Amon (também chamado Ammon, Amun ou Amen). De acordo com essa versão, Alexandre era mais que um príncipe real (o filho da rainha): era um semideus.

O tema da sucessão real na Macedônia resolveu-se quando o rei Filipe, festejando o nascimento de um filho com sua nova esposa, foi assassinado, e Alexandre, com 20 anos, subiu ao trono. Mas a questão de sua verdadeira ascendência continuou a transtornar Alexandre, pois, caso fosse verdade, ele teria direito a algo mais importante do que a herança de um trono real: a imortalidade dos deuses!

Com a sua ascensão ao trono da Macedônia, Alexandre substituiu Filipe como comandante da aliança dos estados gregos em seu projeto de invasão. Mas, antes de embarcar na marcha para a Ásia, ele seguiu para Delfos, um sítio sagrado e distante, no extremo sul da Grécia. Tratava-se da localização do mais famoso oráculo da Grécia antiga, onde reis e heróis iam para consultar a respeito de seu futuro. Ali, no templo do deus Apolo, uma lendária sacerdotisa, Sibyl, entraria em transe e, falando pelo deus, responderia às perguntas do visitante.

Ele era um semideus; conquistaria a imortalidade? Alexandre queria saber. A resposta de Sibyl – como sempre – foi lacônica, um enigma sujeito a interpretações. O que ficou claro, no entanto, foi a indicação de que Alexandre encontraria a resposta no Egito – no sítio do oráculo mais famoso do país: o oásis de Siwa ("D" no mapa, Figura 1).

* * *

A sugestão não era tão estranha quanto parece. Os dois sítios oraculares estavam ligados pela lenda e pela história. O de Delfos – um nome que significa "ventre" em grego – dizia-se ter sido escolhido por Zeus, chefe do panteão grego, depois que dois pássaros que ele enviara para lugares opostos na Terra se encontraram ali. Declarando o sítio como sendo o "umbigo da Terra", Zeus depositou ali uma pedra ovalada chamada de *omphalos* – o termo grego para "umbigo". Era uma Pedra Sussurrante, por meio da qual os deuses se comunicavam; e, de acordo com as tradições antigas, era o objeto mais sagrado no templo de Apolo; a Sybil de Delfos sentava-se nele quando pronunciava suas respostas oraculares. (A pedra original do *omphalos* foi substituída na época romana por uma réplica, Figura 3a, que ainda pode ser vista pelos visitantes.)

O sítio oracular de Siwa – um oásis no Deserto Ocidental a quase 500 quilômetros a oeste do delta do Nilo – também foi escolhido após o voo de dois pássaros pretos (os quais, pelo que se acreditava, eram sacerdotisas do deus Amon disfarçadas). Ali, o templo principal era dedicado ao deus egípcio Amon, que os gregos consideravam ser o egípcio "Zeus". Ele também possuía uma Pedra Sussurrante, um *omphalos* egípcio (Figura 3b); e assumiu um lugar sagrado na mitologia e história grega por causa do deus Dionísio, que uma vez se perdeu no Deserto Ocidental e foi salvo ao ser miraculosamente guiado até o oásis. Dionísio era meio-irmão de Apolo e ocupava seu lugar em Delfos quando Apolo se ausentava. Além do mais – especialmente do ponto de vista de Alexandre –, Dionísio adquiriu *status* de deus, embora fosse, na realidade, um semideus – o filho de Zeus que, disfarçado de homem, seduzira uma princesa chamada Sêmele. Aquela fora, na essência, uma

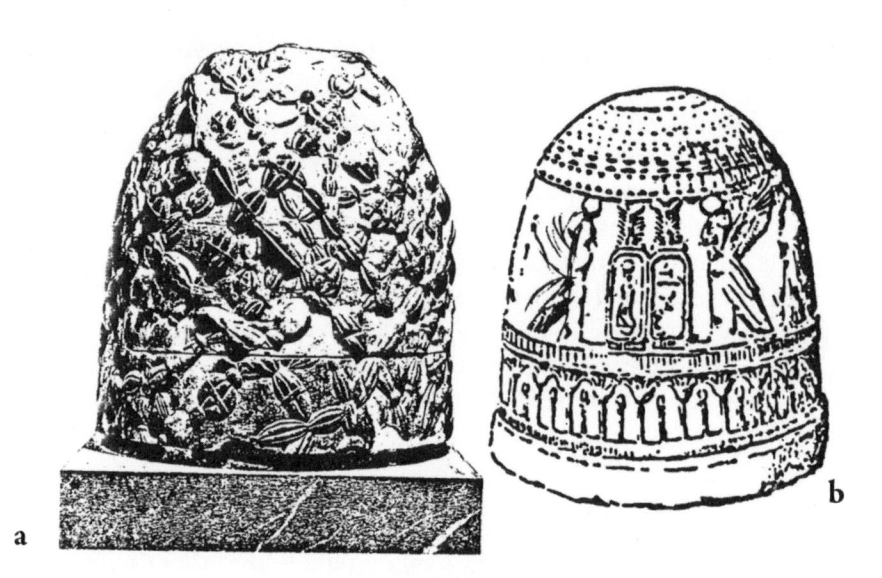

Figura 3

ocorrência anterior, semelhante à de Alexandre: um deus disfarçado que tem um filho com uma humana da realeza. Se Dionísio podia ser divinizado e se tornar um dos Imortais – por que não Alexandre?

Entre os antigos inquiridores dos pronunciamentos oraculares de Siwa havia dois generais famosos, Simão de Atenas e Lisandro de Esparta; ainda mais significativo para Alexandre fora o semideus Perseu, outro filho natural de Zeus, que conseguiu matar a monstruosa Medusa sem ser transformado em pedra. O lendário herói Hércules, famoso pelo desafio dos Doze Trabalhos, também teria consultado o oráculo de Siwa; não surpreende o fato de ele também ser um semideus, filho de Zeus que fecundara a sábia e bela Alcmena, disfarçando-se de seu marido, o rei de uma ilha. Esses predecessores e suas buscas se ajustavam à busca do próprio Alexandre.

E foi assim que, em vez de perseguir o rei persa e seu exército desordenado, Alexandre seguiu jornada em direção ao sul. Deixando para trás alguns soldados para guarnecer o território conquistado, ele marchou ao longo da região costeira do Mar Mediterrâneo. Com exceção da fortaleza fenícia de Tiro, cuja marinha participou da guerra como aliada dos persas, o avanço dos gregos teve pouca resistência: Alexandre, em geral, era recebido como o libertador de um governante persa odiado.

No Egito, as tropas persas se renderam sem luta, e Alexandre foi mais do que bem recebido como um libertador pelos próprios egípcios. Em Mênfis, a capital, os sacerdotes egípcios estavam dispostos a aceitar os rumores do parentesco divino de Alexandre com o deus *egípcio* Amon, e sugeriram que Alexandre viajasse para Tebas (hoje Karnak e Luxor), no Alto Egito, o sítio do imenso templo de Amon do Egito Antigo, para render homenagem ao deus e ser coroado faraó. Mas Alexandre insistiu em cumprir a profecia do oráculo de Delfos e embarcou na perigosa jornada de três semanas pelo deserto em direção a Siwa: ele precisava ouvir o veredicto acerca de sua imortalidade.

O que transpirou em Siwa durante a sessão oracular estritamente privada, ninguém sabe de fato. Uma versão relata que, quando a sessão terminou, Alexandre disse aos seus companheiros que "recebera a resposta pela qual seu coração ansiava" e que "aprendera coisas secretas que, de outra forma, não teria conhecido". Outra versão relatou que seu parentesco divino, embora não a imortalidade física, fora confirmado – levando Alexandre a pagar suas tropas com moedas de prata que continham sua imagem com chifres (Figura 4a), à semelhança do deus com chifres Amon (Figura 4b). Uma terceira versão, corroborada pelo que Alexandre fez em seguida, diz que ele foi instruído a procurar uma

Figura 4

certa montanha com passagens subterrâneas na Península do Sinai para encontros angelicais e, então, prosseguiu para a Babilônia, até o templo do deus babilônico Marduk.

Essa última instrução provavelmente foi uma das "coisas sagradas" que Alexandre aprendera em Siwa: que *Amon* era um epíteto e significava "O Invisível", termo aplicado no Egito ao grande deus **Ra** desde mais ou menos 2160 a.C., quando este deixou o Egito para buscar o domínio de toda a Terra; seu nome egípcio completo era **Ra-Amon** ou **Amon Ra**, "o Invisível Ra". Em meus livros anteriores, mostrei que "Ra-Amon" estabeleceu seu novo quartel-general na Babilônia, Mesopotâmia – onde era conhecido como **Marduk**, filho do antigo deus que os egípcios chamavam de **Ptah** e os mesopotâmicos, **Enki**. O possível segredo revelado a Alexandre era que seu pai verdadeiro, o Invisível (=*Amon*) deus do Egito, era o deus Marduk da Babilônia; pois, algumas semanas após ter conhecimento disso, Alexandre partiu para a distante Babilônia.

Enquanto o verão iniciava em 331 a.C., Alexandre reagrupou um grande exército e marchou em direção ao Rio Eufrates, em cujas margens, a sul do meio da correnteza, se situava a Babilônia. Os persas, ainda liderados por Dario, também reuniram uma grande cavalaria, carros de guerra e esperaram por Alexandre, na expectativa de que ele tomasse a rota tradicional, na direção sul, ao longo do Rio Eufrates.

Em uma grande manobra para apanhá-los de surpresa, Alexandre rumou para o leste, voltando-se para o Rio Tigre, flanqueando os persas e alcançando a Mesopotâmia, na região que, historicamente, fora a Assíria. Aprendendo com a estratégia de Alexandre, Dario apressou as tropas para o nordeste. Os dois exércitos encontraram-se no lado oriental do Rio Tigre, em um lugar chamado Guacamole ("E" no mapa, Figura 1), perto das ruínas da antiga capital assíria, Nínive (hoje situada na região curda do norte do Iraque).

A vitória de Alexandre ali possibilitou-lhe atravessar de novo o Rio Tigre; sem necessidade de atravessar o largo Rio Eufrates, uma planície aberta levava à Babilônia. Rejeitando uma terceira oferta de paz de Dario, Alexandre marchou adiante para a Babilônia; alcançou a renomada cidade no outono de 331 a.C., e passou pelo seu magnífico Portal de Ishtar (reconstrução, Figura 5; que foi escavado e recomposto e está exposto, atualmente, no Museu do Antigo Oriente Próximo, em Berlim).

Os nobres e sacerdotes da Babilônia acolheram Alexandre, encantados por sair da influência dos persas, que haviam profanado e demolido o grande templo de Marduk. O templo era um grande zigurate (pirâmide em degraus) no centro do Recinto Sagrado da Babilônia, erguendo-se em sete fases precisas e astronomicamente definidas (uma reconstrução, Figura 6). De maneira sábia, Alexandre fez com que soubessem antes do tempo previsto que ele viria render

Figura 5

homenagem ao rei nacional da Babilônia, Marduk, e restabelecer seu templo profanado. Tornara-se uma tradição entre os novos reis da Babilônia buscar legitimidade fazendo com que a divindade os abençoasse segurando suas mãos estendidas. Mas isso Alexandre não obteve, pois encontrou o deus morto em um ataúde dourado, seu corpo imerso em óleos especiais para preservação.

Embora soubesse que Marduk estava morto, a visão deve ter chocado Alexandre: aqui jaz morto não um mortal, e não apenas seu suposto pai, mas um *deus* – um dos venerados "Imortais". Que chance, então, teria ele, Alexandre, no máximo um semideus, de evitar a morte? Como que determinado a desafiar as probabilidades, Alexandre alistou milhares de trabalhadores para restaurar o Esagil, gastando recursos escassos na tarefa; e, conforme partia para continuar suas conquistas, deixou bem claro que decidira fazer da Babilônia a capital do seu novo império.

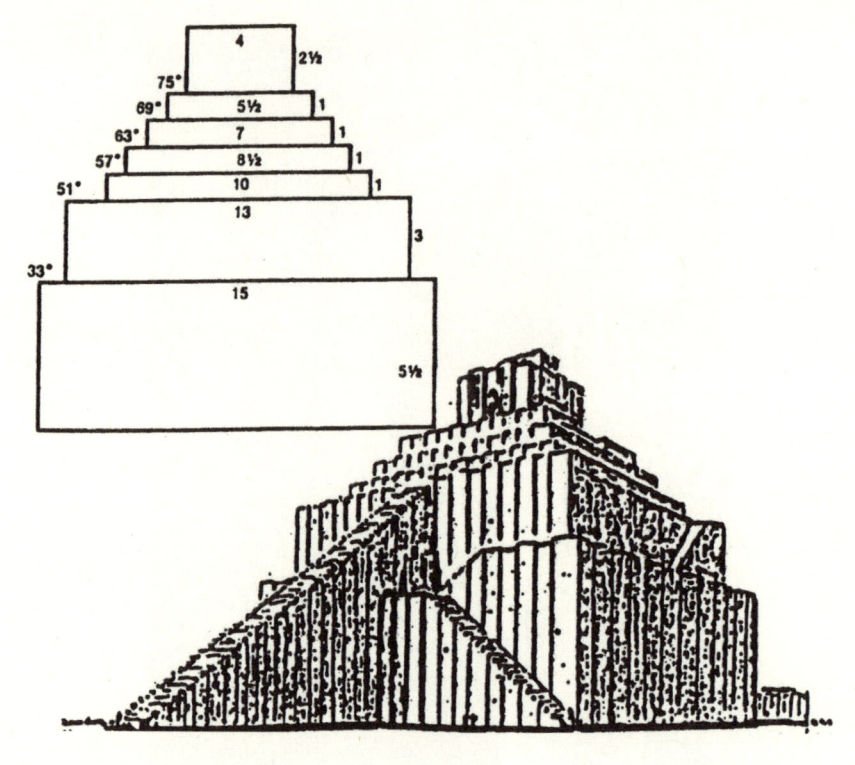

Figura 6

Em 323 a.C., Alexandre – então mestre do império persa do Egito à Índia – voltou à Babilônia; entretanto, os sacerdotes profetas babilônicos alertaram-no para não entrar outra vez na cidade, pois morreria, caso o fizesse. Maus presságios, que ocorreram logo após a primeira estada de Alexandre na Babilônia, continuaram, embora dessa vez ele tivesse resistido a entrar na cidade. Logo adoeceu, tomado por uma febre alta. Ele pediu aos seus oficiais que mantivessem vigília, em seu nome, dentro do Esagil. Na manhã do que hoje sabemos ter sido o dia 10 de junho de 323 a.C., Alexandre estava morto – alcançando a imortalidade não de forma física, mas sendo lembrado daí em diante.

* * *

O conto de nascimento, vida e morte de Alexandre, o Grande tem sido tema de livros, estudos, filmes, cursos de faculdade e muito mais há várias gerações. Estudiosos modernos não duvidam da existência de Alexandre, o Grande, e têm escrito de maneira incessante sobre ele e sua época, constatando cada detalhe do assunto. Eles sabem que o grande filósofo grego Aristóteles era professor e mentor de Alexandre, estabeleceram sua rota, analisaram a estratégia de cada batalha, registraram os nomes de seus generais. Mas que estudiosos respeitados empenhem-se nisso sem uma pitada de vergonha é impressionante; pois, enquanto descrevem cada aspecto e reviravolta da corte macedônica e suas intrigas, não levam a sério a parte que provocou tudo: a crença por parte da corte, do próprio Alexandre e das pessoas educadas da Grécia de que um deus poderia gerar um filho com uma mortal!

Esse desdém pelo "mito" se estende para o tema mais amplo que é a arte grega. Volumes que lotam estantes de bibliotecas públicas e privadas lidam com cada minúcia da "arte grega" em seus variados estilos, antecedentes culturais, origens geográficas; museus enchem galerias com esculturas de mármore e bronze, vasos pintados ou outros artefatos. E o que todos eles retratam? Invariavelmente, deuses antropomórficos, semideuses heroicos e episódios dos chamados contos míticos (como essa representação do deus Apolo recebendo seu pai, o deus Zeus, acompanhado por outros deuses e deusas, Figura 7).

Por razões que desafiam a compreensão, é a norma em círculos estudiosos classificar os registros de civilizações antigas assim: se o texto ou conto antigo fala de reis, é considerado parte dos Anais Reais. Se aborda personalidades heroicas, é um épico. Porém, se o tema são os deuses, é classificado como mito; pois quem, em plena consciência científica, acreditaria, como os gregos antigos (ou egípcios e babilô-

Figura 7

Figura 8

Figura 9

nios), que os deuses eram seres reais – onipotentes, vagando pelo céu, ocupados com batalhas, tramando provações e tribulações para heróis – e até gerando aqueles heróis ao fazer sexo com humanas?

Por isso, é irônico que a saga de Alexandre, o Grande seja tratada como fato histórico, embora seu nascimento, visitas oraculares, itinerários e seu final na Babilônia não pudessem ter acontecido sem a inclusão de tais deuses "míticos" como Amon, Ra, Apolo, Zeus e Marduk, ou tais semideuses como Dionísio, Perseu, Hércules – e talvez o próprio Alexandre.

Sabemos que as culturas dos povos antigos eram repletas de relatos – e imagens – de deuses que, apesar de parecidos conosco, eram diferentes – talvez até imortais. Os relatos eram essencialmente os mesmos por todo o globo; e, embora os seres venerados tivessem nomes diferentes em cada região, os nomes nas diversas línguas tinham, em geral, o mesmo significado: um epíteto que denotava um aspecto em particular da divindade nomeada.

Assim, os deuses romanos chamados Júpiter e Netuno eram os deuses gregos anteriores Zeus e Poseidon. Indra, o grande deus hindu das tempestades, conquistou a supremacia combatendo deuses rivais com relâmpagos explosivos, assim como Zeus fizera (Figura 8); e seu nome, soletrado silabicamente In-da-ra, foi encontrado na lista de deuses dos hititas da Ásia Menor; era outro nome para a divindade suprema hitita, **Teshub**, o deus dos trovões e dos relâmpagos (Figura 9a) – **Adad** ("Causador de Ventos") para os assírios e babilônios, **Hadad** para os canaanitas, e até nas Américas onde, como o deus **Viracocha**, foi representado no "Portal do Sol" em Tiwanaku (Tiahuanaco), na Bolívia (Figura 9b). A lista é imensa. Como é possível, e por quê?

Avançando pela Ásia Menor, os gregos passaram por imponentes monumentos hititas; no norte da Mesopotâmia, depararam com as ruínas das grandes cidades assírias – desoladas, mas ainda não enterradas pelas areias do tempo. Em toda a parte, não apenas os nomes das divindades, mas também a iconografia e os símbolos eram os mesmos – dominados pelo sinal do Disco Alado (Figura 10), que eles encontraram no Egito e em todos os outros lugares – até nos monumentos dos reis persas como seu símbolo supremo. O que representava? O que significava tudo isso?

Logo após a morte de Alexandre, as terras conquistadas foram divididas entre dois de seus generais, pois seus herdeiros legítimos – seu filho de 4 anos e seu guardião, irmão de Alexandre – foram assassinados. Ptolomeu e seus sucessores, sediados no Egito, tomaram os domínios

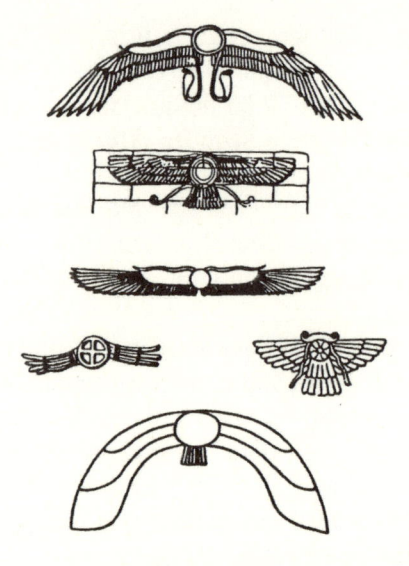

Figura 10

africanos; Seleuco e seus sucessores, instalados na Síria, governavam a Anatólia, a Mesopotâmia e as distantes terras asiáticas. Os dois novos governantes se esforçaram para aprender a história completa dos deuses e das terras agora sob seu controle. Os ptolomaicos, que também estabeleceram a famosa biblioteca de Alexandria, escolheram um sacerdote egípcio, conhecido como Maneton, para escrever em grego a história da dinastia do Egito e a pré-história divina. Os selêucidas contrataram um sacerdote babilônio fluente em grego, conhecido como "Beroso", a fim de compilar para eles a história e pré-história da Humanidade e seus deuses de acordo com o conhecimento mesopotâmico. Nos dois casos, os motivos eram mais do que mera curiosidade; como os acontecimentos subsequentes mostraram, os novos governantes buscavam aceitação sugerindo que seus reinados eram continuações legítimas dos reinados dinásticos que retrocediam até os deuses.

O que sabemos dos escritos desses dois estudiosos nos transporta às próprias épocas pré-históricas e aos intrigantes acontecimentos dos versículos do Gênesis 6; leva-nos para além da questão se os "mitos" eram verdadeiros – uma memória coletiva de acontecimentos passados – e nos força a defrontar a descoberta de que são versões de registros reais, alguns dos quais pretendem ser *dos Dias Que Antecederam o Dilúvio*.

BABILÔNIA E MARDUK

Chamada de *Bab-Ili* (= "Portal dos deuses") em acadiano (da qual surge *Babel* na Bíblia), a cidade era a capital que cedeu seu nome ao reino no Rio Eufrates, a norte da Suméria e Acádia. Até escavações arqueológicas, iniciadas antes da Primeira Guerra Mundial, trazerem à luz sua localização e extensão territorial, sua existência era conhecida apenas na Bíblia – primeiro pelo conto bíblico da Torre de Babel, depois por meio de acontecimentos históricos registrados nos livros dos reis e profetas.

A ascensão e história da Babilônia estavam intimamente ligadas às fortunas e ambições do deus **Marduk**, cujo templo principal – um zigurate chamado *E.sag.il* (= "Casa Cujo Topo é Eminente") – erguia-se dentro de um amplo recinto sagrado, onde uma pletora de sacerdotes era disposta de forma hierárquica como limpadores, açougueiros, administradores, escribas, astrônomos e astrólogos. *Mar.duk* (= "Filho do Monte Puro") era o filho primogênito do deus sumério Ea/Enki, cujos domínios se situavam na África (onde, como já sugeri, eram venerados como os deuses Ra e Ptah, respectivamente). Mas Marduk buscava o domínio total ao estabelecer seu "Umbigo da Terra" na própria Mesopotâmia – um esforço que incluiu o incidente da fracassada "Torre de Babel". O sucesso surgiu, enfim, depois de 2000 a.C., quando um resplandecente Marduk (veja ilustração na próxima página) convidou todos os outros deuses preeminentes para viver na Babilônia como seus subordinados.

A Babilônia adquiriu *status* de Império com a dinastia iniciada pelo rei Hamurabi, por volta de 1800 a.C. A decodificação de escrituras cuneiformes encontradas por todo o antigo Oriente Próximo forneceu dados históricos acerca de suas conquistas motivadas pela religião e rivalidade com a Assíria. Após um declínio que durou algo em torno de cinco séculos, um império neobabilônico despontou novamente, e durou até o século VI a.C. Suas conquistas incluíram vários ataques a Jerusalém e a destruição do seu

Templo em 587 a.C. pelo rei Nabucodonosor II – corroborando totalmente os contos bíblicos.

A cidade da Babilônia, como capital imperial, centro religioso e símbolo do reino, chegou ao fim em 539 a.C. quando foi capturada pelo rei persa-aquemênida Ciro. Embora ele respeitasse Marduk, seu sucessor, Xerxes, destruiu o famoso zigurate em 482 a.C., pois nessa época servia apenas como uma tumba glorificada para o falecido Marduk. Foram essas ruínas do zigurate que Alexandre tentou reconstruir.

II
Os Dias que Antecederam o Dilúvio

A listado pelo rei Ptolomeu Filadelfo por volta de 270 a.C., Maneton (do grego Men-Thoth = "Dádiva de Thot") compilou a história e pré-história do Egito Antigo em três volumes. O manuscrito original, conhecido como *Aegyptiaca*, foi guardado na Biblioteca de Alexandria, apenas para sucumbir ali com outros tesouros literários e documentários insubstituíveis em calamidades naturais ou motivadas pelo homem, incluindo o incêndio final causado pelos conquistadores muçulmanos em 642 d.C. Sabemos, no entanto, pelas citações e referências nos textos de outros estudiosos da Antiguidade (incluindo o historiador romano-judaico Josephus) que Maneton listava deuses e semideuses como reinantes muito antes dos faraós humanos se tornarem reis no Egito.

Os gregos não eram completamente ignorantes acerca do Egito e seu passado, pois o historiador e explorador Heródoto visitara a região dois séculos antes. Quanto ao tema dos governantes egípcios, Heródoto escreveu que os sacerdotes egípcios "disseram que Mên fora o primeiro rei do Egito". Consultando provavelmente as mesmas fontes, Maneton apresentou uma lista de faraós que também começava com um faraó chamado Mên (Menes em grego); mas foi Maneton quem primeiro organizou a sucessão dos faraós em dinastias – uma organização seguida até hoje –, combinando afiliações genealógicas com mudanças históricas. Sua abrangente Lista de Reis fornecia os nomes, a extensão do seu reinado, a ordem de sucessão e outras informações pertinentes.

O mais interessante na Lista de Faraós de Maneton e suas dinastias é que *sua lista começa com deuses* e não com faraós. Deuses e semideuses, Maneton escreveu, reinaram sobre o Egito antes de qualquer faraó humano!

Seus nomes, ordem e extensão de reinados – "fabulosos", "fantásticos", dizem os estudiosos – começavam com uma dinastia divina liderada pelo deus **Ptah**, antigo Deus Criador do Egito:

Ptah	reinado	9.000 anos
Ra	reinado	1.000 anos
Shu	reinado	700 anos
Geb	reinado	500 anos
Osíris	reinado	450 anos
Seth	reinado	350 anos
Hórus	reinado	300 anos
Sete deuses	reinado	12.300 anos

Como seu pai Ptah, **Ra** era um deus "do Céu e da Terra", que surgira em épocas mais remotas, vindo do "Planeta de Milhões de Anos" em uma Barca Celestial chamada *Ben-Ben* (que significa "Pássaro Piramidal"); a barca era guardada no Santo dos Santos, no templo da cidade sagrada de Anu (a bíblica *On*, mais conhecida pelo seu nome grego subsequente, Heliópolis). Embora desfrutasse uma longevidade desenfreada e fosse importante nos assuntos egípcios durante os milênios seguintes, o reinado de Ra como sucessor de Ptah foi interrompido – abruptamente – após meros mil anos. A razão disso, como veremos, foi importante para a nossa busca.

Segundo Maneton, a primeira dinastia divina que terminou com Hórus foi sucedida por uma segunda, encabeçada pelo deus **Thot** (outro filho de Ptah, mas apenas meio-irmão de Ra). Seu reinado durou 1.570

anos. Ao todo, disse Maneton, os deuses reinaram por 13.870 anos. Seguiu-se uma dinastia de 30 **semideuses**; eles reinaram por 3.650 anos. Então, após um período intermediário caótico que durou 350 anos, sem ninguém para reinar sobre todo (ou seja, tanto o Baixo como o Alto) Egito, *Mên* iniciou a primeira dinastia humana dos faraós, governando um Egito unificado.

Várias descobertas arqueológicas modernas que corroboraram a lista faraônica e ordem de sucessão de Maneton incluem um documento conhecido como o Papiro de Turim e um artefato chamado de a Pedra de Palermo, que receberam esses nomes dos museus italianos onde são mantidos. Entre as descobertas comprovadoras também se inclui a inscrição em uma pedra chamada de Lista de Abidos, na qual os faraós da 19ª Dinastia, Seti I e seu filho Ramsés II, que reinaram mil anos antes da época de Maneton, representam a si mesmos (Figura 11). Talhada nas paredes do templo principal em Abidos, uma cidade do Alto Egito, a inscrição lista os nomes de 75 de seus predecessores, começando por "Menés". O Papiro de Turim corrobora o divino e o semidivino de Maneton e suas listas de intervalos caóticos, e cita um total de 330 governantes (incluindo faraós subsequentes), exatamente como fora relatado a Heródoto.

O famoso egiptólogo *sir* W. M. Flinders Petrie escavou uma série de tumbas em um cemitério muito antigo nos arredores de Abidos. Estelas que serviram como lápides e outras inscrições identificaram o local – situado ao lado de uma suposta tumba de Osíris – como o cemitério da primeira e segunda dinastia de faraós; a sequência de tumbas,

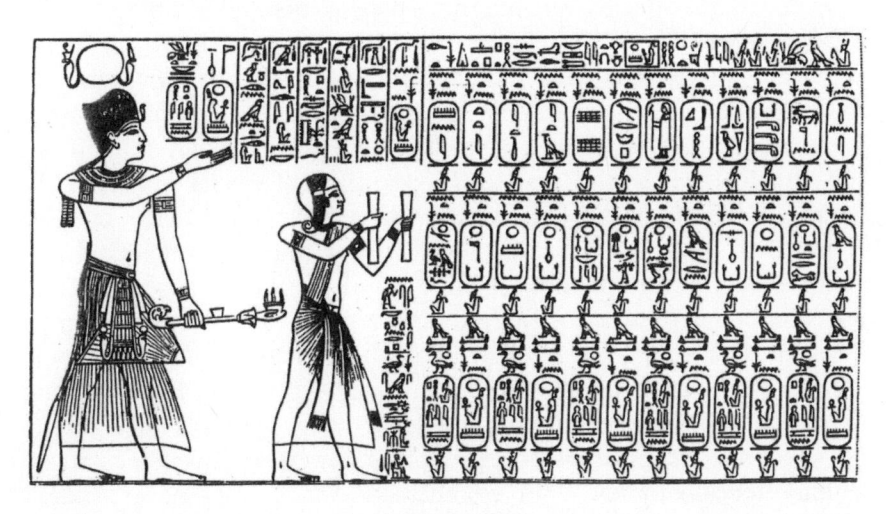

Figura 11

de leste a oeste, começa por uma que contém o nome do rei Menés. Petrie identificou tumbas que continham os nomes de todos os faraós da primeira dinastia e, em sua obra-prima, *The Royal Tombs of the First Dynasty* (1900/1901), reconheceu que as descobertas confirmavam a lista de Maneton. Além disso, ele encontrou tumbas com nomes de reis pré-dinásticos, apelidando-os de "Dinastia 0". Egiptólogos subsequentes os identificaram como governantes durante o Período Caótico listado por Maneton, corroborando também essa parte das suas listas.

A importância de tais dados comprobatórios vai além do tema de dinastias divinas e semidivinas em épocas pré-faraônicas: eles esclarecem, de forma significativa, o tema do Dilúvio e dos tempos pré-diluvianos. Uma vez que hoje se sabe com certeza que o reinado faraônico começou no Egito por volta de 3100 a.C., a linha do tempo de Maneton nos remete a 20970 a.C. (12.300 + 1.570 + 3.650 + 350 + 3.100 = 20.970). O clima e outros dados apresentados nos meus livros *O 12º Planeta** e *Gênesis Revisitado* levaram à conclusão de que o Dilúvio ocorreu há alguns 13 mil anos, por volta de 10970 a.C.

A resultante **diferença de 10 mil anos (20970-10970) é exatamente a extensão conjunta dos reinados divinos de Ptah (9 mil anos) e o interrompido reinado de Ra (mil anos).** Esse é um sincronismo significativo que liga o cronograma de Maneton ao Dilúvio. Sugere que Ptah reinou antes do Dilúvio. E confirma a realidade do Dilúvio e seu momento, por um lado; e a veracidade dos dados divinos e semidivinos de Maneton, por outro lado.

Por mais impressionante que pareça esse sincronismo, não é mera coincidência. Os egípcios chamavam seu país de "A Terra Erguida" porque, em dado momento, a cultura antiga disse que ele foi inundado por uma avalanche de águas esmagadoras que alagaram completamente a região. O deus Ptah, um grande cientista, veio ao seu resgate. Na ilha Abu, no Rio Nilo (também chamada de Elefantina em razão de seu formato), próximo à primeira catarata do rio, no Alto Egito, Ptah formou uma caverna nas rochas imensas e instalou nela comportas que controlavam o fluxo da água, possibilitando que o solo por baixo do rio secasse – literalmente, aos olhos egípcios, erguendo a terra por baixo das águas. A proeza foi representada na arte egípcia (Figura 12); o grande e moderno dique em Aswan está localizado no mesmo sítio próximo à primeira catarata.

Esses acontecimentos podem explicar por que o deus que então assumiu o reinado sobre o Egito era chamado *Shu*, cujo nome – "Aridez" – ~~tratava do final~~ da catástrofe aquática. Seu sucessor usava o nome *Geb*

*N.E.: Obra publicada no Brasil pela Madras Editora.

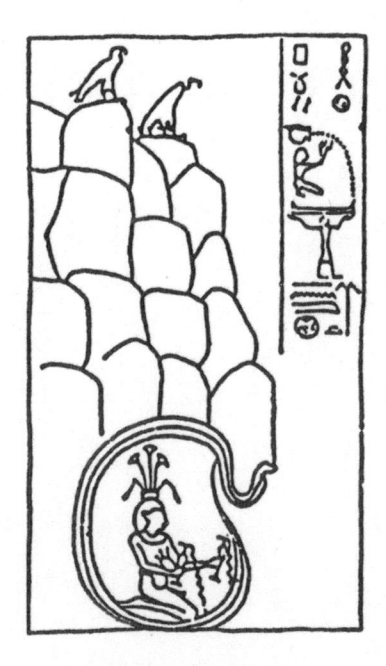

Figura 12

(que significa "Ele que amontoa"), pois se empenhou em grandes trabalhos para manter a terra ainda mais habitável e produtiva. Como peças em um quebra-cabeça, todos esses fatos diversos se juntam ao registro egípcio do Dilúvio, a Grande Inundação, por volta de 10970 a.C.

A esses pequenos pedaços da pré-história egípcia que tratam do Dilúvio podemos acrescentar o fato de que, em seu empenho para unificar o Egito, Mên emulou Ptah criando uma ilha artificial no Nilo, onde o rio começa a se ramificar em um delta, e construiu ali uma nova capital dedicada ao deus Ptah; chamou-a de Mên-Nefer ("O Bom Lugar de Mên") – Mênfis, em grego.

Assim como a arte e história gregas, a história e pré-história do Antigo Egito não podem ser separadas da presença ativa e da existência física de seus deuses. Para onde quer que se olhe ou se vire no Egito, as estátuas, esculturas, representações pictóricas, templos, monumentos, textos inscritos e ilustrados dentro de pirâmides, em tampas de ataúdes ou nas paredes das tumbas – todas falam, nomeiam e retratam os deuses do Egito e seu panteão preeminente (Figura 13). Tudo o que foi registrado e representado antes do tempo de Maneton, ou descoberto depois dele, corrobora suas listas de dinastias faraônicas; *por que também não aceitar a realidade de deuses, seguidos por semideuses, como governantes do Egito antes dos faraós humanos?*

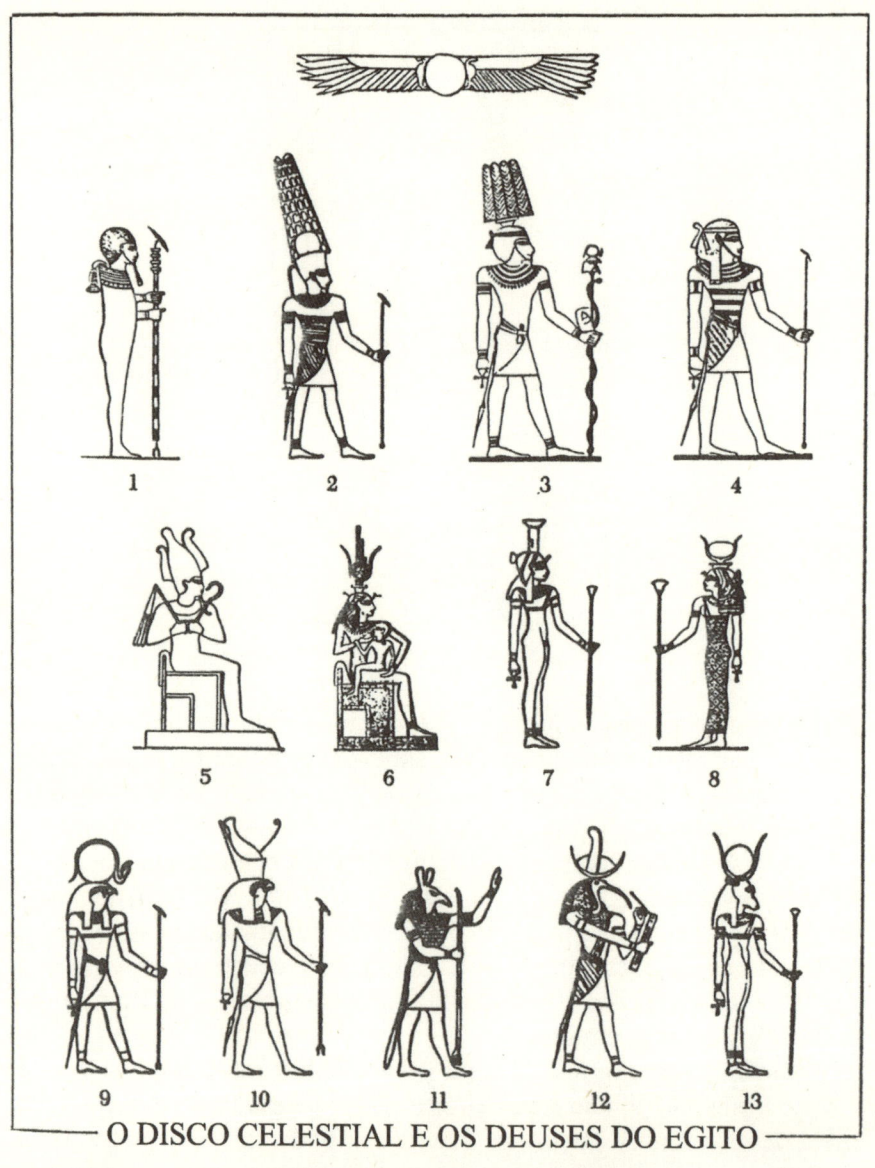

O DISCO CELESTIAL E OS DEUSES DO EGITO

1. Ptah
5. Osíris
2. Amon Ra
6. Ísis com Hórus
3. Thot
7. Nephtys
4. Seker
8. Hathor

Os deuses com seus atributos:
9. Ra/Falcão 10. Hórus/Falcão 11. Seth/Asno de Sinai
12. Thot/Íbis 13. Hathor/Vaca

Figura 13

* * *

Nos domínios selêucidas, a tarefa de compilar o relato do passado foi atribuída a um historiador e sacerdote babilônio chamado Beroso (grego para *Bel-Re'ushu* = "O Senhor [Bel = Marduk] é seu pastor") que nasceu na Babilônia quando Alexandre, o Grande estava lá. Sua tarefa era muito mais complexa do que aquela de Maneton no Egito, pois sua compilação não se limitava apenas a uma região; ela tinha de abranger muitas regiões, reinos distintos e diversos governantes que reinaram não necessariamente em sucessão, mas, às vezes, de forma contemporânea em diferentes capitais (e algumas vezes beligerantes).

Os três volumes que ele compôs (chamados *Babyloniaca* e dedicados ao rei Antíoco I, 279-261 a.C.) já não existem, mas partes deles foram mantidas, copiadas e extensivamente citadas na Antiguidade por gregos estudiosos contemporâneos e, mais tarde, por outros historiadores gregos e romanos (incluindo Josephus). É por meio dessas referências e citações, coletivamente conhecidas como "Fragmentos de Beroso", que sabemos que Beroso optou por "globalizar" o assunto: preferiu escrever não a história de uma nação ou de um reinado, mas de toda a Terra; não de um grupo de deuses, mas de todos os deuses da Humanidade em geral; e como todos – deuses, semideuses, reinados, reis, seres humanos, civilização – vieram a existir. É a partir desses Fragmentos que sabemos que Beroso dividiu o passado entre uma época antes da Grande Inundação e as eras subsequentes à Inundação, e afirmou que, antes de haver homens, os deuses governavam a Terra, sozinhos.

Alexandre Poliístor (ou o Polímata), um geógrafo e historiador greco-romano do século I a.C., relatou em relação à era pré-diluviana que "no segundo livro [de Beroso] estava a história de dez reis dos caldeus, e os períodos de cada reinado, que consistiam, coletivamente, em 120 *Shars*, ou 432 mil anos, chegando até a época do Dilúvio". ("Caldeus" era um termo usado para descrever os residentes com conhecimento astronômico na antiga Mesopotâmia).

O número total de 432 mil anos englobava os reinados combinados dos dez governantes listados, cujos reinados individuais duraram algo entre 10.800 a 64.800 anos. Os historiadores gregos que citaram Beroso explicaram que as grandes extensões dos reinados daqueles governantes eram, de fato, fornecidas em unidades numerais chamadas *Shar*, cada *Shar – Saros*, em grego – equivalente a 3.600 anos. O historiador grego Abideno, um discípulo de Aristóteles que citou Beroso, deixou claro que esses dez governantes e suas cidades ficavam na antiga Mesopotâmia e explicou como o período de seus reinados foi interpretado:

Diz-se que o primeiro rei da Terra foi Aloros;
ele reinou por dez *Shars*. Hoje, um *Shar* é considerado
3.600 anos.
Depois dele, Alaparos reinou por três *Shars*.
A ele sucedeu Amilaros da cidade de Pantibiblon, que
reinou por 13 *Shars*.
Depois dele, Amenon reinou por 12 *Shars*; ele era da
cidade de Pantibiblon.
Em seguida, Megalaros, da mesma cidade, 18 *Shars*.
Depois Daos, o Pastor, governou pelo espaço de dez *Shars*.
Posteriormente reinaram Anodaphus e Euedocus.
Houve, depois, outros governantes, e o último de todos, Sisithrus;
assim, ao todo, seu número equivalia a dez reis, e
o período de seus reinados a 120 *Shars*.

Apolodoro de Atenas (século II a.C.) também relatou as descobertas pré-diluvianas de Beroso em termos semelhantes: dez governantes reinaram um total de 120 *Shars* (= 432 mil anos), e o reinado de cada um deles era medido em unidades *Shar* de 3.600 anos. De fato, todos aqueles que citaram Beroso afirmam que ele listou dez governantes divinos que reinaram do início até a Grande Inundação, tratando o Dilúvio como um acontecimento decisivo. Os nomes dos dez governantes pré-diluvianos (representados com nomes gregos por aqueles que citavam Beroso) e a extensão de seus reinados, totalizando 120 *Shars*, eram os apresentados abaixo. (Embora a sequência de sucessões variasse, todas as citações concordam que um "Alorus" foi o primeiro e um "Ziusudra" foi o último.)

Alorus	reinou por	10 Shars	(= 36.000 anos)
Alaparos	reinou por	3 Shars	(= 10.800 anos)
Amelon	reinou por	13 Shars	(= 46.800 anos)
Amenon	reinou por	12 Shars	(= 43.200 anos)
Megalaros	reinou por	18 Shars	(= 64.800 anos)
Daonos	reinou por	10 Shars	(= 36.000 anos)
Euedocus	reinou por	18 Shars	(= 64.800 anos)
Amempsinos	reinou por	10 Shars	(= 36.000 anos)
Obartes	reinou por	8 Shars	(= 28.800 anos)
Ziusudra	reinou por	18 Shars	(= 64.800 anos)
Dez governantes	reinaram por	120 Shars	(= 432.000 anos)

As citações de Beroso indicam que seus escritos tratavam de vários temas acerca da própria Humanidade – como ela veio a existir, como adquiriu conhecimento e como se espalhou e se estabeleceu na Terra. No início, apenas deuses viviam na Terra. Os homens surgiram, de acordo com os Fragmentos de Beroso, quando *Deus*, também chamado *Belos* (um nome que significa "Senhor"), decidiu criar o Homem. Ele usou para esse objetivo um "princípio duplo", mas os resultados foram "seres hediondos". "O Homem surgiu com duas asas, alguns com quatro, e dois rostos (...) Outras figuras humanas eram vistas com pernas e chifres de cabras (...) Touros, da mesma forma, procriavam ali com cabeças humanas (...) De todos, eram preservados delineamentos no templo de Belus, na Babilônia". (*Belus*, grego para *Bel/Ba'al*, "o Senhor", era na Babilônia um epíteto para o deus Marduk.)

Do tema sobre como os homens adquiriram inteligência e conhecimento, Beroso escreveu que surgiram assim: um líder dos prévios governantes divinos, chamado **Oannes**, atracou na costa e ensinou à Humanidade todos os aspectos da civilização. "Ele era um Ser dotado de raciocínio, um deus que fez sua aparição no Mar da Eritreia que demarcava a Babilônia." Beroso relatou que, embora Oannes se parecesse com um peixe, ele tinha uma cabeça humana por baixo da cabeça de peixe, e tinha pés humanos por baixo da cauda de peixe. "Sua voz também e a linguagem eram articulados e humanas". ("Uma representação dele", Alexandre Polímata acrescentou, "está preservada até os dias de hoje".)

Esse Oannes "costumava conversar com os homens; dava-lhes entendimento das letras e ciências e todos os tipos de arte; ensinou-lhes a construir casas, a fundar templos, a compilar leis; e explicou-lhes os princípios dos conhecimentos geométricos". Foi Oannes, de acordo com os Fragmentos registrados por Polímata, que escreveu o conto que explicava como a Humanidade veio a existir, a Criação sendo precedida por "um tempo no qual não havia nada além de escuridão e um abismo de águas".

Os Fragmentos de Beroso incluíam, então, detalhes do acontecimento definitivo, a Grande Inundação, que separou a era dos deuses da época dos homens. De acordo com Abideno, Beroso relatou que os deuses mantiveram o conhecimento do iminente e devastador Dilúvio como um segredo da Humanidade; mas o deus Cronos (nas lendas gregas, um filho do deus Urano = Céu e pai do deus Zeus) revelou o segredo a "Sisithros" (= o último chamado **Ziusudra** dos dez governantes pré-diluvianos):

Cronos revelou a Sisithros que haveria um
Dilúvio no 15º dia de Daisios, e ordenou-lhe
que escondesse em Sippar, a cidade do deus Shamash,
todos os manuscritos disponíveis.
Sisithros cumpriu tais ordens, e navegou
imediatamente para a Armênia; e, em seguida, o que
o deus anunciara realmente aconteceu.

Para saber se o Dilúvio acabara, de acordo com as citações de Abideno, Sisithros soltou pássaros para procurar terra seca. Quando o barco chegou à Armênia, Sisithros fez sacrifícios aos deuses. Ele instruiu as pessoas que o acompanhavam no barco a voltar para a Babilônia; e, quanto a ele mesmo, foi levado pelos deuses para passar o restante de sua vida com eles.

O relato de Polímata era mais longo e detalhado. Após reportar que "depois da morte de Ardates [ou Obartes], seu filho Ziusudra reinou por 18 Sars e em sua época a Grande Inundação aconteceu", Polímata reproduziu o conto caldeu desta forma:

A divindade, Cronos, apareceu a ele em uma visão e
deu-lhe o aviso de que no 15º dia do mês
Daisos haveria uma Inundação pela qual a Humanidade
seria destruída.
Ele o encarregou de escrever a história dos
Começos, Meios e Fins de todas as coisas, até o momento presente;
e a enterrar esses relatos com segurança na
cidade do deus Sol, em Sippar;
E a construir uma embarcação e levar nela, com ele,
seus parentes e amigos
Ele deveria armazenar comida e água e colocar pássaros e animais
a bordo, e zarpar quando tivesse tudo pronto.

Seguindo essas instruções, Ziusudra construiu um barco, "cinco estádios de comprimento e dois estádios de largura". Prevendo algumas sobrancelhas levantadas em desaprovação por parte dos outros aldeões, Ziusudra foi instruído por seu deus a apenas dizer que ia "navegar com os deuses, para rezar por bênçãos para os homens". Em seguida, ele levou a bordo sua esposa e filhos "e amigos mais próximos".

Quando a Inundação abaixou, "Ziusudra libertou alguns pássaros que, não encontrando comida, regressaram para a embarcação". Na terceira tentativa, os pássaros não regressaram e Ziusudra deduziu que a terra aparecera. Quando o barco ficou encalhado, Ziusudra, sua esposa, sua filha e seu comandante se dirigiram para a costa para nunca mais ser vistos, "pois foram levados para viver com os deuses". Aqueles deixados a bordo ouviram uma voz oculta dizer-lhes que estavam na Armênia, e foram instruídos a retornar ao seu país e "resgatar os manuscritos de Sippar e disseminá-los entre a Humanidade". E assim o fizeram:

> Eles voltaram para a Babilônia, desenterraram os manuscritos de Sippar, fundaram muitas cidades, instalaram santuários e, mais uma vez, estabeleceram a Babilônia.

De acordo com os Fragmentos, Beroso escreveu que, no início, "todos os homens falavam a mesma língua". Mas, depois, "alguns dentre eles encarregaram-se de erigir uma torre grande e alta, de onde poderiam subir ao céu". Mas Bel, enviando adiante um furacão, "confundiu seus projetos e deu a cada tribo uma língua particular e própria". O lugar no qual construíram a torre é hoje chamado de Babilônia.

* * *

As semelhanças entre os contos de Beroso e aqueles do livro do *Gênesis* da Bíblia são muito óbvias; elas se estendem para além do tema do Dilúvio e se combinam em muitos detalhes.

O Dilúvio, de acordo com Beroso, ocorreu no reinado do décimo governante pré-diluviano, Ziusudra, e começou no mês Daisos, que era o segundo mês do ano. A Bíblia (Gênesis 7:12), da mesma forma, enuncia que o Dilúvio ocorreu "no 600º ano da vida de Noé, *no segundo mês*", Noé sendo o décimo patriarca bíblico pré-diluviano (começando com Adão).

Assim como Ziusudra/Sisithros, Noé foi avisado por seu deus de uma devastadora avalanche de água prestes a acontecer, e foi instruído a construir uma embarcação à prova d'água seguindo especificações precisas. Ele deveria levar a bordo sua família, animais e pássaros – como Ziusudra fez. Quando as águas baixaram, ambos libertaram pássaros para ver se a terra seca reaparecia (Noé enviou dois pássaros, primeiro um corvo, depois uma pomba). O barco de Sisithros parou "na Armênia"; a arca de Noé parou nas "montanhas do Ararat", que ficam na Armênia.

Outro acontecimento importante é igualmente relatado tanto pela Bíblia quanto por Beroso: o incidente da Torre de Babel que resultou na Confusão das Línguas. Citamos anteriormente a versão de Beroso; como ela, a Bíblia começa o relato (no Gênesis 11) com a afirmação de que na época "toda a Terra possuía uma língua e um tipo de palavras". Então, as pessoas disseram: "deixem-nos construir uma cidade e uma torre cujo topo pode alcançar os céus". Beroso afirma a mesma coisa: as pessoas empenharam-se em "erigir uma torre grande e alta, de onde poderiam subir ao céu". Na Bíblia, Deus ("Yahweh") "desceu para ver a cidade e a torre que os Filhos do Adão tinham construído". Ele ficou preocupado e "confundiu sua língua com o intuito de não se compreenderem" e "espalhou as pessoas pela face da Terra". Beroso imputa a Confusão das Línguas ao Senhor ("Bel") e atribui a dispersão da Humanidade ao uso de um Furacão por parte da divindade.

Será que tais semelhanças significam que os capítulos de abertura do Gênesis são um grande "Fragmento de Beroso" e que os compiladores da Bíblia Hebraica copiaram Beroso? Provavelmente não, pois toda a parte da Torá da Bíblia Hebraica, seus primeiros cinco livros, do Gênesis ao Deuteronômio, já estava "selada" – canonizada em uma versão final inalterada desde então – muito antes da época de Beroso.

É um fato histórico que a Bíblia Hebraica já estava em sua versão "selada" quando os cinco livros da Torá e o restante da Bíblia foram traduzidos, no Egito, para o grego, por ordem do mesmo Ptolomeu Filadelfo (285-244 a.C.), que encarregara Maneton de escrever a história do Egito. A tradução, ainda existente e disponível, é conhecida como *Septuagint* ("Dos Setenta") porque foi levada a cabo por um grupo de 70 estudiosos. Uma comparação do seu texto grego com a Bíblia Hebraica não deixa dúvidas de que aqueles sábios já tinham diante de si a versão canonizada da Bíblia Hebraica como a conhecemos hoje – uma Bíblia que já estava em sua versão final *antes* da época de Beroso (e Maneton).

Então, Beroso utilizou a Bíblia Hebraica como sua fonte? Isto também é improvável. Com exceção de suas referências aos deuses "pagãos" (Cronos, Bel, Oannes, Shamash) ausentes na Bíblia monoteísta, muitos detalhes de seus manuscritos não são encontrados na versão bíblica, por isso suas fontes tinham de ser outras além da Bíblia. Uma diferença muito significativa ocorre no conto da Criação do Homem, com seus contratempos aterrorizantes na versão de Beroso, em contraste com a tênue versão "Vamos moldar o Adão" da Bíblia.

Há diferenças em pormenores mesmo onde as duas versões condizem, como na história do Dilúvio em relação ao tamanho do navio e, mais importante, sobre quem foi levado a bordo para ser salvo. Algumas das diferenças não são insignificantes: de acordo com Beroso, havia a bordo, além dos familiares próximos de "Noé", vários de seus amigos, assim como um comandante habilidoso; e não era assim na Bíblia, onde constavam apenas Noé, sua esposa e seus três filhos com suas esposas. Esta não é uma questão secundária: *caso seja verdadeira, então a Humanidade pós-diluviana, genética e genealogicamente, não provém apenas de um Noé e seus únicos três filhos.*

Todo o conto de Oannes, o deus vestido como um peixe, vadeando em direção à costa para conceder civilização à Humanidade, não se encontra em nenhuma parte da Bíblia. Também está ausente da Bíblia a referência a uma cidade pré-diluviana chamada Sippar ("a cidade do deus-sol Shamash") e a custódia ali de "cada manuscrito disponível". Ao alegar que os registros pré-diluvianos *"Começos, Meios e Fins"* não apenas existiram, mas foram escondidos para ser protegidos e foram recuperados após a "Babilônia" ser restabelecida, Beroso poderia ter buscado legitimidade para sua versão dos acontecimentos pré-históricos; mas ele também sugeriu que aqueles Registros do Passado continham pistas do Futuro – o que a Bíblia, e nós hoje em dia, chamamos "O Fim dos Tempos". Embora o tema de ligar o Futuro ao Passado seja parte da profecia bíblica, na Bíblia ele é mencionado pela primeira vez em relação a Jacó – muito depois do Dilúvio.

A conclusão lógica – que tanto os compiladores do Gênesis como Beroso tiveram acesso ao mesmo material ou a fonte semelhante, que cada um usou de forma seletiva – foi confirmada pela Arqueologia. Mas em tal conclusão tanto as semelhanças quanto as diferenças nos levam de volta ao ponto de partida, os versos enigmáticos do Gênesis 6: quem eram os *nefilins*, que eram os filhos de deuses – *e quem, de fato, era Noé?*

O NAVIO DE NOÉ

No texto sumério, o navio de Ziusudra foi denominado *Ma.gur.gur* = um "navio que pode virar e dar cambalhotas". Nos textos acadianos, ele era mencionado como um *Tebitu*, com o "T" pronunciado de maneira forte, significando um navio submergível; o redator bíblico reproduziu-o com um "T" suave, uma *Teba* – uma "Caixa" (daí a "arca" nas traduções). Em todas as versões, o navio era hermeticamente selado com betume, mas possuía uma abertura.

De acordo com o Épico de Gilgamesh, o navio que *Utnapishtim*, o nome do herói do Dilúvio em acadiano, foi instruído a construir tinha 300 cúbitos (cerca de 160 metros) de comprimento, 120 cúbitos (cerca de 64 metros) de largura no topo, e tinha um "baluarte" (altura) de 120 cúbitos divididos por seis conveses em sete níveis, "um terço dele acima da linha da água".

O Gênesis 6:15 também relata um comprimento de 300 cúbitos, mas apenas 50 cúbitos (cerca de 27 metros) de largura, e apenas 30 cúbitos (cerca de 16 metros) de altura, com apenas três andares (o superior com teto incluído).

No início do século XX, estudiosos da Bíblia fizeram comparações com os maiores navios de passageiros então conhecidos por eles:

O *Great Eastern*, construído em 1858, tinha 207 metros de comprimento, 25 metros de largura e 14 metros de profundidade;

O *Cidade de Roma*, construído em 1881, media 170, 16 e 11 metros, respectivamente.

O famoso *Lusitania*, 1907, media 232, 27 e 17 metros respectivamente;

Seu navio-irmão, o *Mauretania*, foi o primeiro a ter oito conveses.

Aquelas proporções modernas de comprimento/largura/altura parecem concordar mais com a descrição bíblica: a Arca de Noé era tão extensa quanto o *Cidade de Roma*, tão larga quanto o *Great Eastern* e tão alta quanto o *Lusitania*.

Em seu estudo de 1927, "The Ship of the Babylonian Noah", o assiriólogo Paul Haupt sugeriu o desenho mostrado abaixo, baseado nos vários textos antigos.

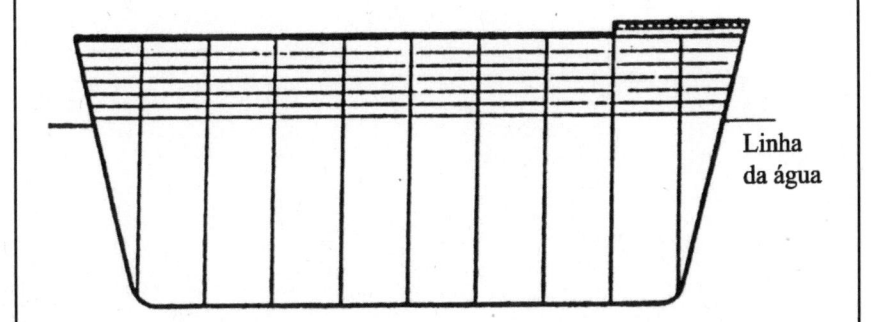

Linha da água

III
EM BUSCA DE NOÉ

A decodificação de escrituras hieroglíficas egípcias foi decisivamente facilitada pela descoberta acidental, durante a expedição de Napoleão ao Egito, em 1799, da Pedra de Roseta – uma tabuleta de granito de 196 a.C. (hoje em exibição no Museu Britânico, Figura 14) na qual uma proclamação ptolemaica real foi inscrita em três línguas: hieróglifos egípcios, uma escrita cursiva egípcia mais tardia, chamada demótica, e grego. Foi a parte grega que serviu como chave para desvendar os segredos da linguagem e escrita egípcia antiga.

Nenhuma "Pedra de Roseta", a descoberta única, decisiva e importante de uma tabuleta ocorrera no antigo Oriente Próximo; lá, o processo de descoberta foi longo e maçante. Mas lá também outras formas de inscrições multilíngues levaram à decodificação adiante; acima de tudo, houve progresso quando se percebeu que a Bíblia – a Bíblia Hebraica – era a chave para desvendar aqueles textos enigmáticos. Quando a decodificação foi conseguida, não apenas várias línguas, mas *vários impérios antigos* – um deles muito surpreendente – vieram à luz.

Fascinados pelos contos (aumentados com o passar dos séculos) de Alexandre, o Grande e suas conquistas, viajantes europeus se aventuraram até a distante Persépolis (grego para "Cidade dos Persas"), onde despojos de palácios, portais, escadas processionais

Figura 14

e outros monumentos ainda permaneciam de pé (Figura 15). Linhas talhadas visíveis (que se provou serem inscrições) eram tidas, no início, como alguma forma de desenho decorativo. Um visitante de 1686 (Engelbert Kampfer) das ruínas desse sítio persa real descreveu as marcas como "cuneiformes" (em "Forma de Cunha" – Figura 16); a designação cuneiforme manteve-se desde então para o que, na época, foi reconhecido como escrita lingual.

As variações das escrituras cuneiformes em alguns monumentos deram a ideia de que, assim como no caso do Egito, as proclamações reais persas em um império que abrangia muitos povos diversos também poderiam ser multilíngues. Os relatos divergentes dos viajantes despertaram uma atenção ainda maior para algumas inscrições persas multilíngues; a mais importante e complexa delas foi descoberta em um sítio que é hoje o norte do Irã. Foi em 1835, viajando pelas áreas remotas do Oriente Próximo antigamente dominadas pelos persas, que o britânico Henry Rawlinson se deparou com um entalhe em rochas ameaçadoras em um lugar chamado Behistun. O nome significava "Lugar dos deuses", e o entalhe gigante que comemorava a vitória real era

Figura 15

dominado por um deus pairando dentro de um ubíquo Disco Alado (Figura 17). A imagem era acompanhada por longas inscrições que (uma vez decodificadas por Rawlinson e outros) vieram a ser um registro trilíngue feito pelo rei persa Dario I, antecessor em um século e meio de Dario III, que lutou com Alexandre.

Figura 16

Figura 17

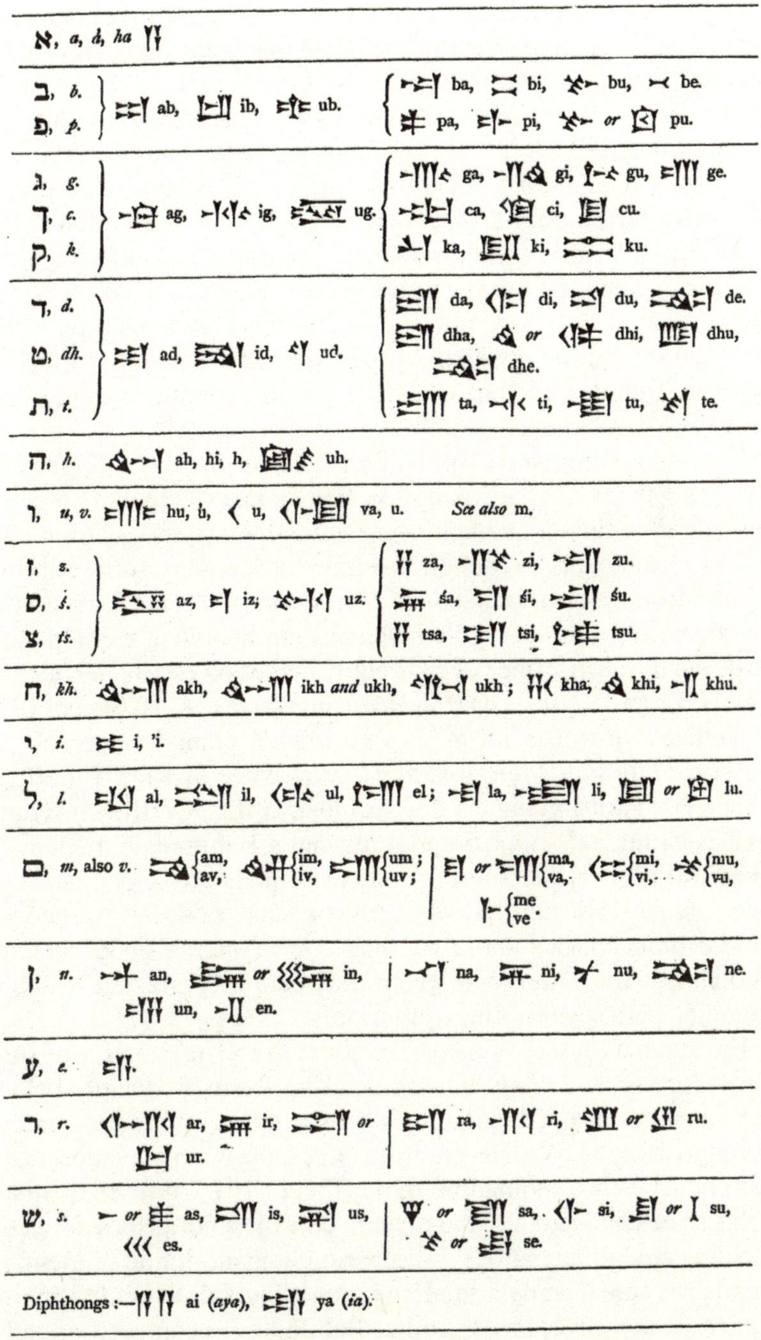
א, a, á, ha
ב, b. פ, p. ab, ib, ub. ba, bi, bu, be. pa, pi, or pu.
ג, g. ך, c. ק, k. ag, ig, ug. ga, gi, gu, ge. ca, ci, cu. ka, ki, ku.
ד, d. ט, dh. ת, t. ad, id, ud. da, di, du, de. dha, or dhi, dhu, dhe. ta, ti, tu, te.
ה, h. ah, hi, h, uh.
ו, u, v. hu, ú, u, va, u. See also m.
ז, z. ס, ś. צ, ts. az, iz; uz. za, zi, zu. śa, śi, śu. tsa, tsi, tsu.
ח, kh. akh, ikh and ukh, ukh; kha, khi, khu.
י, i. i, 'i.
ל, l. al, il, ul, el; la, li, or lu.
ם, m, also v. am, av; im, iv, um; uv; or ma, va, mi, vi, mu, vu, me ve.
ן, n. an, or in, un, en. na, ni, nu, ne.
ע, e.
ר, r. ar, ir, or ur. ra, ri, or ru.
ש, s. or as, is, us, es. or sa, si, or su, or se.
Diphthongs :— ai (aya), ya (ia).

Figura 18

Percebeu-se a tempo que uma das línguas de Behistun, apelidada de persa antigo, parecia sânscrito, a língua mãe indo-europeia; foi uma descoberta que abriu caminho para a decodificação do persa antigo. Partindo dali, a identidade e o significado de outras duas línguas se seguiram. Uma delas foi, mais tarde, identificada como elamita, e seu uso na Antiguidade era limitado às regiões sul do que é hoje o Irã. A terceira condizia com as escrituras encontradas na Babilônia; classificada como "semítica", ela pertencia ao grupo que também incluía assírio e canaanita, cuja língua mãe é chamada "acadiano". O que se mostrava comum às três línguas Behistun era a utilização da mesma escrita cuneiforme, na qual cada sinal expressava uma sílaba inteira e não apenas uma única letra. Ali estava em um momumento o exemplo da Confusão das Línguas...

Hebraico, a língua da Bíblia, pertencia ao grupo das línguas "semíticas" originadas do "acadiano". O fato de que só o hebraico permaneceu com uma língua falada, lida e escrita durante épocas foi a chave reveladora – tanto que os primeiros estudos acadêmicos sobre babilônio e assírio (duas línguas "acadianas") forneceram listas de palavras que proporcionaram significados semelhantes em hebraico, e compararam listas de sinais cuneiformes às suas equivalentes na escrita hebraica tradicional (Figura 18 – do *Assyrian Grammar* do rev. A. H. Sayce, 1875).

Notícias de ruínas intrigantes na grande planície entre os Rios Eufrates e Tigre (daí Mesopotâmia, "Terra entre os Rios") foi levada à Europa por vários viajantes dos séculos XVII e XVIII. Em seguida, sugestões de que tais ruínas representavam a Babilônia e a Nínive de fama (e ira) bíblica incitaram um interesse mais ativo. A constatação de que pessoas do século XIX d.C. fossem capazes de ler inscrições de pessoas de uma época anterior à Grécia e à Pérsia, inscrições do tempo da Bíblia, desviou o interesse geográfico para as Terras da Bíblia e o cronológico para séculos muito anteriores.

Em algumas dessas ruínas, inscrições em escrita cuneiforme foram encontradas em tabuletas lisas – tabuletas que eram produzidas pelo homem com barro duro, em geral, mas nem sempre em formato quadrado ou oblongo, no qual os sinais em forma de cunha eram gravados quando o barro ainda estava molhado e mole (Figura 19). Curiosos quanto ao que elas representavam e o que diziam, cônsules europeus a serviço de seus países em várias regiões do Império Otomano foram pioneiros no que pode ser considerada a moderna arqueologia do Oriente Próximo; seu início – a escavação da Antiga Babilônia – aconteceu ao sul de Bagdá, no Iraque, em 1811. (Em uma reviravolta do destino, várias das tabuletas de argila descobertas nas ruínas da Babilônia continham inscrições cuneiformes que registravam pagamentos em moedas de prata feitos por Alexandre por trabalho realizado na limpeza de entulhos do templo de Esagil.)

Em 1843, Paul Emile Botta, o cônsul francês em Mosul, uma cidade hoje localizada no norte curdo iraquiano, antes a Mesopotâmia sob o domínio otomano, escavou uma fonte antiga dessas tabuletas de argila em um *Tell* (antigo monte) perto de Mosul. O sítio era chamado Kuyunjik, nome da aldeia próxima; um Tell adjacente foi chamado de *Nebi Yunus* ("Profeta Jonas") pelos árabes locais. Botta abandonou o sítio após suas sondagens iniciais se mostrarem improdutivas. Para não ser ultrapassado pelo francês, o inglês A. Henry Layard assumiu o sítio três anos mais tarde. Os dois montes, onde Layard foi mais bem-sucedido que Botta, provaram ser a antiga capital assíria, Nínive, que é mencionada repetidamente na Bíblia e que era o destino de Jonas de acordo com o conto da Bíblia de Jonas e a Baleia.

Figura 19

Botta foi bem-sucedido mais ao norte, em um sítio chamado Khorsabad, onde descobriu a capital do rei assírio Sargão II (721-705 a.C.) e seu sucessor, o rei Senaqueribe (705-681 a.C.); Layard conquistou fama como o descobridor tanto de *Níneve* quanto da cidade assíria real *Kalhu* (chamada Calá na Bíblia) em outro sítio chamado localmente de *Nimrud*. Sem contar a Babilônia, as descobertas de ambos ofereceram pela primeira vez evidências físicas corroborando a Bíblia (Gênesis, capítulo 10) a respeito do herói *Nimrod*, da Assíria e suas principais cidades:

> Ele deveria primeiro ser um herói na Região;
> E o início de seu reinado:
> Babel e Ereque e Acádia,
> todos na Terra de Shine'ar.
> Desta Terra emanava *Ashur*,
> onde *Níneve* foi construída – uma cidade de ruas largas,
> e *Calá*, e Ressen – a grande cidade
> que fica entre *Níneve* e *Calá*.

Em Khorsabad, os escavadores descobriram, entre os extravagantes relevos na parede que glorificavam Senaqueribe e seus conquistadores, painéis retratando o seu cerco à cidade fortificada de Laquis, na Judeia (em 701 a.C.). A Bíblia (Reis 2 e em Isaías) menciona o cerco (em que Senaqueribe saiu vencedor) assim como o seu cerco fracassado

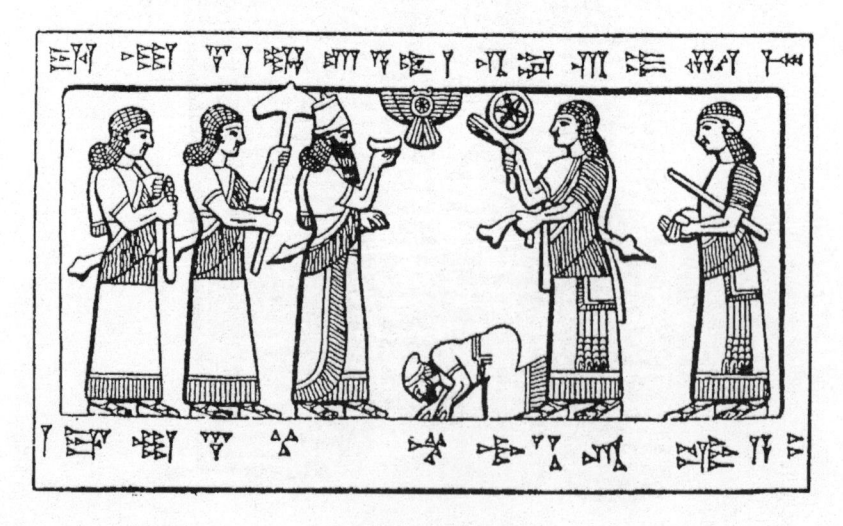

Figura 20

à Jerusalém. As descobertas de Layard incluem uma coluna de pedra do rei assírio Shalmaneser III (858-824 a.C.) que descrevia, em texto e desenho entalhado, como ele capturou o rei Jeú de Israel (Figura 20) – um acontecimento relatado na Bíblia (Reis 2, 2 Crônicas).

Por toda parte, as descobertas pareciam desenterrar a veracidade da Bíblia.

(Por outra reviravolta do destino, os sítios de Layard, Nimrud e Nínive ficavam em lugares opostos da curva do rio, onde Alexandre atravessou o Rio Tigre e desferiu o golpe fatal no exército persa.)

No fim do século XIX, conforme os estrondos da conflagração conhecida como Primeira Guerra Mundial se tornavam mais ameaçadores, os alemães juntaram-se à corrida arqueológica (fazendo mapas, espionando e influenciando ramificações no tráfico). Ultrapassando os franceses e os britânicos, eles tomaram o controle dos sítios mais ao sul, descobrindo na Babilônia (sob o comando de Robert Koldewey) a maior parte do recinto sagrado, o zigurate Esagil e a grandiosa Entrada Processional, com seus variados portais, incluindo o de Ishtar (veja Figura 5). Mais a norte, Walter Andrae desenterrou a antiga capital assíria *Ashur* – que recebeu o mesmo nome da própria região Assíria e seu

Figura 21

deus nacional *Ashur*. (Descobriu-se que *Ressen*, também mencionada no Gênesis e cujo nome significava "Rédea de Cavalo", foi um sítio de criação de cavalos assírios.)

As descobertas assírias ofereceram não apenas corroboração à veracidade histórica da Bíblia; a arte e a iconografia também pareciam confirmar outros aspectos bíblicos. Relevos de paredes em Khorsabad e Nimrud representavam "anjos" alados (Figura 21) semelhantes aos serafins descritos na visão do profeta Isaías (6:2), ou naquela visão do profeta Ezequiel (1:5-8, em que cada um possuía quatro asas, mas também quatro rostos, sendo um deles o de uma águia).

A descoberta das esculturas e das representações pictóricas nas paredes parecia também corroborar algumas das afirmações atribuídas a Beroso sobre o que hoje seria descrito como "bioengenharia que deu errado" – homens com asas, touros com cabeça humana e por aí em diante (como citado anteriormente). Em Nínive e Nimrud, as entradas para os palácios reais eram flanqueadas por colossais esculturas de pedra com leões e touros com cabeça humana (Figura 22); e, em relevos de paredes, havia imagens de seres divinos vestidos como peixes (Figura 23) – a própria imagem de Oannes, exatamente da forma como Beroso a descrevera.

Embora Beroso escrevesse quase quatro séculos depois que Ashur, Nínive e outros centros assírios foram capturados e destruídos, e, cerca de três séculos depois que o mesmo destino recaísse sobre a Babilônia, suas ruínas ainda eram visíveis sem escavações – com as esculturas e relevos das paredes à vista de todos, ilustrando o que Beroso dizia. Os antigos monumentos corroboraram, literalmente, o que ele escrevera.

* * *

Porém, entre todas as grandiosas descobertas da Assíria e da Babilônia, tesouros e arte exagerados, as descobertas mais importantes foram as inúmeras tabuletas de argila, muitas delas reunidas em verdadeiras bibliotecas, onde a primeira tabuleta de uma estante listava os títulos das outras daquela mesma estante. Por toda a Mesopotâmia – aliás, por todo o antigo Oriente Próximo –, praticamente qualquer centro urbano importante possuía uma biblioteca no palácio real ou no templo principal, ou em ambos. Agora, milhares e milhares de tabuletas de argila (ou fragmentos delas) tinham sido encontrados; e a maioria permanece sem tradução, nos porões de museus e universidades.

Das principais bibliotecas descobertas, a mais importante foi a encontrada por Layard entre as ruínas de Nínive: a grande biblioteca

Figura 22

Figura 23

Figura 24

do rei assírio Assurbanipal (Figura 24, de seus monumentos; 668-631 a.C.). Ela continha mais de 25 mil (!) tabuletas de argila. Seus textos inscritos – todos com escrita cuneiforme – abordavam desde os anais reais e registros das rações dos trabalhadores até contratos comerciais e documentos de casamento e divórcio, e incluíam textos literários, contos históricos, registros astronômicos, previsões astrológicas, fórmulas matemáticas, listas de palavras e listas geográficas. E havia fileiras de tabuletas que os arqueólogos classificaram como "textos mitológicos" – textos que tratam de vários deuses, suas genealogias, poderes e feitos.

Descobriu-se que Assurbanipal não se limitou a colecionar e trazer para Níneve tais textos históricos e "mitológicos" de cada canto de seu império – ele, de fato, empregou uma legião de escribas para ler, arrumar, preservar, copiar e traduzir para acadiano os mais importantes entre eles. (Imagens dos escribas assírios os retratam vestidos de dignitários – provando seu alto *status*.)

A maioria das tabuletas descobertas em Níneve foi dividida entre as autoridades otomanas em Constantinopla (Istambul, na atual Turquia) e o Museu Britânico de Londres; algumas tabuletas semelhantes foram parar nos principais museus da França e da Alemanha. Em Londres, o Museu Britânico contratou um jovem gravador de notas de banco e "assiriólogo" amador chamado George Smith para ajudar a organizar as tabuletas cuneiformes. Com uma aguçada habilidade para reconhecer a característica particular de uma linha cuneiforme, ele foi o primeiro a perceber que vários fragmentos de tabuletas pertenciam uns aos outros, formando narrativas continuadas (Figura 25). Havia uma sobre um herói e uma Inundação, outra sobre deuses que criaram o Céu e a Terra e também o Homem. Em uma Carta para o Editor, falando disso em um jornal diário londrino, Smith foi o primeiro a dirigir a atenção para as semelhanças entre os contos daquelas tabuletas e as histórias bíblicas do Gênesis.

Das duas linhagens históricas antigas, aquela com maiores ramificações religiosas era a parecida com o conto bíblico da Criação; os estudos do tema foram liderados por uma sucessão de estudiosos não na Inglaterra, mas na Alemanha, onde "assiriólogos" pioneiros como Peter Jensen (*Kosmologie der Babylonier*), Herman Gunkel (*Schöpfung und Chaos*) e Fredrich Delitzsch (*Das babylonische Weltschöpfungsepos*) utilizaram descobertas adicionais feitas pelos arqueólogos compatriotas para formar um texto mais coerente e compreender seu âmbito religioso, filosófico e histórico.

Figura 25

No Museu Britânico em Londres, foram acrescentadas às tabuletas que Smith juntava novas descobertas feitas por um estagiário de Layard, Hurmud Rassam, em Níneve e em Nimrud. Seguindo a linha da história da Criação, o curador do museu encarregado das antiguidades egípcias e babilônicas, Leonard W. King, descobriu que um genuíno Épico da Criação fora, de fato, inscrito em não menos do que sete tabuletas. Seu livro de 1902, *The Seven Tablets of Creation,* concluiu que um "texto padrão" existente na Mesopotâmia contava, assim como o Gênesis, um relato sequencial da Criação – do Caos até o Céu e a Terra e então, na Terra, do Encontro dos Mares acrescido à Criação do Homem – não no decorrer dos seis dias bíblicos e outro dia de autogratificação, mas em seis tabuletas e uma sétima laudatória.

O antigo título do conto, adequando-se às suas palavras iniciais, era *Enuma elish* ("Quando na Altura Acima"). Tabuletas de vários sítios pareciam conter textos idênticos, com exceção do nome pelo qual o Criador Divino era chamado (os assírios o chamavam de **Ashur**, os babilônios de **Marduk**) – sugerindo que todos eram interpretações de uma única versão canônica em acadiano. No entanto, a retenção ocasional de algumas palavras estranhas e nomes de divindades celestiais envolvidas nos acontecimentos – nomes como **Tiamat** e **Nudimmud** – sugeriam que tal versão original poderia não ter sido em acadiano assírio/babilônio, mas em alguma outra língua desconhecida.

Era evidente que a busca pelas origens estava apenas começando.

* * *

De volta à Inglaterra vitoriana e George Smith: ali e naquela época, foi a outra linhagem histórica – o conto do Dilúvio e um "Noé" não bíblico – que cativou a imaginação popular. O atento e prolífico George Smith, observando com cautela milhares de fragmentos de tabuletas de Níneve e Nimrud e juntando as peças, anunciou que elas pertenciam a um conto épico de longa extensão a respeito de um herói que descobriu o segredo da Grande Inundação. Os três sinais cuneiformes que davam nome ao herói foram lidos por Smith como *Iz-Du-Bar*, e Smith supôs que se tratasse de fato do personagem bíblico **Nimrod** – o "caçador poderoso" que, pelo Gênesis, iniciara os reinados assírios – de acordo com o nome do antigo sítio, Nimrud, onde algumas das tabuletas foram descobertas.

A leitura de Smith dos fragmentos, indicando a existência da história de um Dilúvio assírio que condizia com o da Bíblia, causou

Figura 26

tanta agitação que o jornal londrino *The Daily Telegraph* ofereceu o grandioso prêmio de mil guineas (uma guinea tinha o valor de mais de uma libra esterlina) a quem descobrisse os fragmentos perdidos que completariam toda a história antiga. O próprio Smith aceitou o desafio; foi para o Iraque, vasculhou os sítios e retornou com 384 novos fragmentos de tabuletas. Com isso, foi possível juntar as peças e formar a sequência de todas as 12 (!) tabuletas do conto épico, incluindo a crucial "Tabuleta do Dilúvio", Tabuleta XI (Figura 26). (Quanto ao prêmio: foi o museu que o recebeu, alegando que Smith fora ao Iraque na condição de funcionário...)

Podemos imaginar a emoção de descobrir o conto da Bíblia Hebraica do Dilúvio e Noé escrito em outros idiomas antigos desvinculados da Bíblia – um texto que desde então tem sido conhecido como o Épico de Gilgamesh (a interpretação inicial "Izdubar" foi substituída a tempo pelo correto ***Gilgamesh***). Mas a euforia não aconteceu sem problemas, entre eles a variedade de deuses envolvidos no acontecimento, em comparação com um único Yahweh da Bíblia.

Confundindo os estudiosos, um rei chamado Gilgamesh não estava listado em lugar nenhum como rei assírio ou babilônio. Os estudiosos descobriram que o herói Gilgamesh foi identificado logo nas linhas de abertura da Tabuleta I como rei de *Uruk*, uma cidade (segundo o texto) de muros largos e muralhas imensas.

Mas não havia nenhum sítio antigo com esse nome em parte alguma da Babilônia e Assíria. Com a reconstrução do conto, percebeu-se também que o próprio Gilgamesh não era o herói do Dilúvio. Possuindo "dois terços divinos", suas aventuras eram em busca da imortalidade; e foi no trajeto dessa busca que ele ouviu conto do Dilúvio narrado por um homem chamado *Utnapishtim* – um "Noé" mesopotâmico que tinha, de fato, sobrevivido à catástrofe. Portanto, quem era Gilgamesh – estudiosos e a imprensa se perguntavam – se ele não fora nem o bíblico Noé nem o bíblico/assírio Nimrod?

Em 1876, Smith reuniu suas várias descobertas em um livro pequeno, *The Chaldean Account of Genesis*. Foi o primeiro livro a anunciar e comparar os textos antigos descobertos na Mesopotâmia com os contos da Criação e do Dilúvio da Bíblia. Foi o último livro de Smith: ele morreu no mesmo ano, aos 36 anos; mas devemos nos lembrar de que foi a perspicácia e as descobertas desse mestre autodidata do acadiano que serviram como base para a subsequente miríade de estudos.

Esses estudos também desvendaram a existência de mais um conto do Dilúvio, anterior ao outro; nosso interesse por ele é que provavelmente servira de fonte para Beroso. Intitulado na Antiguidade, como de costume, segundo suas palavras de abertura *Inuma ilu awilum* ("Quando os deuses enquanto homens"), ele passou a ser conhecido como o *Épico de Atra-Hasis*, nome de seu herói que conta a história do Dilúvio em primeira mão – fazendo dele, *Atra-Hasis*, o verdadeiro "Noé" dessa versão do Dilúvio. *É o próprio Noé falando!*

Por razões indefinidas, levou tempo até os estudiosos darem atenção ao texto crucial – crucial porque nele, Atra-Hasis (= "O Excessivamente Sábio") conta *o que antecedeu o Dilúvio*, o que o ocasionou e o que aconteceu em seguida. Durante a reconstrução do texto das três tabuletas, um fragmento com a marca "S" foi essencial para identificar o nome *Atra-Hasis*; o "S" significava Smith; foi ele quem, antes de morrer, encontrou a chave para outro impressionante conto "babilônio" de deuses, do Homem e do Dilúvio. Sugeriu-se que o nome do herói, *Atra-Hasis*, transposto como *Hasis-atra*, denotava o *Ziusudra/Sisithros* do Fragmento de Beroso – o décimo governante pré-diluviano em cuja época o Dilúvio ocorrera, assim como Noé era o décimo ancestral bíblico na linhagem de Adão!

(Essa transposição de nomes é uma das razões pelas quais associamos Beroso ao texto *Atra-Ḫasis*. Outra é o fato de que apenas nessa versão mesopotâmica do conto do Dilúvio há menção ao episódio – citado por Beroso – em que os residentes da aldeia questionam a construção do barco.)

Era tudo uma maravilha das maravilhas: transcendendo o tempo da Babilônia de Beroso do século III a.C. para o século XIX d.C., o Homem ocidental, crente na Bíblia, de fato segurou em suas mãos "*um texto hebraico do Dilúvio escrito em cuneiforme*" (como uma publicação da Universidade de Yale o chamou em 1922, Figura 27), inscrito em uma tabuleta de uma biblioteca assíria do século VII a.C. Ocorre aí um intervalo incrivelmente longo de pelo menos 2.600 anos; mas que também se mostra como apenas uma estação provisória no caminho de volta na história.

* * *

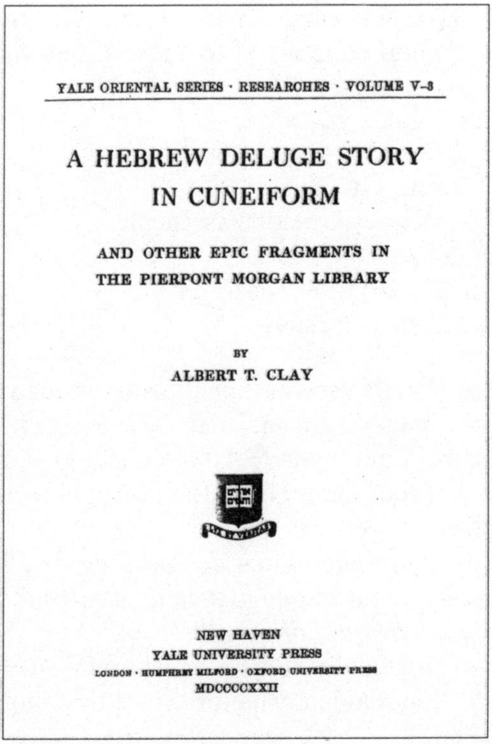

YALE ORIENTAL SERIES · RESEARCHES · VOLUME V–3

A HEBREW DELUGE STORY
IN CUNEIFORM

AND OTHER EPIC FRAGMENTS IN
THE PIERPONT MORGAN LIBRARY

BY
ALBERT T. CLAY

NEW HAVEN
YALE UNIVERSITY PRESS
LONDON · HUMPHREY MILFORD · OXFORD UNIVERSITY PRESS
MDCCCCXXII

Figura 27

Mais uma vez, esse texto assírio parecia ter uma versão babilônica semelhante ou paralela. Também continha nomes e palavras desconhecidos, certamente não de origem semítico-acadiana – deuses chamados **Enlil**, **Enki** e **Ninurta**; deusas chamadas **Ninti** e **Nisaba**; grupos divinos chamados **Anunnaki** e **Igigi**; um lugar sagrado chamado **Ekur**. De onde vieram todos eles?

A perplexidade foi ainda maior quando se soube que parte de uma tabuleta de *Atra-Hasis* que fora parar na biblioteca particular de J. Pierpont Morgan em Nova York, por volta de 1897, continha um "cólofon" – uma notação feita pelo escriba da tabuleta – que a datava no *segundo milênio* a.C. Assiriólogos deparavam agora com um salto de 3.500 anos!

Esforços para reconstruir um texto o mais completo possível a partir de várias tabuletas e diversas interpretações resultaram na busca no Museu Britânico e no Museu do Antigo Oriente, bem como em Istambul, Turquia, de todas as *três* tabuletas (embora quebradas em partes) daquela versão babilônica do *Atra-Hasis*. Felizmente, preservada em cada uma delas, havia a declaração do escriba fornecendo seu nome, título e data de término da tabuleta (como esta, do final da primeira tabuleta):

> Tabuleta 1. Quando os deuses como homens.
> Número de linhas 416.
> [Copiado] por Ku-Aya, escriba assistente.
> Mês Nisan, dia 21,
> [do] ano em que Ammisaduqa, o rei,
> fez uma estátua de si mesmo.

As tabuletas II e III estavam igualmente assinadas pelo mesmo escriba e também datadas em um ano específico do reinado do rei Ammisaduqa. Não era um nome real desconhecido: Ammisaduqa pertenceu à famosa dinastia Hamurabi da Babilônia; ele reinou ali de 1647 a 1625 a.C.

Assim, essa versão babilônica do conto de Noé/Dilúvio era mil anos mais antiga do que a versão assíria de Assurbanipal. E ela também era uma cópia – de qual original?

Os estudiosos incrédulos tinham a resposta à sua frente. Em uma de suas tabuletas, Assurbanipal vangloriava-se desta forma:

> O deus dos escribas me concedeu o dom
> do conhecimento de sua arte.

Eu fui iniciado nos segredos da escrita.
Eu até posso ler as intrincadas tabuletas em sumério.
Eu entendo as enigmáticas palavras entalhadas
nas pedras dos dias que antecederam o Dilúvio.

Além de revelar a existência de um "deus dos escribas", aqui estava a confirmação, feita por uma fonte independente, séculos antes de Beroso, da ocorrência do Dilúvio, e ainda o detalhe de que havia "palavras enigmáticas", *preservadas em esculturas de pedra, "dos dias que antecederam a Inundação"* – uma declaração que se encaixa e corrobora a afirmação de Beroso de que o deus Cronos "revelou a Sisithros que haveria um Dilúvio (...) e ordenou-lhe que escondesse em Sippar, a cidade do deus Shamash, todos os textos disponíveis".

Sem falar da soberba na declaração de Assurbanipal que diz que ele "poderia até mesmo ler as intrincadas tabuletas em *sumério*".

Sumério? Os perplexos estudiosos – que haviam conseguido decodificar babilônio, assírio, persa antigo e sânscrito – perguntavam-se a que Assurbanipal se referia. A resposta já fora compreendida pela Bíblia, desde o início. Até aqui, os versículos de Gênesis 10:8-12 sobre os domínios do poderoso herói Nimrud haviam inspirado os decodificadores daquelas línguas antigas a nomear a língua-mãe do "acadiano" babilônio e assírio, e serviu como um Mapa de Descobridores para os arqueólogos escavadores; agora esses versículos também esclareciam o mistério sumério:

Primeiro ele seria um herói na Região;
E o início de seu reinado:
Babel e Ereque e Acádia,
todos na Região do *Sinar*.

Suméria (ou mais corretamente, **Shumer**) era a bíblica **Sinar** – a mesma terra onde os colonizadores, após o Dilúvio, tentaram construir a torre cujo topo poderia alcançar os céus.

Era evidente que a busca por Noé tinha de passar por **Shumer** – a bíblica **Sinar** –, uma região que, sem dúvida, pré-datava as capitais da Babilônia, Assíria e Acádia. Mas em qual região e onde ela se situava?

O DILÚVIO

A ideia comum do Dilúvio bíblico (*Mabul* em hebraico, do acadiano *Abubu*) é uma das chuvas torrenciais que, quando cai, inunda, esmaga e arrebata tudo que está no solo. De fato, a Bíblia (Gênesis 7:11-12) enuncia que o Dilúvio começou quando "todas as fontes de água do Grande Abismo romperam-se." Foi apenas depois disso (ou como resultado disso) que "as comportas dos céus se abriram, e a chuva tomou conta da Terra por 40 dias e 40 noites". O Dilúvio terminou em uma sequência semelhante (Gênesis 8:2-3), quando primeiro "as fontes de água do Grande Abismo" e, depois, "as comportas do céu" fecharam-se.

Os vários registros mesopotâmicos do Dilúvio descrevem-no como uma avalanche de águas crescentes que *acometem do sul*, arrebatando e submergindo tudo conforme se precipita adiante. A versão acadiana (Gilgamesh, Tabuleta XI) afirma que a primeira manifestação do Dilúvio foi "uma nuvem negra que surgiu no horizonte", seguida por tempestades que "derrubaram postes e destruíram diques". "Por um dia a Tempestade do Sul soprou, submergindo as montanhas, sobrepujando os povos como em uma batalha (...) sete dias e [sete] noites sopra o Vento da Inundação conforme a Tempestade do Sul arrebata a terra (...) e toda a terra ficou submersa como um pote."

No conto sumério do Dilúvio, ventos uivantes são mencionados; chuva não: "Todas as tempestades de vento, extremamente poderosas, atacaram em uníssono (...) Por sete dias e sete noites a Inundação (**A.ma.ru**) arrebatou a terra, e o grande barco foi sacudido pelas tempestades de vento nas grande águas".

Em *O 12º Planeta** e livros subsequentes, **eu sugeri que o "Grande Abismo", onde a "Tempestade do Sul" se originou, era a Antártida**; e que o Dilúvio foi uma onda gigante que causou o deslocamento da calota polar da Antártida – provocando o fim abrupto da última Era do Gelo, há cerca de 13 mil anos (veja Figura 43).

*N.E.: Obra publicada pela Madras Editora

IV
Suméria: Onde a Civilização Começou

Sabemos que a Suméria era uma terra de gente talentosa e hábil no local em que hoje fica o sul do Iraque. Geralmente representados em estátuas inventivas e em estatuetas com posturas devocionais (Figura 28), os sumérios foram os primeiros a registrar e descrever acontecimentos passados e a contar os relatos de seus deuses. Foi ali, na fértil planície banhada pelos grandes rios Eufrates e Tigre, que a primeira civilização conhecida da Humanidade floresceu há 6 mil anos – "de repente", "inesperadamente", "de forma súbita e surpreendente", de acordo com todos os estudiosos. Foi uma civilização à qual devemos, até hoje, praticamente cada "primeiro" de tudo que consideramos essencial para uma civilização avançada: a roda e o transporte com rodas; o tijolo que tornava (e ainda torna) possíveis edifícios altos; caldeiras e fornalhas que são essenciais às indústrias, desde a panificação até a metalurgia; astronomia e matemáticas; cidades e sociedades urbanas; reinados e leis; templos e sacerdócios;

Figura 28

pontualidade, um calendário, festivais; da cerveja às receitas culinárias; da arte à música e os instrumentos musicais; e, acima de tudo, a escrita e a retenção de registros – tudo surgiu primeiro ali, na Suméria.

Hoje sabemos tudo isso graças às conquistas da arqueologia e à decodificação de línguas antigas durante o último século e meio. A estrada longa e árdua pela qual os antigos sumérios passaram da total escuridão até a reverente apreciação pela sua grandiosidade tem um número de marcos que sustentam os nomes de estudiosos que possibilitaram essa viagem. Alguns, que trabalharam em variados sítios, serão mencionados por nós. Outros, que reuniram e classificaram artefatos fragmentados durante um século e meio de arqueologia mesopotâmica, são muito numerosos para serem listados.

E havia os epigrafistas – às vezes no campo, na maioria das vezes meditando sobre as tabuletas em museus lotados ou em campus de universidades – cuja persistência, devoção e habilidades converteram pedaços de argila gravados com estranhas "formas em cunha" em tesouros históricos, culturais e literários legíveis. Seu trabalho foi crucial, porque, enquanto o padrão comum de descobertas arqueológicas e etnográficas tem sido encontrar restos mortais e então decodificar seus registros escritos (se tivessem algum), no caso dos sumérios o reconhecimento da língua deles – até sua decodificação – precedeu a descoberta do seu país, a *Suméria* (a grafia ocidental comum, em vez de Shumer). E não porque a língua, "sumério", precedeu seu povo; ao contrário – era porque a língua e seu alfabeto persistiram por muito tempo depois do desaparecimento da Suméria – assim como o latim e seu alfabeto sobreviveram ao Império Romano milhares de anos mais tarde.

O reconhecimento filológico do sumério começou, como ilustramos, não com a descoberta das próprias tabuletas sumérias, mas pela utilização variada, em textos acadianos, de "palavras emprestadas" que não eram acadianas; a nomeação de deuses e cidades com palavras que não faziam sentido em assírio ou babilônio; e, claro, por enunciados verdadeiros (como aquele de Assurbanipal) sobre a existência de textos anteriores em "shumério". Seu enunciado surgiu por meio da descoberta de tabuletas que reproduziam o mesmo texto em duas línguas, uma acadiana e a outra língua misteriosa; e as duas linhas seguintes estavam em acadiano e na outra língua, e assim por diante (o termo erudito para tais textos bilíngues é "interlinear").

Foi em 1850 que Edward Hincks, um estudante das decodificações de Behistun feitas por Rawlinson, sugeriu em um ensaio acadêmico que o "silabário" acadiano – a coleção de alguns 350 sinais cuneiformes, cada um representando uma consoante inteira + vogal silábica – deve ter evoluído de um conjunto de sinais silábicos *não* acadianos. A ideia (não aceita de imediato) foi finalmente confirmada quando algumas tabuletas de argila das bibliotecas de língua acadiana acabaram por se tornar *dicionários do "silabário" bilíngue* – listas que em um lado da tabuleta mostravam um sinal cuneiforme na língua desconhecida, e uma lista correspondente no outro lado, em acadiano (com o significado e a pronúncia dos sinais acrescentados, Figura 29). De uma só vez, a arqueologia adquiriu *um dicionário de uma língua desconhecida!* Além de tabuletas inscritas como um tipo de dicionário, os tão famosos Silabários, várias outras tabuletas bilíngues serviram como ferramentas inestimáveis na decodificação da escrita e língua suméria.

Em 1869, Jules Oppert, discursando na Sociedade Francesa de Numismática e Arqueologia, assinalou que o título real "Rei da Suméria e Acádia", encontrado em algumas tabuletas, fornecia o nome do povo que precedera os assírios e babilônios que falavam acadiano; eles eram, Oppert sugeriu, os **sumérios**. A designação passou a ser aplicada

Figura 29

desde então – embora, até hoje, os museus e a mídia prefiram chamar suas exposições ou dar título aos seus artigos e programas de "babilônio" ou, no máximo, "babilônio antigo", em vez do desconhecido "sumério". Apesar de praticamente tudo que consideramos essencial para uma civilização desenvolvida ter sido herdado dos sumérios, muitas pessoas ainda respondem com um vazio "Quem?", quando ouvem a palavra "sumério"...

O interesse pela Suméria e pelos sumérios constituiu uma mudança cronológica e geográfica: do primeiro e segundo milênios a.C. para o ter-

SUMÉRIA: ONDE A CIVILIZAÇÃO COMEÇOU 67

ceiro e quarto milênios a.C., e do norte e centro da Mesopotâmia para o sul. O fato de que havia assentamentos antigos enterrados ali era indicado não apenas pelos numerosos montes espalhados pelas planícies lamacentas, montes estes resultantes das camadas de edificações construídas sobre camadas (chamado estrato) com sobras de edificações precedentes; mais intrigantes eram os artefatos estranhos que os homens das tribos locais desenterraram dos montes, mostrando-os aos ocasionais visitantes europeus. O que sabemos hoje é o resultado de quase 150 anos de trabalhos arqueológicos que trouxeram à luz, em graus variados, os 14 ou mais importantes centros antigos da Suméria (mapa, Figura 30), praticamente todos mencionados nos textos antigos.

* * *

Calcula-se que a arqueologia sistemática de campo da Suméria foi iniciada em 1877, por Ernest de Sarzec, que era, na época, o vice-cônsul francês em Bassorá, cidade portuária no sul do Iraque, Golfo Pérsico. (Boatos da época dizem que, fascinado pelo comércio local das des-

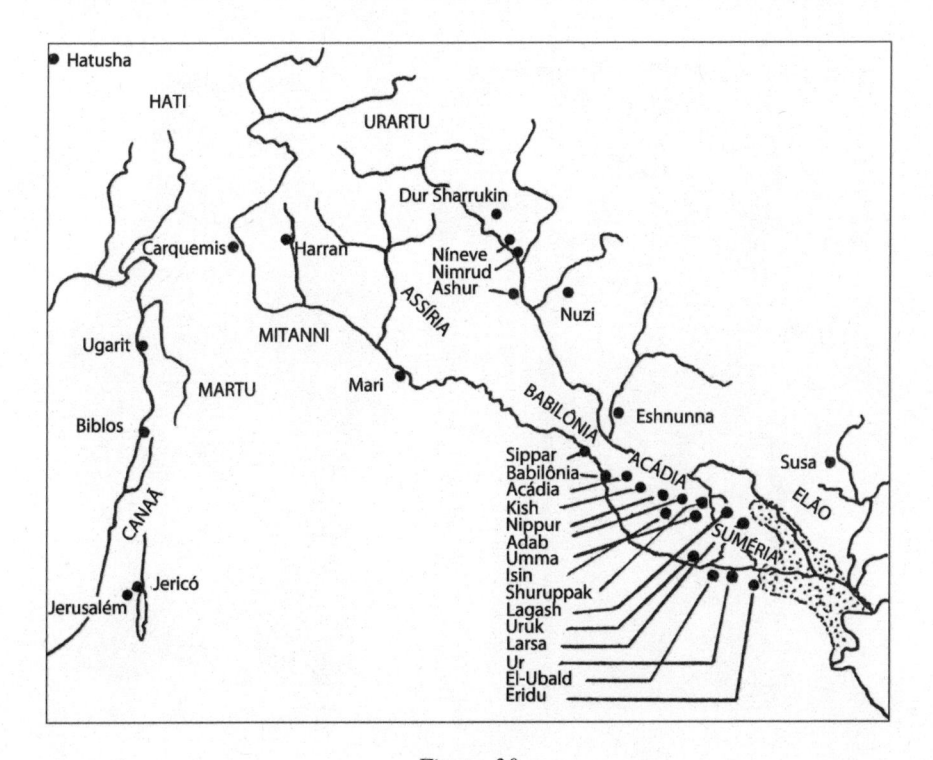

Figura 30

cobertas, seu verdadeiro interesse era encontrar objetos para venda particular.) Ele iniciou suas escavações em um sítio conhecido no local como *Tello* ("O Monte"). As descobertas ali foram tão fantásticas – indo parar no Museu do Louvre, em Paris, onde enchem as galerias – e tão inesgotáveis que as equipes francesas de arqueologia retornaram, ano após ano, a esse sítio específico *durante mais de 50 anos*, até 1933.

Tello se revelou como o recinto sagrado, o *Girsu*, de um grande centro urbano sumério chamado **Lagash**. Estratos arqueológicos indicaram que ele foi continuamente colonizado quase desde 3800 a.C. Relevos esculpidos em paredes datados do tão conhecido Período Dinástico Inicial, esculturas em pedra com inscrições em imaculado sumério cuneiforme (Figura 31) e um belo vaso de prata presenteado por um rei chamado Entemena a seu deus (Figura 32) atestavam o alto nível da cultura suméria há milênios. Para completar isso tudo, mais de 10 mil tabuletas de argila inscritas foram encontradas na biblioteca da cidade (a importância delas será discutida mais adiante).

Alguns textos e inscrições nomeavam uma linhagem contínua dos reis de Lagash que reinaram desde aproximadamente 2900 a.C. até

Figura 31   *Figura 32*

2250 a.C. – um reinado ininterrupto de quase sete séculos. Tabuletas de argila e placas em pedras comemorativas registraram grandes empreendimentos de construção, projetos de canais e irrigação (citando os reis que os iniciaram); havia o comércio com regiões distantes e até conflitos com cidades próximas.

O mais impressionante eram as estátuas e as inscrições de um rei chamado Gudea (por volta de 2400 a.C., Figura 33), nas quais ele descreve as circunstâncias miraculosas que levaram à construção de um complexo templo para o deus Ningirsu e sua esposa, Bau. A tarefa,

Figura 33

detalhada em seguida, envolveu construções divinas feitas em circunstâncias misteriosas, alinhamentos astronômicos, arquitetura elaborada, importação de raros materiais de construção vindos de terras distantes, conhecimento de calendários e rituais precisos – tudo ocorrido há cerca de 4.300 anos. As descobertas em Lagash foram resumidas pelo seu último escavador francês, Andrè Parrot, em seu livro *Tello* (1948).

Há alguns quilômetros a norte dos montes de Lagash, foi encontrado um monte chamado localmente de Tell el-Madineh. Os escavadores franceses de Lagash também o observaram; mas não havia muito para escavar, pois a cidade antiga que houvera ali, em algum tempo, fora completamente destruída pelo fogo. Certas descobertas, no entanto, ajudaram a identificar a antiga cidade de *Bad-Tibira*. O nome sumério da antiga cidade, "Bad-Tibira", significava "O Forte dos Trabalhos em Metal"; como outras descobertas clarificaram mais tempo, Bad-Tibira foi, de fato, considerada como tendo sido um centro de trabalhos metalúrgicos.

Uma década depois de Sarzec iniciar escavações em Lagash, um novo e importante personagem arqueológico juntava-se aos esforços para desvelar a Suméria: a Universidade da Pensilvânia, na Filadélfia. Soube-se, por meio de descobertas anteriores na Mesopotâmia, que o mais importante centro religioso da Suméria era uma cidade chamada *Nippur*. Em 1887, John Peters, um professor de hebraico da universidade, conseguiu apoio acadêmico da instituição e suporte financeiro de doadores individuais para organizar uma "expedição arqueológica" ao Iraque e encontrar Nippur.

A localização de Nippur parecia fácil de adivinhar: no centro geográfico do sul da Mesopotâmia, um monte gigantesco, impossível de não ser visto, erguia-se a alguns 20 metros acima da planície lamacenta e era chamado de *Niffar* pelos moradores; ele se encaixava nas referências da antiga Nippur como o "Umbigo da Terra". A expedição da Universidade da Pensilvânia conduziu quatro "campanhas" de escavação no sítio entre 1888 e 1900, a princípio sob a direção de John Peters, depois sob a liderança de Hermann Hilprecht, um assiriólogo alemão de renome internacional.

Nippur, os arqueólogos verificaram, foi colonizada repetidas vezes desde o *sexto milênio* a.C. até 800 d.C. De início, as escavações se concentraram no Recinto Sagrado da cidade, cuja localização – por mais incrível que pareça – estava indicada em um mapa da cidade com milênios de idade inscrito em uma grande tabuleta de argila (Figura 34, transcrição e tradução). Ali, os restos de um zigurate bem alto (pirâmi-

SUMÉRIA: ONDE A CIVILIZAÇÃO COMEÇOU 71

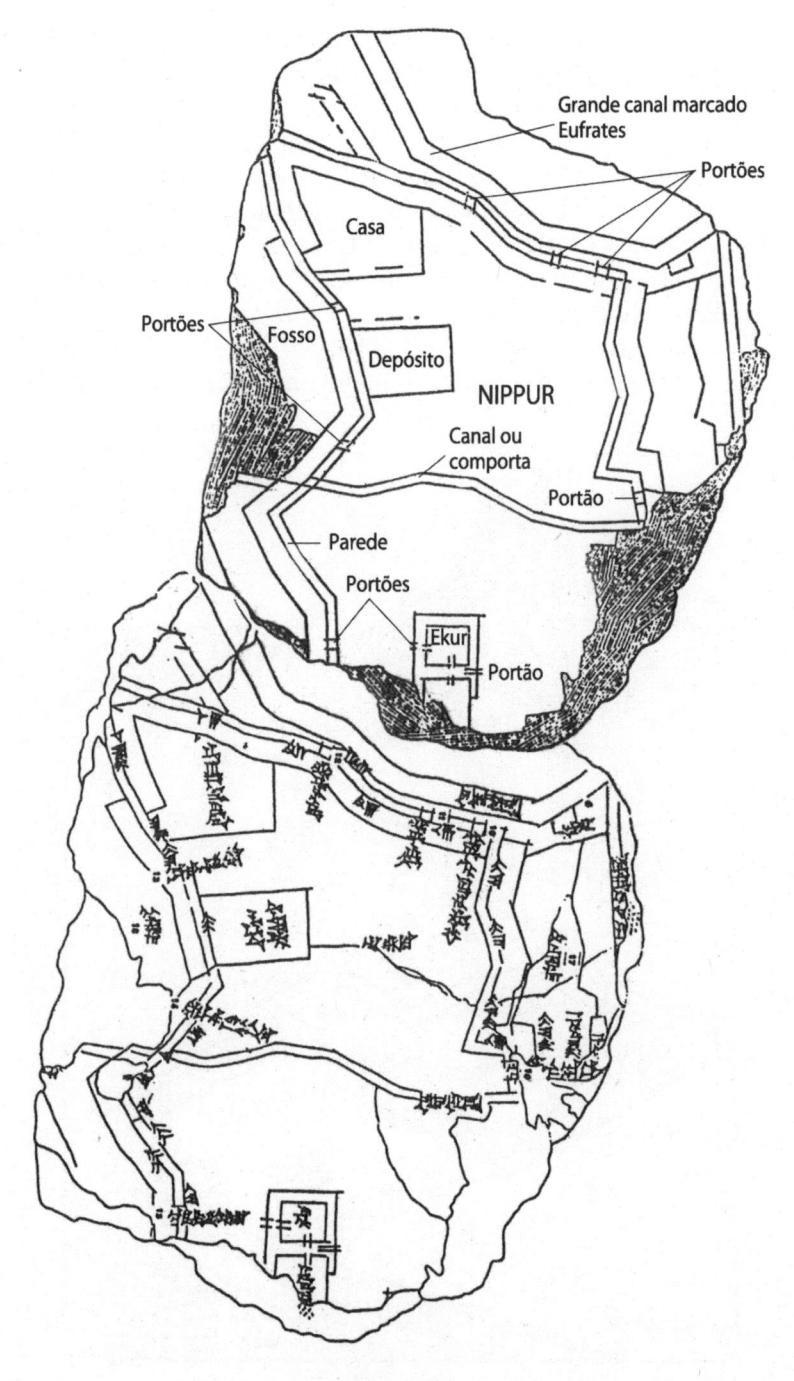

Figura 34

de em degrau), no recinto sagrado da cidade (reconstrução, Figura 35), atestaram sua dominância sobre a cidade. Chamado **E.Kur** (= "Casa que é como uma montanha"), tratava-se do templo principal dedicado ao deus supremo da Suméria, **En.lil** (= "Senhor do Comando") e sua esposa, **Nin.lil** (= "Senhora do Comando"). O templo, afirmavam as inscrições, incluía uma câmara interior onde "Tabuletas dos Destinos" eram guardadas. Segundo vários textos, a câmara era o coração do **Dur.An.Ki** (= "Elo Céu-Terra") – Centro de Controle e Comando do deus Enlil que ligava a Terra aos céus.

As descobertas da expedição em Nippur, consideradas por alguns como de "importância inigualável", incluíam a descoberta de quase 30

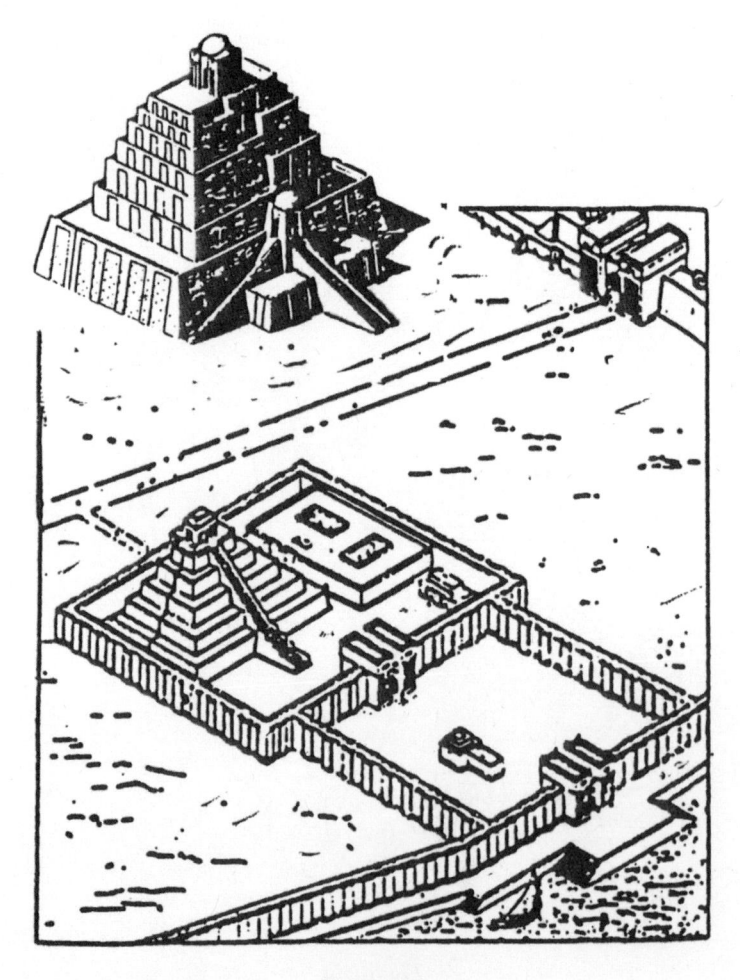

Figura 35

mil tabuletas de argila inscritas (ou fragmentos delas) em uma biblioteca que devia ter sido um bairro especial de Escrituras & Ciências na cidade, adjacente ao Recinto Sagrado. Hilprecht planejava publicar não menos que 20 volumes com os textos mais importantes das tabuletas, muitos com conteúdo "mitológico", outros que tratavam de matemática e astronomia e datavam do terceiro milênio a.C. Entre as inscrições de Nippur que foram transcritas, traduzidas e publicadas, constavam fragmentos do **conto original sumério do Dilúvio**, chamando o seu "Noé" de **Ziusudra** (= "[Seus] Dias de Vida Prolongados") – o equivalente do *Utnapishtim* acadiano.

Nessa inscrição suméria (conhecida entre os estudiosos pelo número de referência CBS 10673), é o deus Enki quem revela ao seu fiel seguidor Ziusudra um "segredo dos deuses": instigados pelo zangado Enlil, os deuses decidiram "destruir a semente da Humanidade com o Dilúvio" que estava prestes a acontecer; e Enki ("Cronos" nos Fragmentos de Beroso) instrui Ziusudra (o "Xisithros" de Beroso) a construir um barco de salvamento.

Mas todos os planos da expedição foram interrompidos por uma avalanche de acusações de Peters dizendo que Hilprecht fornecia "procedências" enganosas (locais de descobertas) de achados anunciados, e que Hilprecht fizera um acordo com o sultão turco em Constantinopla (hoje Istambul) para enviar a maioria das descobertas para lá – em vez de mandá-las para a universidade na Filadélfia – em troca da permissão por parte do sultão para manter algumas descobertas como "presentes" para sua coleção privada. A controvérsia, que dividiu os escalões mais altos da Filadélfia e foi manchete do *New York Times*, estendeu-se de 1907 a 1910. Uma comissão de investigação, formada pela universidade, acabou por concluir que as acusações de má conduta profissional contra Hilprecht eram "incomprovadas"; mas, de fato, muitas das tabuletas de Nippur tiveram como destino Constantinopla/Istambul. A coleção particular de Hilprecht terminou em Jena, a cidade universitária de Hilprecht na Alemanha.

A Universidade da Pensilvânia, por meio de seu Museu de Arqueologia, retornou a Nippur apenas depois da Segunda Guerra Mundial, em uma expedição conjunta com o Instituto Oriental da Universidade de Chicago. A controvérsia Peters-Hilprecht ainda é vista por historiadores como uma interrupção importante na arqueologia do Oriente Próximo. Porém, em razão da sempre interveniente Lei das Consequências não Intencionais, no final, essa controvérsia culminou em um dos maiores avanços em sumeriologia, pois forneceu o primeiro trabalho a um jovem epigrafista chamado Samuel N. Kramer que, então, se tornou um "sumeriólogo" em destaque.

* * *

As escavações em Lagash e Nippur, exigindo esforços arqueológicos contínuos ano após ano, revelaram a existência de centros urbanos importantes na Suméria que rivalizavam, em tamanho, com sítios assírios e babilônios no norte, embora os da Suméria fossem mais antigos em mais de mil anos. A existência de recintos sagrados murados, cada um com seu zigurate arranha-céu, indicava um alto nível de tecnologia antiga de construção que precedeu e serviu como modelo para os babilônios e assírios. Os *zigurates* – literalmente "Aquele que se ergue alto" – elevavam-se em vários degraus (geralmente sete) a alturas que poderiam alcançar 90 metros. Eles eram feitos de dois tipos de tijolos de barro – os secos ao sol para centros bem altos e os assados no forno para acrescentar resistência às escadas, exteriores e saliências; o tamanho, formato e curvatura dos tijolos variavam para se adequar à sua função; e eram seguros com betume como argamassa. (Testes modernos em laboratório mostram que os tijolos de barro assados no forno são cinco vezes mais resistentes que os secos ao sol.)

Os zigurates descobertos confirmavam literalmente a afirmação bíblica do Gênesis 11:1-4 sobre os métodos de construção dos colonizadores em Sinar, após o Dilúvio:

> E toda a Terra possuía uma língua
> e um tipo de palavras.
> E aconteceu que,
> conforme viajavam vindos do Oriente,
> eles depararam com uma planície na região do Sinar
> e se estabeleceram ali.
> E disseram uns aos outros:
> *Vamos fazer tijolos,*
> *e assá-los completamente.*
> *E os tijolos serviram-lhes como pedras,*
> *e o betume serviu-lhes como argamassa.*
> E eles disseram:
> Vamos construir uma cidade,
> e uma torre cujo ápice alcançará o céu.

Em regiões como Canaã, onde se utilizavam pedras na construção e a cal ainda é usada como argamassa (pois eles carecem de betume), a referência a tijolos e sua tecnologia de fabricação ("assá-los completamente") e ao betume (que irrompe do solo no sul da Mesopotâmia) representa um conhecimento impressionante e consideravelmente detalhado de acontecimentos passados em uma terra sem pedras como a Suméria. Ao desvendarem a antiga Suméria, as pás dos arqueólogos estavam corroborando a Bíblia.

Além das várias conquistas tecnológicas daqueles colonizadores na planície entre os rios Eufrates e Tigre – entre elas a roda e a carroça, o forno, metalurgia, remédios, têxteis, vestimentas multicoloridas e instrumentos musicais –, havia outros incontáveis "primeiros" do que ainda são considerados aspectos essenciais de uma civilização avançada. Estes incluíam o sistema matemático chamado sexagesimal ("Base 60") que iniciou o círculo de 360°, a precisão que dividiu o dia e a noite em 12 "horas duplas", um calendário lunissolar de 12 meses devidamente intercalados por um 13º mês a cada determinado número de anos, geometria, unidades de medida de distância, peso e capacidade, uma astronomia avançada com planetas, estrelas e constelações, conhecimento zodiacal, regras de conduta e tribunais, sistemas de irrigação, redes de transporte e estações aduaneiras, dança e música (e notas musicais), até impostos – assim como uma organização social baseada na monarquia e uma religião centrada nos templos com festivais previstos e um sacerdócio especializado. Além de tudo isso, a existência de escolas de escrita, templo e bibliotecas reais indicava surpreendentes níveis de realizações intelectuais e literárias.

O sumeriólogo Samuel Noah Kramer, em seu pioneiro livro *History Begins At Sumer* (1956), descreveu 27 daquelas Primeiras Coisas, incluindo o Primeiro Precedente Legal, o Primeiro Ideal Moral, o Primeiro Historiador, a Primeira Canção de Amor, o Primeiro "Emprego", e assim por diante – todos selecionados das tabuletas de argila inscritas em sumério. Descobertas arqueológicas reais de artefatos e representações pictóricas realçam e confirmam aquele extensivo registro textual.

A realização, na Europa e na América, de tudo isso serviu para acelerar o ritmo de descobertas na Suméria; e, quanto mais os arqueólogos escavavam, mais deparavam com épocas cada vez mais remotas.

Um sítio chamado Bismaya foi escavado por uma equipe da Universidade de Chicago. Era a antiga cidade suméria chamada ***Adab***. Resquícios de templos e palácios foram descobertos ali, com objetos que continham inscrições votivas; algumas identificavam um rei de Abad chamado Lugal-Dalu, que governou ali por volta de 2400 a.C.

Em montes agrupados à volta do local conhecido como Tell Uḥaimir, arqueólogos franceses descobriram a antiga cidade suméria de **Kish**, com resquícios de dois zigurates; eles foram construídos com tijolos convexos incomuns; uma tabuleta inscrita com a antiga escrita suméria identificava o templo como dedicado ao deus **Ninurta**, o filho guerreiro de Enlil. As ruínas mais remotas, datadas do Período Dinástico Arcaico, incluíam um palácio de "tamanho monumental"; o edifício possuía colunas – uma raridade na Suméria. As descobertas em Kish incluíam restos de carroças com rodas e objetos de metal. Inscrições identificavam dois reis por seus nomes – Mes-alim e Lugal-Mu; mais tarde se constatou que eles reinaram no início do terceiro milênio a.C.

As escavações em Kish foram retomadas depois da Primeira Guerra Mundial pelo Museu de História Natural de Chicago e pelo Museu Ashmolean, de Oxford. Entre suas descobertas constavam alguns dos mais antigos exemplos de impressões em selo cilíndrico. (Em 2004, o museu de Chicago lançou um projeto para unificar em registro digital *os mais de 100 mil artefatos de Kish* que ficaram dispersos entre Chicago, Londres e Bagdá.)

* * *

Nos anos 1880, um sítio chamado Abu Ḥabbah chamou a atenção de L. W. King, do Museu Britânico, quando "tabuletas interessantes" – desenterradas no sítio por saqueadores locais – foram postas à venda. Um colega, Theophilus Pinches, identificou corretamente a cidade como sendo a antiga **Sippar** – a mesma cidade do deus Shamash, mencionada por Beroso na história do Dilúvio!

O sítio foi escavado por algum tempo pelo assistente de Layard, Hormuzd Rassam; uma das mais conhecidas descobertas ali foi uma imensa tabuleta de pedra representando ninguém menos que o deus Shamash, sentado em seu trono coberto com um toldo (Figura 36). As inscrições que acompanham a imagem identificavam o rei sendo apresentado ao deus como rei Nabu-apla-iddin que, no século IX a.C., renovou o templo de Shamash em Sippar.

Os montes gêmeos da cidade foram escavados com mais profundidade nos anos 1890 por uma expedição conjunta entre a Sociedade Oriental Alemã (*Deutsche Orient Gesellschaft*) e o Serviço de Anti-

Figura 36

guidades Otomano. Eles não apenas descobriram tesouros intactos de tabuletas textuais – compartilhadas entre Berlim e Constantinopla –, mas também algumas das mais antigas e estranhas bibliotecas de tabuletas: estas eram mantidas em "escaninhos" entalhados nas paredes de tijolos, em vez de prateleiras (como em períodos posteriores). Os textos da biblioteca incluíam tabuletas cujos cólofons declaravam, de forma explícita, que aquelas eram cópias de textos de tabuletas antecedentes vindas de Nippur, de uma cidade chamada Acádia, e da Babilônia – ou encontradas na própria Sippar; *entre elas estavam tabuletas que pertenciam ao texto* **sumério** *Atra-Hasis!*

Seria isso uma indicação de que Sippar fora um repositório antecedente de "escrituras", como as afirmações de Beroso sugeriam? Nenhuma resposta certa pode ser fornecida, mas podemos citar Beroso outra vez: primeiro, "Cronos" ordenou a Ziusudra que *"escavasse um buraco* e enterrasse todos os textos sobre os Começos, Meios e Fins, em Sippar, a cidade do deus Sol [Shamash]". Então, os sobreviventes da Inundação "retornaram à Babilônia, desenterraram os textos de Sippar, fundaram muitas cidades, estabeleceram santuários e, mais uma vez, instauraram a Babilônia". Seria o original armazenamento em compartimentos talhados uma lembrança da "escavação de buracos" para preservar as tabuletas mais antigas? Podemos apenas especular.

Em Sippar, o conto do Dilúvio começou a assumir realidade física; mas era apenas o começo.

Na década precedente à Primeira Guerra Mundial, arqueólogos alemães, sob os auspícios da Sociedade Oriental Alemã, iniciaram escavações em um sítio conhecido localmente de Fara. Tinha sido uma importante cidade suméria chamada **Shuruppak**, que fora colonizada muito antes de 3000 a.C. Entre suas características interessantes constavam edifícios que eram, sem dúvida, instalações públicas, alguns servindo como escolas com bancos de tijolos de argila embutidos. Havia uma profusão de tabuletas inscritas cujos conteúdos nos trazem certo esclarecimento quanto a vida diária, administração das leis e propriedade privada de casas e campos – tabuletas que refletiam a vida urbana há 5 mil anos. Tabuletas inscritas afirmavam que essa cidade suméria tinha uma antecessora pré-diluviana – um lugar que representou um papel importante nos acontecimentos do Dilúvio.

Figura 37

As descobertas ali se destacaram por seu tesouro incomum de *selos cilíndricos* ou suas impressões – uma invenção suméria única que foi adotada por todas as regiões antigas com o passar do tempo, assim como a escrita cuneiforme. Eram cilindros (em sua maioria de três a quatro centímetros de comprimento) moldados a partir de uma pedra (em geral semipreciosa), na qual o artesão esculpia um desenho, com ou sem texto de acompanhamento (Figura 37). O truque consistia em gravá-la ao contrário, como um negativo; assim, quando fosse passada em argila molhada, a imagem ficava impressa como um positivo – uma invenção preliminar da "prensa rotativa". Esses trabalhos de arte cilíndrica são chamados "selos" porque esse era o seu propósito: o proprietário do selo imprimia-o em um pedaço de argila molhada que selava um recipiente de óleo ou vinho, ou em um envelope de argila, para selar uma carta de argila contida nele. Algumas impressões em selos já foram encontradas em Lagash, contendo o nome de seus proprietários; mas aquelas de Fara/Shuruppak excediam a quantidade de 1.300 e, em alguns casos, pertenciam a tempos mais primitivos.

Mas um fato não menos surpreendente do que desvendar Shuruppak foi sua própria descoberta – pois, de acordo com a Tabuleta XI da versão acadiana do Épico de Gilgamesh, **Shuruppak era a cidade natal de Utnapishtim, o "Noé" do Dilúvio!** Foi ali que o deus Enki revelou a Utnapishtim o segredo do Dilúvio iminente e instruiu-o a construir o barco de salvamento:

> Homem de Shuruppak, filho de Ubar-Tutu:
> Destrói a casa, constrói um navio!
> Abdica de posses, busca tua vida!
> Repudia pertences, mantém a alma viva!
> A bordo do navio leva contigo a semente de todas as coisas vivas.
> Esse navio deverás construir –
> Suas dimensões serão à medida.

(Enki, devemos nos lembrar, teria sido o revelador da decisão secreta dos deuses também no texto sumério mencionado anteriormente.)

As descobertas de e em Shuruppak, bem como as de Sippar, transformaram o conto do Dilúvio de lenda e "mito" em uma realidade física. Em *Encontros Divinos*, eu concluí, baseado em dados antigos e descobertas científicas modernas, que o Dilúvio foi um maremoto colossal causado pelo deslocamento de uma calota polar, a leste da Antártida, para fora daquele continente.

A Primeira Guerra Mundial (1914-1918) interrompeu aquelas e outras explorações arqueológicas no Oriente Próximo, que fez parte do Império Otomano até seu desmembramento após a guerra. A Mesopotâmia foi deixada nas mãos dos escavadores locais – tanto oficiais quanto (a maioria) ladrões particulares de sítios. Algumas das descobertas realmente chegaram ao Museu do Antigo Oriente em Constantinopla/Istambul, revelando que durante os anos de guerra as escavações no Iraque ocorreram em Abu Habbah, a antiga Sippar; mas havia tanto para desvendar ali que várias escavações continuaram durante os anos 1970 – quase um século inteiro após o início das escavações.

* * *

Uma contínua e determinante série de escavações, que duraram do fim da Primeira Guerra Mundial até a irrupção da Segunda Guerra Mundial, em 1939 (e retomadas em 1954), ocorreu em um sítio a sul da Suméria conhecido no local como Warka – *a mesma* **Uruk** *do Épico de Gilgamesh, a* **Ereque** *da Bíblia!*

Adotando uma técnica de escavação que consiste em cortar um facho vertical através de todo o estrato, os arqueólogos alemães da Sociedade Oriental Alemã puderam ver de imediato a colonização e história cultural do sítio – desde a mais recente colonização, no topo, até o seu início no quarto milênio a.C., embaixo. Em todas as ocasiões, desde pelo menos 3800 a.C., parecia que todas as potências da Suméria, Acádia, Babilônia e Assíria até a Pérsia, Grécia e Selêucia queriam deixar a sua marca em Uruk. Uruk era, sem dúvida, um lugar especial.

Em Uruk, os arqueólogos alemães descobriram vários "primeiros" – os primeiros itens de cerâmica colorida cozidos em forno, o primeiro uso da roda de oleiro, os primeiros objetos de liga de metal, os primeiros selos cilíndricos e as primeiras inscrições feitas com o antecessor pictórico do cuneiforme. Outro "primeiro" foi um pavimento feito em blocos de calcário, parte de um uso incomum de pedras em vez de tijolos de barro para a construção – incomum porque as pedras tinham de ser trazidas das montanhas situadas a mais de 80 quilômetros a leste. Os arqueólogos descreveram algumas das construções de pedra da cidade como sendo de "proporções monumentais".

Uma muralha maciça circundava a cidade – os arqueólogos encontraram seus resquícios por uma extensão de mais de dez quilômetros. Ela abrangia as duas partes da cidade – a residencial e o recinto sagrado, onde descobriram o primeiro "zigurate", uma plataforma erguida em degraus que servia como base para um templo. Na época de sua escavação, ele era mais como um monte artificial de não menos que sete estratos de reconstrução. No ápice, em uma plataforma artificial, ficava um templo. Chamado *E.Anna* (= "Casa/Morada de Anu"), ele também é conhecido pelos arqueólogos como o Templo Branco porque – outra característica incomum – foi pintado de branco (Figura 38, uma reconstrução). Próximo ao E.Anna ficavam resquícios de outros dois templos. Um, pintado de vermelho, era dedicado à deusa **In.anna**, "Amada de Anu" (mais conhecida pelo seu nome posterior acadiano, *Ishtar*). O outro, ainda em pé, era um templo dedicado à deusa Ninharsag.

Sem dúvida, **as pás dos arqueólogos trouxeram à luz a cidade de Gilgamesh**, que reinara ali por volta de 2750 a.C. (ou até antes, segundo outra cronologia). As descobertas dos arqueólogos ecoaram, literalmente, as próprias palavras do Épico de Gilgamesh:

> Sobre todos os seus feitos ele [Gilgamesh]
> gravou em uma coluna de pedra:
> Da fortificada Uruk, da muralha que ele construiu,
> Do consagrado E.Anna, o santuário puro.
> Contemple sua parede externa, que é como uma faixa de cobre,
> Espreite sua parede interior, à qual nenhuma se iguala!
> Admire a plataforma de pedra, que é de ouro;
> Suba e ande em volta das muralhas de Uruk,
> Aproxime-se de E.Anna e da morada de Ishtar!

Entre as "pequenas descobertas" no estrato de 3200-2900 a.C., havia objetos esculpidos que foram designados como os "Os Mais Premiados" pelo Museu de Bagdá, no Iraque – uma escultura de mármore de uma cabeça feminina em tamanho natural (Figura 39) – apelidada de "A Dama de Uruk" – que fora, uma vez, adornada com um toucado e tinha olhos feitos com pedras preciosas e um grande vaso de

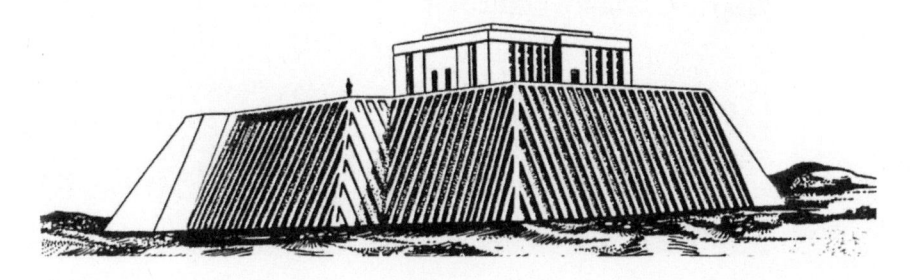

Figura 38

alabastro (mais de 90 centímetros) esculpido que retratava a procissão de adoradores levando oferendas à sua deusa. De uma só vez, a arte suméria de mais de 5 mil anos se igualava à beleza da escultura grega de 2.500 anos depois!

No extremo sul da Suméria, onde os rios Tigre e Eufrates se encontram em pântanos à margem do Golfo Pérsico, um sítio localmente chamado de Abu Sha*h*rain atraíra a atenção do Museu Britânico já em 1854. Um de seus especialistas, J. E. Taylor, relatou após escavações preliminares que o esforço "não produziu nenhum resultado importante". Ele trouxe consigo algumas das descobertas "sem importância" – alguns tijolos de argila com textos. Cinquenta anos depois, dois assiriólogos franceses determinaram, a partir daqueles tijolos, que o sítio era a antiga *Eridu*; seu nome significava "Casa Construída Distante", e *era a primeira cidade da Suméria*.

Figura 39

Figura 40

Foram necessárias duas guerras mundiais e o tempo entre elas para que as primeiras escavações arqueológicas metódicas e contínuas acontecessem no sítio, sob os auspícios da Diretoria Geral de Antiguidades do Iraque. Conforme os arqueólogos tiravam estrato de ocupação após estrato de ocupação, do mais recente, em cima, até o mais antigo, embaixo, descobriram nada menos do que 17 níveis em cima do primeiro; eles conseguiam calcular o tempo para trás conforme continuavam escavando: 2500 a.C., 2800 a.C., 3000 a.C., 3500 a.C. Quando as pás tocaram as fundações do primeiro templo de Eridu, a data era por volta do ano 4000 a.C. Mais abaixo, os arqueólogos atingiram solo lamacento virgem.

O templo original da cidade, que fora reconstruído inúmeras vezes, foi edificado com tijolos de barro cozido e erguia-se sobre uma plataforma de nível artificial. Sua sala central possuía um formato retangular e era flanqueada, nas duas laterais mais compridas, por uma série de salas menores – um modelo para outros templos no milênio futuro. Em um canto havia um pedestal, talvez para uma estátua.

No outro canto, um pódio criava uma área elevada; os escavadores perplexos descobriram ali, nos níveis VI e VII, grandes quantidades de ossos de peixe misturados com cinzas – o que sugeria a oferenda de peixe aos deuses.

Os escavadores não deviam ter ficado tão perplexos: o templo era dedicado ao deus sumério **E.A**, cujo nome significava "Ele Cuja Morada é nas Águas". Como sua autobiografia e muitos outros textos deixaram claro, foi E.A que vadeara em direção à costa do Golfo Pérsico como dirigente dos 50 astronautas *anunnakis* vindos à Terra a partir de seu planeta. Retratado com correntezas de água (Figura 40), *ele era o lendário Oannes*. A tempo, como explicado no preâmbulo do texto do épico *Atra-Hasis*, foi concedido a Ea o epíteto **En.ki** – "Senhor [da] Terra". E foi ele quem alertou Utnapishtim/Ziusudra do Dilúvio iminente, instruindo-o a construir o barco à prova d' água e ser salvo.

* * *

Embora sem essa intenção, a descoberta de Eridu abriu caminho para a confirmação arqueológica de um dos mais básicos "mitos" sumérios – a vinda dos anunnakis para a Terra e a fundação por parte deles das ***Cidades dos Deuses em épocas pré-diluvianas***.

Foi em 1914 que um dos primeiros "sumeriólogos", Arno Poebel, tornou conhecidos os surpreendentes conteúdos de uma tabuleta mantida em uma caixa de fragmentos catalogada como "CBS 10673" na coleção do Museu da Universidade da Filadélfia. Preservado em menos que sua metade (Figura 41), esse remanescente do *registro original sumério do Dilúvio* fornece, no anverso, a parte de baixo das primeiras três colunas de texto; e, quando virado, ele retém no reverso a parte superior das colunas IV-VI.

As linhas existentes na última seção relatam como Ziusudra fora advertido (pelo deus Enki) sobre o Dilúvio e o barco que fora instruído a construir; como o Dilúvio se estendeu por sete dias e sete noites; e como os deuses, liderados por Enlil, concederam a Ziusudra "vida, como um deus" – daí seu nome, "Ele dos Dias de Vida Prolongados".

As colunas do anverso I-III, no entanto, expandiam consideravelmente o conto. O texto descreve as circunstâncias do Dilúvio e os acontecimentos que o precederam. De fato, o texto remonta à época em que os anunnakis vieram à Terra e se estabeleceram em *Edin* – um conto que alguns chamam de *A Gênese de Eridu*. Foi naqueles dias longevos,

SUMÉRIA: ONDE A CIVILIZAÇÃO COMEÇOU 85

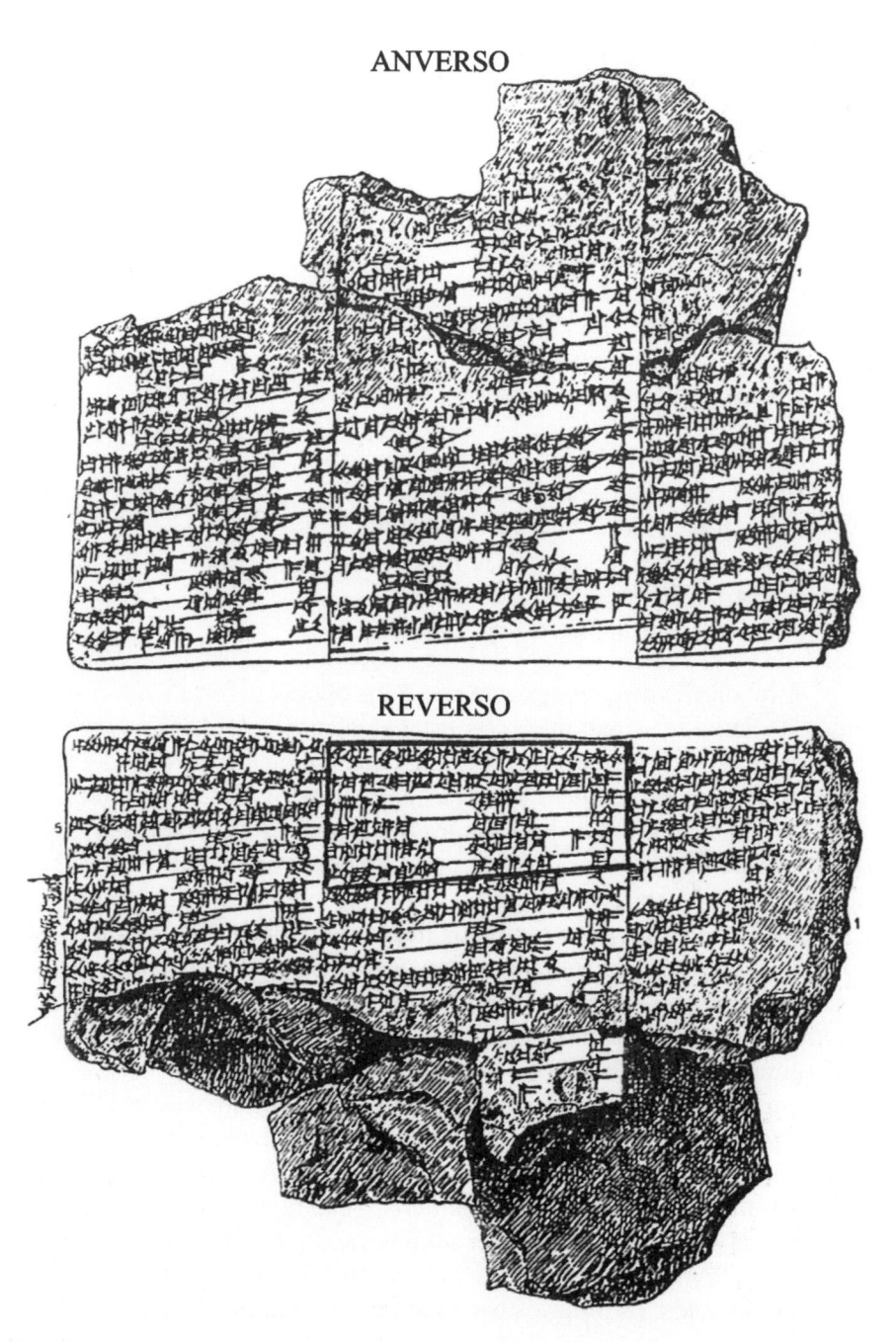

ANVERSO

REVERSO

Figura 41

quando os anunnakis trouxeram o "Reinado" do Céu, o texto afirma (na coluna II), que as cinco Cidades dos Deuses foram fundadas:

> Após o [...] do Reinado
> ser trazido do céu,
> Depois que a coroa e o trono altivos do reinado
> foram baixados do céu,
> [...] aperfeiçoaram o [...]
> [...] fundaram [...] cidades em [...]
> Deram-lhes seus nomes,
> alocaram seus lugares puros:
>
> A primeira destas cidades, Eridu,
> ao líder, Nudimmud, foi concedida.
> A segunda, Bad-Tibira, ele ofereceu a Nugig.
> A terceira, Larak, a Pabilsag foi dada.
> A quarta, Sippar, ele deu ao herói Utu,
> A quinta, Shuruppak, a Sud foi doada.

A revelação de que algum tempo após chegar a Terra – mas muito antes do Dilúvio – os anunnakis estabeleceram cinco assentamentos é de grande imporância; que os nomes das cidades e de seus deuses-governantes sejam enunciados é bastante surpreendente; mas o mais espantoso acerca da lista das Cidades dos Deuses é que *quatro de seus sítios tenham sido descobertos e escavados por arqueólogos modernos!* Com a exceção de **Larak**, cujos resquícios não foram identificados, embora sua localização aproximada tenha sido constatada, **Eridu**, **Bad-Tibira**, **Sippar** e **Shuruppak** foram descobertas. Assim como a Suméria, suas cidades e sua civilização foram trazidas de volta à luz; não apenas o Dilúvio, mas acontecimentos e lugares anteriores ao Dilúvio emergiram como realidade histórica.

Uma vez que os textos mesopotâmicos afirmam que o Dilúvio devastou a Terra e tudo sobre ela, podemos muito bem perguntar como essas cidades ainda existiam depois do Dilúvio. A resposta – fornecida pelos mesmos textos mesopotâmicos – estará atrás das cortinas do tempo e da obscuridade, onde encontraremos a história completa dos *anunnakis*, "Aqueles Que do Céu para Terra Vieram".

Como antes, os próprios textos antigos contarão a história.

A TERRA DO "ÉDEN"

O nome **Shumer**, como era conhecido o sul da Mesopotâmia em tempos antigos, deriva das inscrições acadianas a respeito do reinado da "Suméria e Acádia" – uma entidade geopolítica formada após a instalação de Sargão I (*Sharru-kin* = "O Rei Legítimo"), que falava a língua semítica, como governante da Grande Suméria por volta de 2370 a.C. (Quando o reinado de Davi se dividiu após sua morte entre os reinados da Judeia e de Israel, a região do norte foi carinhosamente chamada de *Shomron* – "Pequena Shumer".)

Originário do verbo acadiano (e hebraico) que significa "observar/vigiar", o nome *Shumer* identifica o domínio como "Terra dos Observadores" ou "Terra dos Guardiões" – os deuses que guardam e protegem a Humanidade. O termo condizia com a antiga palavra egípcia para "deuses" – **Neteru** – que procedia do verbo NTR e significava "guardar, vigiar". De acordo com a cultura egípcia, os neterus chegaram ao Egito vindos de **Ur-Ta**, o "Local Antigo"; seu símbolo hieroglífico era um machado de mineiro:

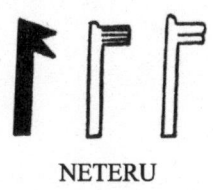

NETERU

Antes da Suméria e Acádia, quando havia apenas as Cidades dos Deuses na região, ela era chamada **E.din** – "Casa/Morada dos Legítimos" – o Éden bíblico; o termo deriva do determinativo **Din.gir** que precedia os nomes dos deuses em sumério. Significando "Justos/Legítimos", sua representação pictográfica mostra seus foguetes espaciais de duas partes:

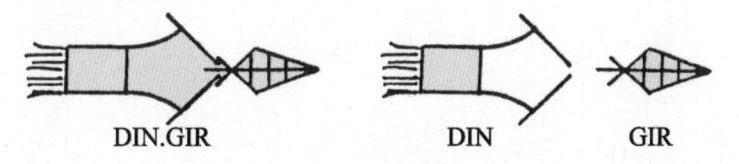

DIN.GIR   DIN   GIR

V
Quando o Reinado Foi Trazido para a Terra

Cidades – centros urbanos com população – são os indicadores de uma civilização avançada. A tabuleta suméria que fala do conto das primeiras cinco cidades na Terra é, assim, o registro do início da civilização avançada na Terra.

As cidades implicam a especialização entre agricultura e indústria, possuem prédios, ruas e mercados, desenvolvem o comércio e a troca, requerem transporte e comunicações, precisam de registros – leitura, escrita e aritmética. Elas também exigem uma sociedade organizada e leis, possuem uma hierarquia administrativa, nomeiam ou conferem poderes a um Diretor Executivo; na Suméria, e daí em diante praticamente em todos os lugares, havia um **Lu.gal** – literalmente "Grande Homem", interpretado como "Rei" nas traduções. Os sumérios denotaram esses elementos de um conhecimento avançado e a soma total da civilização no termo **Nam.lugal.la**, geralmente traduzido como "Reinado". *E o Reinado, os sumérios afirmaram, foi trazido para a Terra dos céus.*

Considerado uma instituição divina, o Reinado exigia que o rei fosse legítimo, tinha de ser eleito (ou, na verdade, consagrado) pelos deuses. De acordo com isso, por todo o mundo antigo, a sucessão de reis era meticulosamente registrada nas Listas de Reis. No Egito, como vimos, eram organizados em dinastias; na Babilônia e Assíria, em Elam, Hatti, Pérsia e outros – e na Bíblia com seus dois Livros dos Reis –, as Listas de Reis nomeavam governantes sucessivos, fornecendo o tempo de seus reinados e, no fim, uma breve nota biográfica. Na Suméria, onde os reis governavam em várias cidades-estados, a lista principal era organizada pelas cidades reais que serviam como capital "nacional" ou central da região em determinada época – uma função que passava de uma cidade principal para a outra. E a Lista de Reis mais famosa e mais bem preservada da Suméria começa com esta afirmação: "Quando o Reinado foi trazido do Céu" – uma afirmação que corresponde aos versos de abertura do conto das pré-diluvianas Cidades dos Deuses, que acabamos de citar: "Após o [...] do Reinado ser trazido do céu, depois que a coroa e o trono altivos do reinado foram baixados do céu".

Devemos compreender que essas declarações não tinham apenas o objetivo de glorificar o Reinado com um estatuto divino; um princípio fundamental da história e dos ensinamentos sumérios era que o Reinado foi, *de fato*, e não apenas de maneira figurativa, trazido à Terra dos céus – que os **anunnakis** (= "Aqueles que do Céu para a Terra vieram") realmente iniciaram sua presença civilizada na Terra com cinco assentamentos, como afirma a tabuleta CBS-10673. Embora o nome do deus que deferiu as concessões esteja ausente da tabuleta, podemos dizer, com certeza, que foi Enlil que seguiu Enki em sua vinda para a Terra – um detalhe reconhecido pela afirmação de que "A primeira dessas cidades, Eridu, ao líder Nudimmud (=Ea/Enki) foi concedida". Além disso, cada um dos outros a quem foi concedida uma cidade – Nugig (= a deusa da Lua Nannar/Sin), Pabilsag (= Ninurta), Utu (= Shamash) e Sud (= "O Médico", Ninmah) – não eram apenas membros do alto escalão do panteão sumério, mas tinham relação com Enlil. Foi após a chegada de Enlil que o posto avançado inicial de Enki (Eridu) foi expandido para cinco (e depois oito) assentamentos de pleno direito.

A relação entre aquelas primeiras Cidades dos Deuses e a mudança da civilização para a Terra, vinda dos céus, é reafirmada em vários outros documentos sumérios que falam dos acontecimentos pré-diluvianos. Dois dos documentos principais podem ser vistos por qualquer um que visite o Museu Ashmolean de Arte e Arqueologia, em Oxford, Inglaterra – um museu que marca o seu início com a doação, em 1683, por Elias Ashmole, de 12 carrinhos carregados com itens de colecionador antigos que a história oficial do museu descreve como "uma *arca de Noé* com raridades". A coleção original se diversificou e cresceu ao longo dos séculos para se tornar uma instituição oficial da Universidade de Oxford. Não há multidões esperando em filas para entrar no museu; ele não possui nenhuma *Mona Lisa* para atrair um grande número de

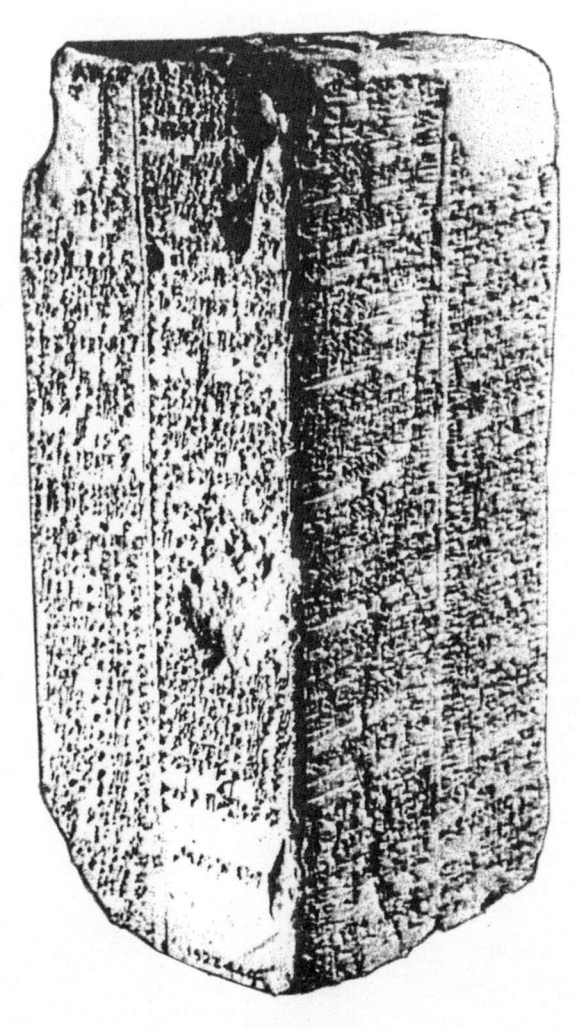

Figura 42

pessoas ou cineastas. Mas entre os objetos que abriga constam duas descobertas arqueológicas inestimáveis e da maior importância para a história da Humanidade e do nosso planeta; e ambas registram o Dilúvio, chamado de "Dilúvio de *Noé*". **Elas, ou cópia delas, muito provavelmente serviram como fonte para os escritos de Beroso.**

Catalogados como WB-62 e WB-444 por Stephen Langdon no *Oxford Editions of Cuneiform Texts* (1923), os dois artefatos de argila sumérios pertencem à coleção particular que Herbert Weld-Blundell – um arqueólogo, explorador e jornalista inglês – doou ao museu em 1923. O WB-444 é o mais conhecido dos dois, pois, enquanto o WB-62 se parece com um tipo "comum" de tabuleta de argila, o WB-444 é um tipo raro, extraordinário e belo de argila cozida com um prisma de quatro lados (Figura 42). Conhecido como *A Lista de Reis Sumérios*, ele pormenoriza como a primeira capital da Suméria foi a cidade de Kish, em seguida mudando para Uruk e para Ur, indo para Awan, retornando a Kish, sendo transferida para Ḫamazi, retornando para Uruk e depois para Ur, e assim por diante, acabando em uma cidade chamada Isin. (Os últimos registros datam o documento a um rei chamado Utu-Hegal, que governou em Uruk por volta de 2120 a.C. – há mais de 4.100 anos.)

Mas aqueles reis, pelo que afirma o prisma do texto, começaram a governar apenas *depois* do Dilúvio, "quando o reinado foi trazido [mais uma vez] do céu". A parte inicial do prisma lista reis em cinco Cidades dos Deuses *pré*-diluvianas, concedendo a cada governante extensões de domínio que desconcertaram os estudiosos. Isto é o que ele diz:

Nam.lugal an.ta e.de.a.ba
[Quando] o Reinado do céu foi trazido,
Erida.ki nam.lugal.la
Em Eridu estava o Reinado.
Erida.ki A.lu.lim Lugal
[Em] Eridu, Alulim era rei,
Mu 28.800 i.a
28.800 anos [ele] governou.
A.lal.gar mu 36.000 i.a
Alalgar 36 mil anos governou;
2 Lugal
Dois Reis
Mu.bi 64.800 ib.a
Seu reinado de 64.800 anos.

E seguido apenas em tradução:

> Eridu foi derrubado,
> o Reinado para Bad-Tibira foi levado.
> Em Bad-Tibira, Enme.enlu.anna governou por 43.200 anos;
> Enme.engal.anna governou por 28.800 anos;
> Dumuzi, um pastor, governou por 36 mil anos;
> Três reis governaram por 108 mil anos.
>
> Bad-Tibira foi derrubada,
> o Reinado para Larak foi levado.
> Em Larak, En.sipazi.anna governou por 28.800 anos;
> Um rei governou por 28.800 anos.
>
> Larak foi derrubada,
> o Reinado para Sippar foi levado.
> Em Sippar, Enme.endur.anna tornou-se rei,
> e governou por 21 mil anos.
> Um rei governou por 21 mil anos.
>
> Sippar foi derrubada,
> o Reinado para Shuruppak foi levado.
> Em Shuruppak, Ubar-Tutu tornou-se rei,
> e governou por 18.600 anos.
>
> Cinco cidades eram elas;
> Oito reis governaram por 241.200 anos.
> O Dilúvio arrebatou tudo.
>
> Após o Dilúvio ter arrebatado tudo,
> Quando o Reinado foi trazido [outra vez] do céu,
> o Reinado era em Kish.
> etc., etc.

Essa interpretação comum das primeiras linhas do WB-444 é enganosa em um aspecto-chave: no documento original de argila, os números das extensões dos reinados são fornecidos em unidades *Sar* (utilizando o símbolo numeral para "3.600"): o reinado de Alulim em Eridu não é citado como "28.800 anos", mas "8 Sars"; o reinado de Alalgar não foi de "36 mil anos", mas "10 Sars", e assim por diante na lista de governantes pré-diluvianos. *As unidades **Sar** nesse prisma* *são os próprios **Saros** de Beroso*. De modo significativo, a unidade de reinado *Sar* aplicava-se apenas aos governantes pré-diluvianos nas Cidades dos Deuses; a unidade de contagem muda para números normais na parte pós-diluviana do documento.

Não menos significativo é o fato de que essa lista de governantes *nomeie as próprias primeiras cinco cidades, na mesma ordem exata, como faz a tabuleta CBS-10673*; mas, em vez de nomear os deuses cujo "centro de culto" era cada cidade, o WB-444 lista os "reis" – administradores – de cada uma dessas cidades. De acordo com um trabalho importante de William W. Hallo (*The Antedeluvial Cities*), ambos os documentos *registraram uma tradição canônica que trata do início da civilização* ("Reinado") na Terra, começando em Eridu e terminando em Shuruppak, na época do Dilúvio.

Não podemos ignorar que o WB-444 não menciona o herói do Dilúvio, Ziusudra, entre os oito reis que apresenta. Abrangendo as cidades e os reinados desde o início, em Eridu, até o final diluviano, em Shuruppak, sua lista termina com Ubar-Tutu e não com Ziusudra; porém, conforme afirmou com clareza a tabuleta XI do Épico de Gilgamesh, o herói do Dilúvio, Utnapishtim/Ziusudra, foi o último governante de Shuruppak, e era o filho e sucessor de Ubar-Tutu.

Várias descobertas de outras tabuletas semelhantes completas ou fragmentadas (como as UCBC 9-1819, Ni-8195 e Bagdá 63095) não deixaram dúvidas de que um texto canonizado, a partir do qual cópias e cópias e cópias foram feitas, realmente existiu em relação às pré-diluvianas Cidades dos Deuses e seus governantes; e, no decorrer de tais cópias, ocorreram erros e omissões. Uma dessas tabuletas pouco conhecidas é mantida em uma coleção particular no Museu Biblioteca de Manuscritos Karpeles, em Santa Bárbara, na Califórnia. Ela também cita oito reis em cinco cidades, mas a duração diferente de seus reinados soma "10 grandes Sars + 1 Sar + 600 x 5", o que totaliza apenas 222.600 anos.

As evidentes omissões de Ziusudra são corrigidas em outra tabuleta (Museu Britânico K-11624). Chamada por alguns estudiosos de *A Crônica Dinástica*, ela lista nove reis nas primeiras cinco cidades, mais uma vez com alguns números *Sar* discrepantes – Alulim 10 (= 36.000), Algagar 3 (= 10.800) em vez de 28.800, e assim por diante –, mas terminando de forma correta com dois reis em Shuruppak: Ubartutu com 8 *Sars* (= 28.800 anos) e Ziusudra com 18 *Sars* (= 64.800 anos). Essa tabuleta acrescenta, após um total de "cinco cidades, nove reis e 98 *Sars*" (= 352.800 anos), uma breve explicação para o Dilúvio: "Enlil pegou aversão à Humanidade; o clamor que faziam lhe tirava o sono"...

A tabuleta que oferece a mais precisa lista de dez governantes, correspondendo à lista de Beroso, é a WB-62 do Museu Ashmolean; suas unidades *Sar* para a lista pré-diluviana se comparam às unidades *Saros* de Beroso, embora possuam períodos de reinado individual discordantes. Ela difere da tabuleta WB-444 porque lista não cinco e sim seis cidades, acrescentando a cidade de **Larsa** (e com ela dois governantes) à lista pré-diluviana – resultando na totalidade de dez governantes e terminando de maneira correta com Ziusudra na época do Dilúvio. Uma comparação entre a tabuleta WB-62 e os fragmentos gregos de Beroso (convertendo *Sars/Saros* em números de anos) aponta fortemente para essa versão como sua principal fonte:

WB-62		Beroso	
Alulim	67.200	Aloros	36.000
Alalgar	72.000	Alaparos	10.800
[En]kidunu	72.000	Amelon	46.800
[...]alimma	21.600	Ammenon	43.200
Dumuzi	28.800	Megalaros	64.800
Enmenluanna	21.600	Daonos	36.000
Ensipzianna	36.000	Euedorachos	64.800
Enmeduranna	72.000	Amempsinos	36.000
Sukurlam (?)	28.800	Ardates (ou Obartes)	28.800
Ziusudra	36.000	Xisuthros	64.800
Dez governantes	456.000	Dez reis	120 Shars = 432.000

Qual das várias tabuletas que revemos é a mais precisa? A que termina em Shuruppak e inclui Ziusudra e seu pai/predecessor é, de forma plausível, a mais confiável; com elas, a lista contém dez governantes pré-diluvianos em seis Cidades dos Deuses. A Bíblia também lista dez patriarcas pré-diluvianos; embora todos fossem descendentes de Adão por intermédio de seu neto **Enoch** (hebraico para "Humano") e não de deuses considerados, o fato de que enumeravam dez e que o herói do Dilúvio, Noé, era – como Ziusudra – o décimo, acrescenta respaldo à conta de Dez Governantes como sendo a correta.

Apesar da variação nas extensões dos reinados individuais, as diversas tabuletas são unânimes ao afirmar que aqueles governantes sucessivos reinaram desde quando "o reinado foi trazido do céu" até "o Dilúvio arrebatar tudo". Presumindo que Beroso reportara a versão mais confiável, ficamos com seu total de 120 *Sars* (= 432 mil anos) como o total correto dos reinados pré-diluvianos combinados – o tempo que passou desde que "o reinado foi trazido do céu" até o Dilúvio. Assim, *caso pudéssemos determinar quando o Dilúvio ocorreu, obteríamos a data em que os anunnakis chegaram à Terra.*

O surgimento do número 120 no preâmbulo bíblico do conto do Dilúvio (Gênesis 6:3) poderia, assim, ser mais do que uma coincidência. A explicação costumeira de que ele representa um limite estabelecido por Deus para a longevidade humana na época do Dilúvio é dúbia diante do fato de que a própria Bíblia relata, logo em seguida, que Sem, o filho mais velho de Noé, viveu após o Dilúvio até a idade de 600 anos, seu filho Arpakhshad até 438 e Shelach até 433 anos, e assim por diante, em longevidades decrescentes, até 205 anos para Terá, pai de Abraão; e o próprio Abraão viveu até a idade de 175 anos. Além disso, uma leitura cautelosa do hebraico mostra que o Gênesis 6:3 afirma: "e *seus* anos *foram* 120". "Foram" (não "serão") e "seus" podem ser compreendidos como uma referência à conta da divindade (em anos *Sar*!) de sua própria presença na Terra desde a Chegada até o Dilúvio. Em anos terrestres isso seria 432 mil (120 x 3.600) – uma afirmação que corresponde aos dez-reis/120-Sars de Beroso e da Lista de Reis suméria.

Tal lembrança de uma "era dos deuses" pré-diluviana pode explicar o fato de o número 432 mil ser associado à extensão divina em várias culturas, muito além das fronteiras da Mesopotâmia. Ela forma, por exemplo, o núcleo das tradições hindus em torno das idades ("Yugas") da Terra, da Humanidade e dos deuses: uma Cataryuga ("Grande Yuga") de 4.320 milhões de anos foi dividida em quatro Yugas cujas extensões diminuídas eram expressões de 432 mil anos – a "Idade Quadruplicada" Dourada (432 mil x 4), a Idade Triplicada do Conhecimento (432 mil x 3), a Idade Duplicada do Sacrifício (432 mil x 2) e, por fim, nossa época atual, a Idade da Discórdia (432 mil x 1). De acordo com o sacerdote egípcio Maneton, a "duração do mundo" era de 2.160 milhões de anos; o que se iguala a cinco idades de 432 mil, ou 500 anos *Sar* (3.600 x 500 = 2.160 milhões).

O "Dia do Senhor Brahma" de 4.320 bilhões de anos se iguala a mil Grandes Yugas – lembrando-nos da afirmação bíblica (Salmo 90:4) de que aos olhos do Senhor, mil anos são apenas um dia. No livro *Hamlet's Mill* (1977), os professores Giorgio de Santillana e Hertha von Dechend citam casos adicionais de 432 mil servindo como "o ponto em que mito e ciência se cruzam".

* * *

As modernas descobertas científicas, apresentadas em detalhe nos livros *Gênesis Revisitado* e *Encontros Divinos*, levaram-me a concluir que a grande Inundação foi uma onda gigante causada pelo deslocamento da calota polar na Antártida. A eliminação daquela "geleira", sugeri, causou o fim abrupto da última Era do Gelo, há cerca de 13 mil anos.

(O continente da Antártida foi descoberto apenas no ano 1820 d.C.; no entanto, já fora apresentado em um mapa de 1513 d.C., do almirante turco Piri Re'is. Conforme descrito no livro *Encontros Divinos*, o deslocamento também explica o enigma de outros *mapas mundi* pré-descobertos, como o mapa de Oronce Fino, de 1531 [Figura 43], que mostra a Antártida [boxe à direita] como se fosse vista do ar e **livre de gelo** [boxe à esquerda]; os contornos do continente da Antártida por baixo da camada de gelo foram determinados por radar e outros meios modernos apenas em 1958.)

O término abrupto da última Era do Gelo tem sido o tema de numerosos estudos, incluindo uma extensa investigação durante o Ano Internacional Geofísico de 1958. Os estudos confirmaram tanto o fim abrupto quanto o momento – há mais ou menos 13 mil anos – do término da Era do Gelo na Antártida, mas deixaram sem explicação as razões para o fenômeno. Estudos recentes adicionais apoiam aquelas conclusões: um estudo sobre temperaturas antigas (revista *Nature*, 26 de fevereiro de 2009) determinou que, enquanto o aquecimento no final da última Era do Gelo foi relativamente gradual na Groenlândia (Atlântico norte), ele foi "rápido e abrupto" na Antártida (Atlântico sul) há alguns 13 mil anos. Outro estudo, sobre níveis do mar antigos (publicado na revista *Science*, 6 de fevereiro de 2009), confirmou que a calota polar da Antártida colapsou de forma abrupta, concluindo que, por causa da topografia do continente e de seus adjacentes solos oceânicos, *a onda foi, pelo menos, três vezes maior* do que o cálculo feito até agora, atingindo seu impacto máximo a alguns 3.220 quilômetros de distância. Um diagrama que acompanha o artigo mostra a área máxima de impacto da onda se estendendo do Golfo Pérsico até o nordeste do Mar Mediterrâneo e além – às próprias Terras da Bíblia, chegando ao Monte Ararat.

Figura 43

Uma data do Dilúvio a aproximados 13 mil anos atrás – por volta de 10950 a.C. – também condiz com as afirmações em textos cuneiformes de que o Dilúvio ocorrera na Era do Leão; e que a Era zodiacal de fato começara por volta de 11000 a.C.

Somando 432 mil + 13 mil, podemos então dizer com confiança que o "Reinado foi trazido [à Terra] dos céus" a alguns 445 mil anos.
Foi então que astronautas de outro planeta, a quem os sumérios chamavam **anunnakis**, chegaram à Terra. Eles eram os bíblicos ***anaquins*** – os *nefilins* do Gênesis 6.

* * *

As várias listas de governantes pré-diluvianos concordam, de forma unânime, que Eridu foi a primeira cidade na Terra. O nome, ***E.ri.du***, significava literalmente "Casa Construída Distante"; é uma palavra que se enraizou em muitas línguas ao longo das eras para denotar a própria Terra: a Terra é chamada *Erde* em alemão (do *Erda*, em alto alemão antigo), *Jordh* em islandês, *Jord* em dinamarquês, *Airtha* em gótico, *Erthe* em inglês médio. Chamava-se *Ereds* em aramaico, *Ertz* em curdo – e, até hoje, *Eretz* em hebraico.

Também é importante lembrar que as várias listas de reinados nas primeiras Cidades dos Deuses são listas de seus sucessivos "diretores gerais", e não os nomes dos deuses a quem aquelas cidades foram concedidas como "centros de culto". Todas as listas concordam que Alulim e Alagar foram os primeiros governantes da primeira cidade, Eridu; mas, como afirma claramente a tabuleta CBS-10673, Eridu foi para sempre concedida a **Nudimmud** – um epíteto de Ea/Enki que significava "Ele Que Molda Artefatos"; a cidade permaneceu para sempre seu "centro de culto", qualquer que fosse o Administrador Geral ("rei") ali. Da mesma forma, Sippar permaneceu para sempre o "centro de culto" do deus Utu, mais conhecida pelo seu nome acadiano Shamash; Shuruppak foi sempre vinculada ao *Sud* – "Médico" – Nin<u>h</u>arsag; e assim por diante.

Vários textos relacionam o estabelecimento de Eridu com a chegada dos anunnakis à Terra, quando o "Reinado" foi trazido do céu.

Assim como os primeiros astronautas da NASA caíam no oceano com seus módulos de comando antes que instalações de aterrissagem para espaçonaves fossem desenvolvidas, também o fez o primeiro grupo de anunnakis que chegou à Terra. Eles caíram no "Mar Baixo" (o Golfo Pérsico) e – vestidos com equipamento de mergulho, parecendo "homens-peixes" (veja Figura 26) – vadearam até a praia para estabelecer uma casa longe de casa – Eridu – na margem de áreas pantanosas – um delta formado pelos rios gêmeos Tigre e Eufrates, conforme fluíam para o Golfo.

Aquele primeiro grupo somava 50. Seu líder, todos os textos concordam, era **E.A** – "Cuja morada é água", o Aquário prototípico. "Oannes" chegara à Terra.

Vários textos sumérios comentam e descrevem aquela Primeira Chegada. Um deles, intitulado pelos estudiosos *O Mito de Enki e a Terra*, *Enki e a Ordem Mundial* ou *Enki e a Ordem da Terra*, contém um verdadeiro relato autobiográfico de Ea/Enki. O longo texto (restaurado a partir de tabuletas e fragmentos espalhados entre dois museus) inclui as seguintes afirmações feitas por ele na primeira pessoa:

> Eu sou o líder dos anunnakis.
> Engendrado por semente fecunda,
> o filho Primogênito do divino An,
> o "Grande Irmão" de todos os deuses.
>
> Quando me aproximei vindo das alturas,
> chuvas abundantes caíram do céu.
> Quando me aproximei da Terra, houve uma onda alta.
> Quando me aproximei de seus verdes prados,
> amontoados e montes foram apinhados sob meu comando.

Uma das primeiras tarefas era estabelecer um posto de comando, um quartel-general; foi construído à margem dos pântanos onde cresciam juncos:

> Construí minha morada em um lugar limpo,
> dei-lhe um bom nome,
> sua boa sorte a pressagiar.
> Sua sombra se estende pelo Pântano Serpente,
> Sua [...] possui uma "barba" (?) que chega até o [...]

Alguns dos mais antigos selos cilíndricos, ilustrando os tempos remotos da Suméria, retratam cabanas de junco do tipo que os anunnakis poderiam ter erguido com os juncos fartamente encontrados na margem dos pântanos; todos eles apresentam dispositivos inexplicáveis, parecidos com antenas, sobressaindo-se dos tetos daquelas cabanas de junco (Figura 44).

Seu posto avançado precisava ser reconstruído em um monte artificial, erguido acima do nível das águas do rio e do pântano; Enki designou a tarefa a um de seus tenentes chamado Enkimdu:

> Após ter voltado o olhar para aquele local,
> Enki ergueu-o acima do Eufrates ...
> Enkimdu, aquele das valas e dos diques,
> Enki colocou a cargo das valas e diques.

Enki, o texto continua, reuniu então seus tenentes no posto de comando. Eles incluíam "os transportadores de armas [...]", os "pilotos-chefes", o "chefe do abastecimento", a "dama da trituração e moagem" e "o [...] que purifica a água". Além de abrigo, precisavam encontrar alimento, e os pântanos ofereciam uma provisão fresca e ampla: "As carpas abanam a cauda no meio dos juncos, os pássaros gorjeiam para mim de seus...", Enki escreveu. Seções subsequentes do texto, escritas na terceira pessoa, registram as ordens de Enki a seus tenentes:

> Na região pantanosa,
> ele delimitou um local de carpas e peixes.
> Enbilulu, Inspetor dos Canais,
> ele colocou a cargo das regiões pantanosas.
> Ele delimitou um canavial,
> e no local colocou [...]-juncos e juncos verdes,

Figura 44

e delimitou o matagal de cana.

Ele emitiu uma ordem a [...],
ele que prepara redes para que nenhum peixe escape,
cuja armadilha nenhum [...] escapa,
cuja rede nenhum pássaro escapa,
[...], o filho de um deus que adora peixe,
Enki colocou a cargo dos peixes e pássaros.

A localização de tais atividades foi indicada, por várias referências, como sendo os rios Tigre e Eufrates, onde se aproximam um do outro, perto o suficiente para Enki fazer com que os dois se encontrassem e induzissem suas "águas puras a comerem juntas".

Várias seções adicionais do texto tratam de atividades relacionadas com a água após a chegada. Ao próprio Enki é creditado um sistema de distribuição de água afetando os dois rios, e outros tenentes são encarregados de tarefas relacionadas com a água: "Ele encheu o Tigre com água cintilante (...) Enki, senhor das águas profundas, colocou Enbilulu, o Inspetor dos Canais, a cargo daquilo". Mas rupturas nas tabuletas ou o uso de terminologia indecifrável deixam incerta a natureza de algumas operações relacionadas à água; entre elas há uma tarefa com água do mar incumbida a um tenente do sexo feminino cujo nome-epíteto, **Nin.Sirara**, (= "Senhora do Metal Brilhante"), sugere deveres ligados a metais preciosos.

Outras referências inesperadas a metais – *especificamente ao ouro* – também são feitas em uma seção que trata da pós-chegada da inspeção marítima de Enki ao seu país das maravilhas aquáticas. Ele excursionou pelas redondezas em um barco a remos cujo comandante segurava uma "vara para [detectar? medir?] ouro"; seu nome-epíteto, **Nim.gir.sig**, significava "Determinador Chefe de Lustro". Representações nos primeiros selos cilíndricos (Figura 45) mostram Enki em um barco de junco, navegando entre os juncos, com um deus-tenente segurando um artifício parecido com uma vara. O barco está equipado, nas duas extremidades, com mastros aos quais estão presos aparelhos circulares, parecidos com aqueles colocados no topo das cabanas de junco.

O que todas essas pequenas informações significam?

Convém formularmos, neste ponto, uma questão-chave em relação à vinda dos anunnakis para a Terra: Ela foi acidental? Estavam eles viajando em uma espaçonave e, em razão de um contratempo, procuraram algum terreno sólido para fazer uma aterrissagem de emergência e

Figura 45

encontraram um pequeno corpo sólido chamado "Terra"? Seriam eles, talvez, exploradores vagando pelo espaço por prazer ou pesquisa, e viram (como Enki descreveu) um local aquoso e verdejante e pararam para dar uma olhada?

Em tais circunstâncias, a visita ao nosso planeta teria sido um acontecimento único. Mas as impressionantes evidências antigas indicam que a "visita" durou um tempo incrivelmente longo, que envolveu assentamentos permanentes, que os anunnakis continuaram indo e vindo e que mesmo quando uma calamidade – o Dilúvio – destruiu tudo, eles ficaram e começaram tudo de novo. Este é o padrão de uma colonização planejada – com um propósito.

Enki e sua tripulação de 50 vieram à Terra, como já sugeri, com o intuito de obter ouro.

Enxergamos esse propósito, e as informações esparsas começam a fazer sentido se tratadas como pontos a serem conectados ao que vem a seguir. O plano era extrair o ouro das águas do Golfo Pérsico. Porém, quando isso não funcionou, uma mudança para a mineração profunda tinha de ser empreendida. Durante aquela segunda fase das atividades dos anunnakis na Terra, outros deuses chegaram; liderando-os estava **En.lil** (= "Senhor do Comando"), para quem uma nova cidade dos deuses, *Nippur*, foi estabelecida; seu coração era o ponto de comando e comunicações onde "Tabuletas de Destinos" controlavam a órbita, girando e zumbindo no *Dur.an.ki*, o Santo dos Santos, um "Elo Céu-Terra".

Enquanto Enlil tomou o controle do *E.din* e seus assentamentos – cada um com funções distintas –, as tarefas de Enki desviaram para uma nova localização chamada **Ab.zu**; um termo geralmente traduzido como "O Profundo", mas cuja leitura literal significa "Lugar do metal brilhante".

No livro *O 12º Planeta*, sugeri que o significado dessa combinação de duas sílabas, que em sumério poderia ser lida ao inverso, **Zu.ab**, sem alterar sua conotação, fora mantida em hebraico como *Za.ab* = "*Ouro*". **Ab.zu/Zu.ab** significava, assim, o lugar em cujas profundezas o metal brilhante – ouro – era obtido; a conotação de "profundeza" indicava que o ouro era obtido pela mineração. O Abzu, de acordo com todos os textos sumérios relevantes, ficava localizado em uma distante região chamada ***A.ra.li*** (= "O lugar dos veios brilhantes perto das águas") no "Mundo Inferior"; é um termo geográfico que se aplicava ao sul da África em vários textos, incluindo alguns que tratam do Dilúvio. ***Arali***, propus no referido livro, ficava no sudeste da África – uma região de minas de ouro até hoje.

As alterações que acompanharam a segunda fase das atividades dos anunnakis envolviam mais do que uma mudança da tentativa de extrair ouro fácil da água do mar para a necessidade de obtê-lo por meio da árdua mineração profunda. Também envolvia uma alteração nas políticas da missão, uma mudança dos comandantes e a transferência não intencional para a Terra de rivalidades pessoais e choque de clãs trazidos do planeta dos anunnakis, Nibiru, para o planeta Terra. Variados textos, entre eles o *Épico Atra-Hasis*, detalham o conto dos subsequentes acontecimentos; foram, como veremos, ***os precursores da Criação do Homem, a explicação para as circunstâncias do Dilúvio e a chave para desvendar os enigmas dos semideuses***.

A Chegada, como descrita no texto autobiográfico de Enki, não foi o Início da cadeia de acontecimentos vitais; pois o Verdadeiro Início pelo qual devemos começar é o próprio conto da Criação, assim como os povos da Mesopotâmia faziam a cada época de Ano-Novo. Temos de ler, reler e compreender o mesopotâmico *Enuma elish* e o conto bíblico do Gênesis. A informação precisa que eles fornecem não apenas explica muitos dos fenômenos do nosso Sistema Solar, mas vai além – ele esclarece as Origens da Vida, quem somos e como chegamos até aqui, no Planeta Terra.

MORADA DO OURO E DE ÁGUAS FLUENTES

Um texto sumério afirmava que o Abzu ficava no **Ut.tu**, "no Ocidente" – oeste da Suméria (assim como o sudeste da África), acessível por barcos que atravessavam "o mar distante". Seu **Arali**, sua zona de mineração, possuía segundo um texto "120 **beru** de águas para além do cais do Eufrates" – uma distância de viagem de 120 "horas duplas" – dez dias de viagem pelo mar. Os minérios retirados eram transportados para o *Edin* em navios de carga chamados **Magur Urnu Abzu** (= "navio para minério do Mundo Inferior"), para fundição, refinamento e moldagem em lingotes portáteis chamados **Zag** (= "Precioso Purificado").

Um hino sumério em louvor ao Abzu descrevia o local onde Enki estabeleceu seu novo quartel-general como tendo corredeiras ou grandes cachoeiras:

> Para ti, Abzu, terra pura
> onde grandes águas fluem com rapidez,
> À "Morada de Águas Fluentes"
> o senhor [Enki] dirigiu-se.
>
> A "Morada de Águas Fluentes"
> Enki, entre as águas puras, estabeleceu.
> No centro do Abzu
> um grande santuário ele estabeleceu.

Silabários sumério-acadianos afirmavam: "Abzu = *Nikbu*" – uma mina profunda e com um túnel. O pictograma inicial para **Abzu** (do qual seu símbolo cuneiforme evoluiu) representava um túnel de mina – variantes do qual simbolizavam ouro e outros minerais extraídos, incluindo pedras preciosas:

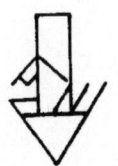

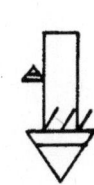

Uma vez que a obtenção do ouro de Abzu estava em plena marcha, o texto autobiográfico de Enki exaltou a região como **Meluhha**, "Região negra de grandes árvores (...) cujos barcos carregados transportam ouro e prata". Mais tarde, inscrições assírias identificaram Meluhha como *Kush*, "terra do povo de pele escura" (= Etiópia/ Núbia). Os componentes silábicos do termo sumério exprimem o significado "Águas repletas de Peixe"; o termo pode, assim, explicar as representações pictóricas de selos cilíndricos com águas repletas de peixe fluindo a partir de Enki, que está flanqueado por trabalhadores que seguram típicos lingotes de ouro.

VI
Um Planeta Chamado "Nibiru"

A noção de viagem espacial não é mais relegada à ficção científica. Cientistas sérios não excluem que um dia, nós terráqueos, enviaremos astronautas não apenas ao nosso satélite celestial, a Lua, mas também a qualquer outro planeta distante. Alguns estudiosos até se atrevem a reconhecer que a vida, mesmo como a nossa, talvez exista "em algum lugar" no vasto Universo com suas inúmeras galáxias, constelações e bilhões de estrelas ("sóis") orbitadas por satélites chamados "planetas". Mas tais seres conscientes, mesmo que sagazes o suficiente para terem seu próprio programa espacial – assim diz o debate –, nunca poderiam nos visitar (ou nós a eles) porque o lugar mais próximo possível nos céus onde tal vida poderia existir está a "anos-luz de distância" – um Ano-Luz sendo a distância inalcançável em que a luz viaja em um ano.

Mas e se tal planeta compatível existisse muito mais próximo – digamos, no nosso próprio Sistema Solar? E se a viagem entre ele e a Terra exigisse apenas alguns anos "normais", e não Anos-Luz?

Isso não é uma questão teórica porque é precisamente aquilo que os textos antigos nos dizem – se parássemos de tratá-los como mito e fantasia e os considerássemos registros e memórias factuais de acontecimentos reais. Foi com base nesse raciocínio que meu livro pioneiro *O 12º Planeta* se tornou possível.

É lógico pensar que para que Eridu, na Mesopotâmia, estivesse "em Casa longe de casa", deveria haver uma casa da qual Enki viera. Para que sua tripulação de 50 fosse chamada "Aqueles que do Céu para a Terra vieram" (= **Anunnakis**), eles tinham de vir de um lugar, um lugar real, nos céus. Assim, deveria haver um lugar, em alguma parte dos céus, onde começou a viagem para a Terra – um lugar onde seres inteligentes, capazes de viajar no espaço há alguns 450 mil anos, pudessem viver. Podemos chamá-lo "Planeta X" ou "Planeta dos anunnakis". Na antiga Mesopotâmia, ele era chamado *Nibiru*; seu símbolo onipresente por todo o mundo antigo era o Disco Alado (veja Figura 10); sua órbita era traçada e observada com muita reverência; *e não restam dúvidas de que inúmeros textos, começando com o Épico da Criação, referiam-se a ele pelo seu nome, repetidas vezes.*

Quando, no final do século XIX, tabuletas astronômicas da Mesopotâmia foram encontradas e decodificadas, os estudiosos na época – em particular, Franz Kugler e Ernst Weidner – perguntavam-se se *Nibiru* não era apenas outro nome para Marte ou Júpiter; um axioma aceito na época era que os antigos não sabiam da existência de nenhum planeta além de Saturno. *Foi um momento de grande avanço quando me ocorreu, no meio de uma noite, que Nibiru não era nem Marte nem Júpiter – este é o nome de mais um planeta no nosso Sistema Solar.*

Podemos dar início à cadeia de evidências onde a Bíblia Hebraica diz, no versículo 1 do capítulo 1 do Gênesis: "*No início, Deus criou o Céu e a Terra*". Assim começam praticamente todas as traduções das três primeiras palavras da Bíblia Hebraica, *Bereshit bara Elohim* (no momento, trataremos tal tradução como válida). Continuando com apenas 31 versículos, a Bíblia Hebraica resume, então, a Criação, de como o Céu acima com o "Bracelete Martelado" e a Terra abaixo foram formados, e como a vida na Terra veio a existir – da flora até a vida marinha, os vertebrados e mamíferos e, por fim, o Homem. A sequência bíblica (incluindo uma fase dos dinossauros no verso 21) corresponde às descobertas científicas modernas sobre Evolução; portanto, a noção de que a Bíblia e a Ciência estão em conflito é infundada.

As descobertas de tabuletas gravadas com o "Épico da Criação" mesopotâmico (como descrito em um capítulo anterior) não deixam dúvidas de que quem quer que tenha escrito a versão bíblica estava bem ciente do conto no *Enuma elish*, condensando suas seis tabuletas e uma sétima laudatória em seis fases ("dias") da Criação, mais um sétimo "dia" santificado pela gratificação divina.

Tal noção da sequência reproduzida no *Enuma elish* não foi apenas possível por causa da proliferação e durabilidade das tabuletas que continham o texto; ela foi, provavelmente, inevitável porque o Épico da Criação era lido em público como parte do festival anual do Ano-Novo, primeiro na Suméria e depois na Babilônia, Assíria e outros lugares – por todo o antigo Oriente Próximo. A leitura começava no início da noite do quarto dia do festival e estendia-se por toda a noite, pois o *Enuma elish* (como a mais completa versão babilônica do épico é chamada) é longo e detalhado. Seu aspecto central científico-religioso era a batalha entre uma deusa celestial chamada "Tiamat" e um deus celeste Vingador e Salvador – a razão principal para que o texto fosse tratado por estudiosos modernos como um mito e um conto alegórico do Bem contra o Mal, uma espécie de conto antigo de "São Jorge e o Dragão".

No livro *O 12º Planeta*, eu me atrevo a sugerir que em vez disso o Épico da Criação é, no seu âmago, um grande texto científico que começa com uma cosmogonia que abrange todo o Sistema Solar, explica as origens da Terra, da Lua e do Cinturão de Asteroides, revela a existência do planeta Nibiru, prossegue pela chegada dos deuses anunnakis à Terra e descreve a criação do Homem e a ascensão da civilização; adaptado para promover propósitos político-religiosos, um apêndice final saúda o suposto triunfo da supremacia do deus nacional relevante (**Enlil** na Suméria, **Marduk** na Babilônia e **Ashur** na Assíria).

Independentemente da versão, quando os acontecimentos primevos iniciaram, a "Morada Celestial" e a "Terra firme abaixo" ainda tinham de ser criadas:

Enuma elish la nabu shamamu
Quando no alto o Céu ainda não fora nomeado
Shaplitu ammatum shuma la zakrat
[E] a Terra Firme abaixo ainda não fora chamada –

– em um tempo primevo, o texto antigo afirma, o Sistema Solar começara a tomar forma com apenas três atores celestiais: um primordial **Apsu**, seu companheiro **Mummu** e uma entidade celestial feminina chamada **Ti.amat**. (Os três nomes do texto babilônico foram mantidos inalterados desde o original sumério não descoberto e significam, respectivamente, "Aquele que existe desde o começo", "Aquele que nasceu", e "Donzela que oferece a vida".)

Deuses celestiais – planetas – passaram então a ser engendrados, enquanto Tiamat, um planeta aquoso, começa a "misturar as águas" com o macho Apsu (o Sol). De início, o par **Lahamu** e **Lahmu** é formado no espaço entre eles; então – "ultrapassando-os em estatura" – surge um par maior, **Kishar** e **Anshar**; e, finalmente, o par **Anu** e **Nudimmud** é formado mais além. Esses nomes são sumérios (corroborando a origem suméria do épico), exceto que *Anu* é o termo babilônio para o sumério **An** (= "O Celestial").

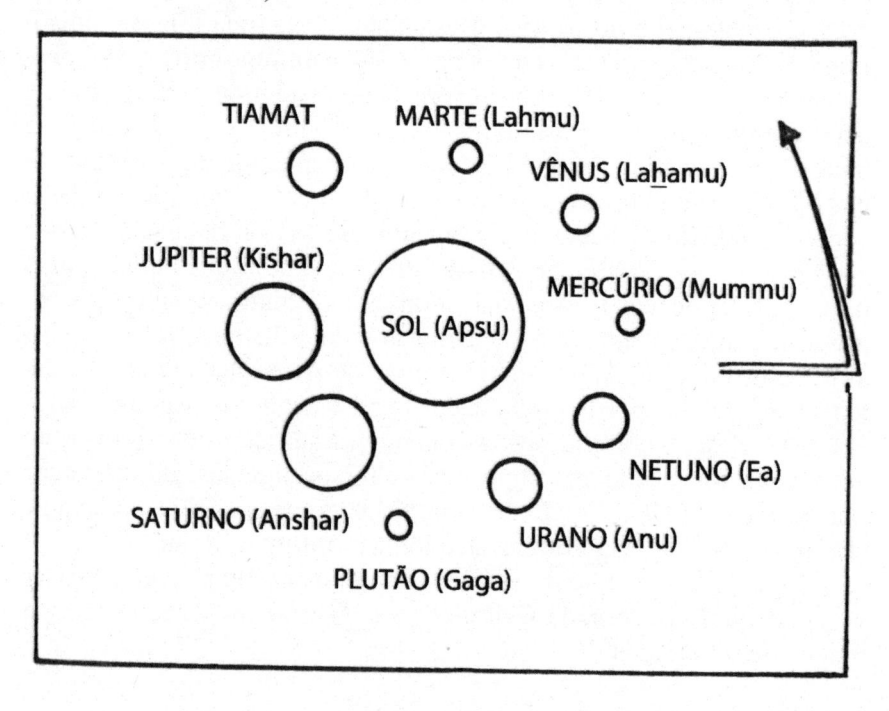

Figura 46

O Sistema Solar resultante (Figura 46) ajusta-se, de maneira precisa, ao *nosso Sistema Solar* e sua composição planetária como a conhecemos (com exceção de Tiamat, do qual falaremos muito mais em breve):

SOL – Apsu, "Aquele que existiu desde o começo".
MERCÚRIO – Mummu, "Aquele que nasceu", o companheiro do Sol.
VÊNUS – Lahamu, "Senhora das batalhas".
MARTE – Lahmu, "Divindade da guerra".
–??– **Tiamat**, "Donzela que oferece a vida".

JÚPITER – Kishar, "Primeiro das terras firmes".
SATURNO – Anshar, "Primeiro dos céus".
Gaga – mensageiro de Anshar, o futuro PLUTÃO.
URANO – Anu, "Ele dos céus".
NETUNO – Ea/Nudimmud, "Criador engenhoso".

A ciência moderna declara que o nosso Sistema Solar se formou há cerca de 4,5 bilhões de anos, quando uma nuvem giratória de poeira cósmica que contornava o Sol começou a se fundir, formando planetas em órbita dele – planetas espaçados no mesmo plano orbital (chamado Eclíptico) e circulando na mesma direção (sentido anti-horário). A descrição no antigo épico mesopotâmico está de acordo com essas descobertas modernas, mas oferece uma diferente (e provavelmente mais precisa!) *sequência* de formação de planeta. Os nomes sumérios dos planetas são descrições precisas e significativas desses corpos celestes – fatos que a astronomia moderna continua descobrindo como, por exemplo, em 2009, quando se constatou que é, na verdade, Saturno ("Anshar"), e não o mais maciço Júpiter ("Kishar"), o "Primeiro dos céus", graças ao seu sistema de anéis que estende, de forma tremenda, o seu alcance.

O Sistema Solar resultante, segundo o épico, era instável e caótico no início. As órbitas planetárias ainda não estavam firmemente estabelecidas: "Os irmãos divinos juntavam-se" – colocando-se no caminho uns dos outros. "Eles perturbavam Tiamat, pois oscilavam para a frente e para trás" – movendo-se em órbitas instáveis, aglomerando-se em sua direção. Até as forças magnéticas e gravitacionais do Sol eram ineficazes – "Apsu não conseguia mitigar o seu clamor". Outra vez, a ciência moderna, também descartando a noção muito antiga de que o Sistema Solar, uma vez formado, estaria pronto, agora acredita que ele ficou instável por um longo período depois de sua formação, e que aconteceram deslocamentos e colisões.

Os instáveis deuses celestiais, "com suas travessuras no céu", agora estavam "importunando a barriga de Tiamat", segundo o *Enuma elish*. Eles faziam com que dela brotasse uma temível "assembleia" – um grupo de luas satélites. Isso, por sua vez, traz mais tumulto, que põe em perigo os outros deuses celestiais. Nessa fase perigosa, o deus celestial mais distante, Nudimmud (nosso Netuno), encarrega-se da questão: "Supremo em sabedoria, talento e habilidade", essa divindade celestial equilibra o vacilante Sistema Solar convidando um forasteiro – mais um grande deus celestial.

O recém-chegado não foi formado com os outros; ele é um estranho vindo de longe. Originou-se muito longe, "no coração do Profundo", e está "repleto de maravilhas" –

Atraente era sua figura,
Faiscante [era] o seu olhar.
Altiva era sua postura,
Comandando desde o início.
Habilmente organizados, além da compreensão,
eram seus membros –
além do entendimento, difícil de contemplar...

Submetido à atração gravitacional de "Nudimmud" e surgindo sob a influência de outros planetas, o forasteiro do espaço inclina seu percurso em direção ao centro do Sistema Solar (Figura 47). Quando ele passa muito perto de Anu (nosso Urano), as forças gravitacionais cumulativas arrancam pedaços de matéria e o invasor causa quatro "ventos" – satélites, luas – que giram à sua volta.

Não podemos dizer ao certo se o texto original sumério já dera a esse forasteiro vindo do espaço o nome de "*Nibiru*"; mas é certo que a versão babilônica mudara, aqui, o nome para **Marduk** – o nome do

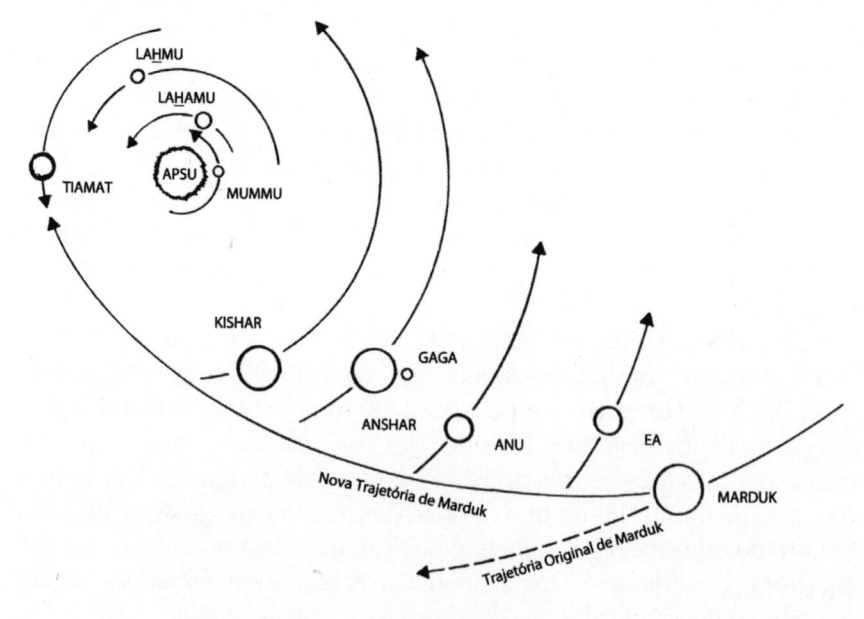

Figura 47

deus nacional da Babilônia. Essa transformação de Marduk de um deus na Terra para uma divindade celestial, feita com a alteração de Nibiru para "Marduk", era acompanhada, no texto babilônico, pela revelação de que "Nudimmud" – que "engendrou" o recém-chegado e convidou-o a entrar – não é outro senão Ea/Enki, o verdadeiro pai do deus babilônico Marduk, e que Anu é o pai de Ea/Enki (como proclamado, de fato, por Enki em sua autobiografia citada anteriormente). Assim, por meio de um malabarismo, o conto celestial se tornou uma legitimação político-religiosa da dinastia: Anu > Ea/Enki > Marduk...

À medida que os textos antigos descrevem a progressão do planeta invasor, torna-se claro que ele está se **movendo em sentido horário** – o oposto, ou "retrógrado", do sentido orbital anti-horário dos outros planetas. É uma descoberta que proporciona uma única explicação a outros fenômenos *no nosso Sistema Solar que, de outra forma, seriam inexplicáveis.*

Essa direção "retrógrada" da trajetória de Nibiru tornou inevitável uma eventual colisão com Tiamat; e a subsequente "Batalha Celestial", como os textos antigos chamam o choque, foi um princípio básico do conhecimento antigo, refletido em inúmeras referências nos livros dos Salmos da Bíblia, Jó e seus profetas.

Perturbada pelas novas forças gravitacionais, "andando de um lado para o outro, consternada", Tiamat ergue sua própria hoste defensiva de 11 luas-satélites; o texto babilônico descreve-as como "dragões estrondosos, cobertos de terror". O maior deles, **Kingu**, é o Chefe da hoste: "Kingu ela exaltou, dentre eles, tornando-o grande"; sua tarefa era se preparar para a batalha com o iminente Marduk. Como uma recompensa a Kingu, Tiamat prepara-o para se juntar à "Assembleia dos deuses" – *para se tornar um planeta com mérito próprio* –, concedendo-lhe um "Destino" Celestial (uma trajetória orbital). Apenas isso foi motivo suficiente para que os sumérios (e seus sucessores) contassem essa Lua específica como membro, de direito próprio, do nosso Sistema Solar.

Com o palco preparado para a Batalha Celestial, a Tabuleta I do *Enuma elish* termina; e o escriba da versão mais bem preservada, um Nabumushetiq-umi, inscreve no seu final o habitual cólofon: "Primeira tabuleta do *Enuma elish*, como a tabuleta original [...], uma cópia do babilônico". E também identifica o escriba de quem ele copiou a tabuleta – uma tabuleta "Escrita e confrontada por Nabu-balatsu-iqbi, filho de Na'id-Marduk". O escriba que fez a cópia coloca, então, a data em seu trabalho: "O mês de Iyyar, o nono dia, do 27º ano de Dario".

Descoberta em Kish, a primeira tabuleta do *Enuma elish* foi, assim, identificada pelo seu escriba como sendo uma cópia feita no início do século V a.C., durante o reinado de Dario I. Por uma artimanha do destino, o mesmo Dario cuja inscrição em uma rocha em Behistun (veja Figura 17) permitiu a Rawlinson desvendar o mistério da escrita cuneiforme.

* * *

A Tabuleta II do *Enuma elish* acompanha o surgimento de dois campos planetários opostos que seguem em direção à inevitável colisão.

Tratando os deuses celestiais como entidades vivas, o texto diz que, enquanto Tiamat formava seus ferozes satélites giratórios, nos campos externos Ea/Enki apelava ao seu "avô" Anshar para organizar os vários planetas e fazer com que eles consagrassem "Marduk" como seu líder na batalha contra Tiamat e sua hoste: "Permita àquele que é potente ser nosso Vingador, deixe Marduk, sagaz na batalha, ser o herói!".

Um estágio crucial é atingido quando "Marduk" se aproxima do colossal Anshar, pois Anshar (Saturno) possui "lábios" – anéis majestosos – que se estendem para além da face de Anshar. Ao encontrá-los, Marduk se acerca e "beija os *lábios* de Anshar" (os *anéis* de Saturno). A passagem e "aceitação" pelo bisavô dinástico encorajou Marduk a exprimir seus desejos: "Se eu, de fato, como seu Vingador, vir a subjugar Tiamat (...) convoca uma Assembleia para proclamar meu destino supremo!". Um "destino" celestial – uma órbita – maior que a de todos os outros planetas é a exigência de Marduk.

É aqui (agora na Tabuleta III) que, de acordo com a cosmogonia suméria, *o futuro Plutão obtém seu status de planeta e uma órbita exclusiva*. Uma lua de Anshar/Saturno, chamada Gaga, fica isolada pela força do iminente Marduk e é lançada como emissária para Lahmu e Lahamu, supostamente para demandar seu voto e promover Marduk à liderança. Quando Gaga retorna, ela circunda todo o trajeto até o extremo Ea/Netuno; lá, ela se torna o planeta que chamamos Plutão, com sua órbita inclinada de forma estranha que o leva, em ocasiões, para além e, algumas vezes, para dentro da órbita de Netuno. (Cientes dessa órbita incomum, os sumérios representaram o planeta como uma divindade de duas faces, olhando para seu mestre Ea/Enki/Netuno ora de um lado, ora de outro, Figura 48.)

Com todos os planetas opostos a Tiamat concordando com as exigências de Marduk pela supremacia (Tabuleta IV), o gigante

Kishar/Júpiter acrescenta mais armas ao arsenal de Marduk: além dos quatro satélites (chamados "Vento Sul, Vento Norte, Vento Leste e Vento Oeste") que ele obteve de Anu/Urano, três novos surpreendentes satélites ("Vento Maligno, Turbilhão, Vento Incomparável") são acrescentados, criando uma impressionante comitiva de ventos de batalha, "sete no total".

Assim reforçado, Marduk – "imbuído de uma chama flamejante", capaz de disparar relâmpagos como flechas, possuindo um campo magnético para "apanhar Tiamat como em uma rede" – "em direção à furiosa Tiamat ele virou o rosto". Enquanto isso, Tiamat orbita na direção de Nibiru/Marduk, que se aproxima; a Batalha Celestial, a colisão, estava prestes a acontecer:

Figura 48

Tiamat e Marduk, os mais sábios dos deuses,
avançaram um contra o outro.
Precipitaram-se em um combate ímpar,
aproximaram-se para a batalha.

Os quatro ventos ele posicionou
para que nada dela pudesse escapar:
O Vento Sul, o Vento Norte,
o Vento Leste, o Vento Oeste.

Próximo a si ele segurava a rede,
dádiva de seu avô Anu.
Ele criou o Vento Maligno, o Turbilhão
e o Furacão para perturbar os interiores de Tiamat.
Todos os sete ergueram-se por trás dele.

À sua frente, ele soltou o relâmpago,
com uma chama flamejante ele encheu o corpo,
Com um espantoso halo sua cabeça foi coberta,
foi envolto por um terror impressionante, como se fora um manto.

Conforme os dois planetas se aproximavam para a colisão, Marduk iniciou o ataque:

O Senhor lançou a rede para prendê-la;
O Vento Maligno, o mais recuado, ele lhe soltou na face.
Quando Tiamat abriu a boca para devorá-lo,
ele impulsionou o Vento Maligno, para que ela não mais fechasse os lábios.

Tiamat, de acordo com esse relato de cada passo da batalha, foi atingida em primeiro lugar por um dos sete satélites de Marduk, onde ficava sua "boca". Depois, as outras luas de Marduk serviram como armas:

Os Ventos furiosos atacaram-lhe, então, a barriga;
Que foi dilatada, e a boca foi bem aberta.
Através da boca, ele lançou uma flecha que lhe rasgou a barriga.
A flecha dilacerou seus interiores, fraturando seu centro.
Conseguindo, assim, subjugá-la, ele extinguiu-lhe a vida.

Assim, de acordo com a cosmogonia suméria preservada no *Enuma elish*, nesse primeiro encontro entre Marduk e Tiamat, os dois planetas não colidiram: foram os "ventos" – satélites – de Marduk que atingiram Tiamat, "fraturando seu centro" e "extinguindo-lhe a vida". Ilustramos o primeiro encontro na Figura 49.

Enquanto o golpe fatal à dilacerada Tiamat ainda está para ser desferido em um encontro subsequente, nesse primeiro *round* Marduk e seus Ventos ocupam-se da "hoste" de satélites que orbitam Tiamat. Os menores, "despedaçados, tremendo de medo, viraram as costas para salvar as próprias vidas (...) em um círculo apertado, eles não poderiam escapar". Com a frase *"viraram as costas"* – avançaram em direção a Marduk, que se aproximava –, eles se tornam os cometas *orbitais retrógrados*, cuja existência não se explica de outra maneira.

Kingu, o líder, "deixado sem vida", é preso e subjugado; é privado da "Tabuleta dos Destinos" que estava a ponto de torná-lo um planeta com mérito próprio. Arrebatando-o, Marduk "tomou dele a Tabuleta

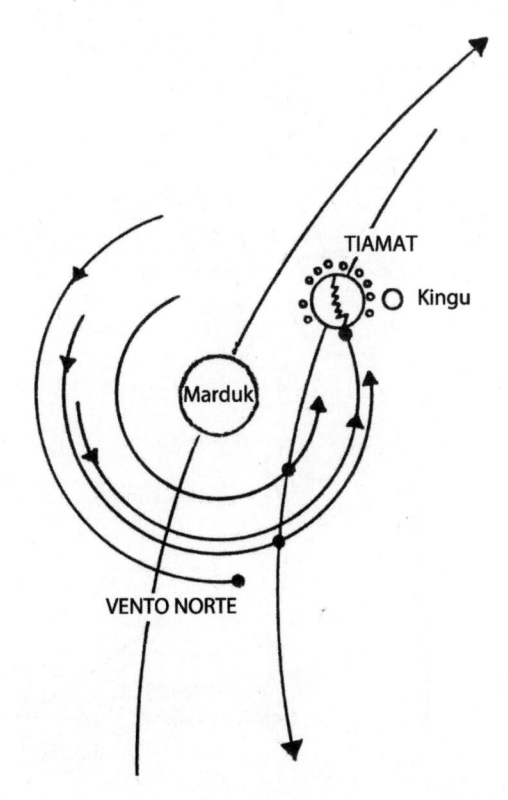

Figura 49

dos Destinos, não sua por direito", e transferiu a capacidade orbital para si mesmo. Desprovido de uma atmosfera, Kingu é transformado em *Dug.ga.e*, um termo sumério que pode ser traduzido por "Girador Inanimado" – condenado, para sempre, a circular a Terra.

Agora capacitado para entrar em órbita, Marduk gira de volta para revisitar Anshar e Ea/Nudimmud e relatar sua vitória. Enquanto completa sua primeira órbita solar, ele retorna para o local da Batalha Celestial: Marduk "voltou para Tiamat, que ele subjugara". **Desta vez, o próprio Marduk colidiu com Tiamat, já ferida, partindo-a ao meio**:

> O Senhor parou para vislumbrar o corpo inanimado dela.
> Planejou habilmente, então, como partir o monstro ao meio.
> Então, como um mexilhão, ele dividiu-a em duas partes.

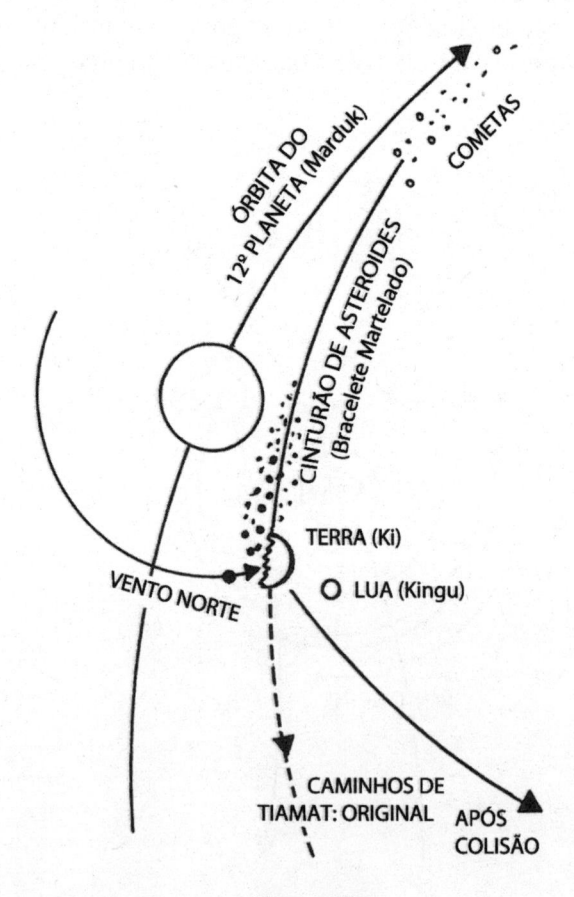

Figura 50

O destino das duas partes é de importância crucial; cada palavra do texto antigo é significativa, pois é aqui que testemunhamos a sofisticada compreensão dos anunnakis de como a Terra, a Lua e o Cinturão de Asteroides ganharam vida:

> O Senhor pisou na parte traseira de Tiamat.
> Com sua arma, o crânio dela ele partiu;
> As artérias de seu sangue ele dilacerou,
> e fez com que o Vento Norte a levasse
> a lugares que eram desconhecidos.
>
> A [outra] metade dela
> como uma tela para os céus ele instalou,
> Ele dobrou a cauda de Tiamat,
> como um bracelete para formar uma Grande Faixa;
> Unindo as peças,
> como guardiões ele as posicionou.

No livro *O 12º Planeta*, sugeri que *a metade superior ferida ("crânio") de Tiamat foi lançada para outro local no Sistema Solar, tornando-se o planeta Terra* em um novo caminho orbital; que Kingu, condenado a se tornar um "Girador Inanimado", foi levado com ela para se tornar a Lua da Terra; e que *a parte traseira de Tiamat, esmigalhada em pequenos pedaços, tornou-se o Cinturão de Asteroides (a "Grande Faixa" ou "Bracelete Martelado")* – Figura 50. A ideia de que as despedaçadas luas menores de Tiamat se tornaram os enigmáticos cometas retrógrados que "voltaram" e assumiram a órbita retrógrada de Marduk é reforçada pela afirmação de que "Marduk" "prendeu-as à sua cauda" – puxando-as na direção da sua própria órbita retrógrada.

Essa interpretação do conto da Criação, reafirmada reiteradas vezes em vários textos sumérios, também oferece a única explicação plausível para os versículos bíblicos do Gênesis que tratam do acontecimento – e da origem da vida na Terra:

- No primeiro encontro, as luas/satélites de "Marduk" atacam e inabilitam Tiamat.
- No segundo encontro decisivo, o próprio "Marduk" "tripudia" – ataca e *entra em contato com* – Tiamat, partindo-a em dois; é assim *que a "semente da vida", presente em Marduk, é transferida para a futura Terra e com ela partilhada*. Conservando as águas de Tiamat, ela é o futuro planeta aquoso.

- A metade superior ("crânio") de Tiamat é impulsionada para uma nova localização orbital para se tornar a Terra, agora fecundada com o DNA de Marduk.
- A metade impulsionada (a futura Terra) leva consigo o inanimado Kingu para ser transformado na Lua.
- A parte inferior é esmigalhada em pequenos pedaços; atados como um bracelete, tornam-se o Cinturão de Asteroides.
- O local em que a Batalha Celestial aconteceu, que Tiamat antes orbitara, é designado *Shamamu* em acadiano, e *Shamay'im* em hebraico – termos que são traduzidos como "*Céu*", mas que derivam de *Ma'yim*, "águas" –, o local onde a aquosa Tiamat costumava existir.

Nos textos mesopotâmicos, a afirmação dessa sequência era repetidamente expressa pela seguinte afirmação:

Após o Céu ser **separado** da Terra,
Após a Terra ser **distanciada** do Céu.

* * *

Tendo remodelado os céus, criado a Terra e formado o Bracelete Martelado, Marduk "atravessou os céus e inspecionou as regiões (...) sua Grande Morada ele mediu". Gostando do que viu, diz o texto mesopotâmico, "Ele (Marduk) fundou a estação de Nibiru".

De forma celestial, transformando nosso Sistema Solar em sua morada, **"Marduk" tornou-se o Planeta Nibiru**. Um décimo planeta, um 12º membro do Sistema Solar (Sol, Lua e dez planetas), foi acrescentado – exatamente como era descrito em um selo cilíndrico de 2500 a.C. (catalogado VA-243 pelo Museu do Antigo Oriente Próximo, em Berlim, Figura 51, acrescentado por um esboço ampliado). A semelhança com a ordem da formação planetária, de acordo com o *Enuma elish* (representada na Figura 46), fala por si.

A nova órbita do planeta estendia-se desde "a região do Apsu até a morada de Ea" – desde uma "morada" (Perigeu) próxima do Sol até uma "morada" (Apogeu) bem além de Netuno (Figura 52). Com essa grande órbita elíptica, o "destino" celestial de Marduk tornou-se supremo – exatamente como lhe fora prometido.

Foi essa órbita, segundo o épico, que forneceu o nome ao novo membro do nosso Sistema Solar, pois **Nibiru** significa "Travessia":

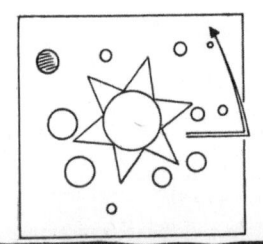

Figura 51

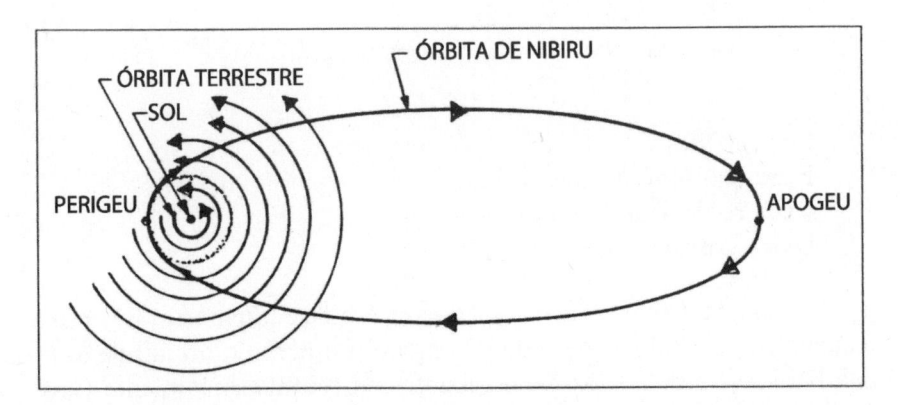

Figura 52

Figura 53

Planeta Nibiru:
A encruzilhada entre Céu e Terra ele ocupará.
Acima e abaixo [os deuses] não atravessarão;
Eles devem aguardá-lo.

Planeta Nibiru:
Planeta que é cintilante nos céus.
Ele mantém a posição central;
A ele, os deuses devem render homenagem.

Planeta Nibiru:
É ele que sem se cansar
o centro de Tiamat sempre atravessa.
Que "Travessia" seja o seu nome!

Chamada *Shar* (= "Do Rei"), essa órbita equipara-se, de forma matemática, a 3.600, sugerindo que esse foi o período orbital de Marduk/Nibiru – 3.600 anos-*Terra*. Conforme retorna anualmente (uma órbita sendo um ano para Nibiru!) ao seu perigeu, onde estava Tiamat, Nibiru *cruza o eclíptico*; ele é seu *Ponto de Travessia*; e, quando a Humanidade presenciou a ocorrência, Nibiru era representado como um planeta radiante simbolizado pelo sinal da Cruz (Figura 53).

Evidências biológicas, geofísicas e geológicas reunidas na Terra, na Lua e em asteroides e meteoritos convenceram os cientistas modernos de que um cataclismo, a "ocorrência de uma colisão catastrófica", afetou a nossa parte do Sistema Solar, tendo ocorrido por volta de 3,9 bilhões de anos atrás – alguns 600 mil anos após a formação do Sistema Solar. A "ocorrência", eu sugeri, foi a Batalha Celestial entre "Marduk" e Tiamat.

* * *

O *Enuma elish* ocupou quatro Tabuletas com o Conto da Criação até agora; a Bíblia Hebraica o fez em oito versículos e dois Dias Divinos.

Com a conhecida tradução do rei James, aprendemos (versículos 1-5) que, quando a criação do Céu e da Terra iniciou, a Terra "era sem forma e vazia" e "o Profundo" ficava na escuridão. Então, "o Espírito de Deus moveu-se sobre as águas"; e Deus ordenou "Haja luz, e fez-se luz". E "tendo separado a luz da escuridão", Deus "chamou à luz Dia e à escuridão Noite"; e "era noite e era dia, Primeiro Dia".

É menos complicado discernir, entre aquelas palavras, a sua origem mesopotâmica se o *verdadeiro texto hebraico* for acompanhado. Nele, a escuridão não ficava "sobre a face do Profundo", mas em *Tehom* (hebraico para **Tiamat**); foi Ru'aḥ (**vento**, não "espírito"), o satélite de Marduk – que se moveu contra *Tehom*/Tiamat, quando seu **relâmpago**, e não apenas "luz", atingiu-a.

Traduções dos versículos 6-8 – os acontecimentos do Segundo Dia – usam o termo "Firmamento" (para descrever o Cinturão de Asteroides), onde o hebraico usa *Raki'a* (*Rakish* no texto babilônico) que significa, literalmente, "Bracelete Martelado". Localizado "no meio das águas" *para separar* as "águas superiores" das "águas inferiores", está o **Sham-Mayim** (= "Local das águas"), que é traduzido como "*Céu*".

Optando por saltar as seções politeístas sobre a genealogia, rivalidades e discussões dos múltiplos deuses, o autor e editor do Gênesis apenas reafirmou o *fato científico* de uma Terra separada de Tiamat como resultado de uma colisão celestial. A visão antiga era de que o Bracelete Martelado/Cinturão de Asteroides servia como "Firmamento" ou "Céu", separando as regiões celestiais; o termo hebraico para aquela região, *Shama'yim*, e seu significado, "Céu", foram, sem dúvida, *emprestados diretamente* do verso de abertura do *Enuma elish*: "*elish, la nabu shamamu*" – "na **Altura**, o *Céu* não fora nomeado". De fato, toda a noção bíblica de um "Acima" e um "Abaixo" Celestiais procede dos dois versículos de abertura do *Enuma elish*: o "Acima" do primeiro versículo que acabamos de citar, e o "Abaixo" do segundo: *Shaplitu, ammatum shuma la zakrat* – "*Abaixo* a *Terra* firme não fora nomeada".

Tal divisão celestial entre "Acima", o Firmamento/Céu, e o "Abaixo" parece desconcertante à primeira vista; mas se torna pertinente e clara quando ilustramos a afirmação sobre Nibiru atingindo a Travessia "no centro" de onde estava Tiamat:

Nibiru
Mercúrio Vênus Terra Lua Marte > <Júpiter Saturno Urano Netuno Plutão Cinturão de Asteroides

Passando pelo seu perigeu entre Marte e Júpiter, Nibiru de fato realiza a Travessia no ponto central entre todos os outros planetas do Sistema Solar (incluindo a Lua). Como a terminologia da Bíblia explica, *Shama'yim* (literalmente, "Lugar das Águas", mas traduzido como "Céu") – o lugar do "Firmamento" (*Raki'a, Rakish*). O lugar onde Nibiru "atravessa" realmente *divide o sistema planetário* entre um "Acima" e um "Abaixo" – localizando os Planetas Externos ao Sistema Solar no "Acima" e os Planetas Internos no "Abaixo", mais próximos do Sol.

O que o *Enuma elish* e a Bíblia dizem é confirmado pela astronomia moderna que se refere ao grupo "abaixo" como os "Planetas Terrestres" e ao grupo "acima" como os "Planetas Externos" – separados pelo Cinturão de Asteroides.

Figura 54

O princípio básico da cosmologia e astronomia antigas é ainda confirmado por meio de uma imagem pictórica em um selo cilíndrico sumério, hoje em exibição no Museu de Terras da Bíblia, em Jerusalém, Israel, que expressa de forma gráfica essa divisão celestial (Figura 54). Ele emprega o canudo utilizado para beber cerveja para representar o Cinturão de Asteroides divisório; do seu lado esquerdo, estão os planetas "Abaixo" (começando com Vênus como o oitavo planeta, em seguida a Terra e sua Lua crescente, e Marte, o mais próximo do Cinturão); e do outro lado, ele mostra os planetas "Acima", Júpiter e Saturno, *com seus anéis*.

* * *

De acordo com o início da Tabuleta V, o contínuo texto do *Enuma elish* atribui, então, a Marduk o estabelecimento dos "distritos do dia e da noite" ao designar a Noite para a Lua, e o Dia para o Sol, e concede a ele o mérito de todas as conquistas astronômicas sumérias: foi Marduk quem instituiu o calendário lunissolar, fixou o Zênite, dividiu os céus em três zonas e reuniu as estrelas em 12 constelações zodiacais, concedendo-lhes suas "imagens".

Encontramos esse segmento repetido, quase literalmente, no Gênesis 1:14-19, onde é dado a Deus o crédito pela "separação entre o dia e a noite", tornando o Sol e a Lua responsáveis "pelas estações, dias e anos", e "pela formação das constelações e também de seus símbolos".

Com todos os assuntos celestiais encaminhados, a atenção divina voltou-se para a própria Terra, para torná-la habitável. No texto mesopotâmico, chegamos à Tabuleta V, uma tabuleta completa e quase intacta (algumas 22 linhas ainda estão perdidas) que foi encontrada apenas no final dos anos 1950 em um improvável sítio turco chamado Sultantepe. Com ele, descobrimos que, após Marduk ter designado as tarefas do Sol, da Lua, etc., voltou a atenção e energia criativa para fazer da Terra – a antiga parte superior de Tiamat – um lugar viável:

> Tomando a saliva de Tiamat
> Marduk criou [...];
> ele formou as nuvens, encheu-as de [água],
> erguendo os ventos para trazer água e frio.
>
> Colocando a cabeça de Tiamat em posição,
> Ele formou, a seguir, as montanhas.
> Fez com que o Eufrates e o Tigre
> fluíssem dos olhos dela.

Fechando-lhe as narinas, ele [...].
Em sua teta ele formou as altas montanhas,
[Nelas] ele abriu nascentes,
para que os poços transportassem as [águas].

Claro que, após ser separada de Tiamat, a Terra necessitava de reforma e remodelação de seu criador para se tornar um planeta habitável com montanhas, rios, águas fluentes, etc. (a "saliva", eu sugeri, refere-se à lava expelida de vulcões).

Voltando à Bíblia, descobrimos que também o Gênesis relata que, tendo completado os arranjos celestiais, a atenção divina voltou-se para a Terra. Os versículos 9-10 descrevem os passos tomados para torná-la habitável:

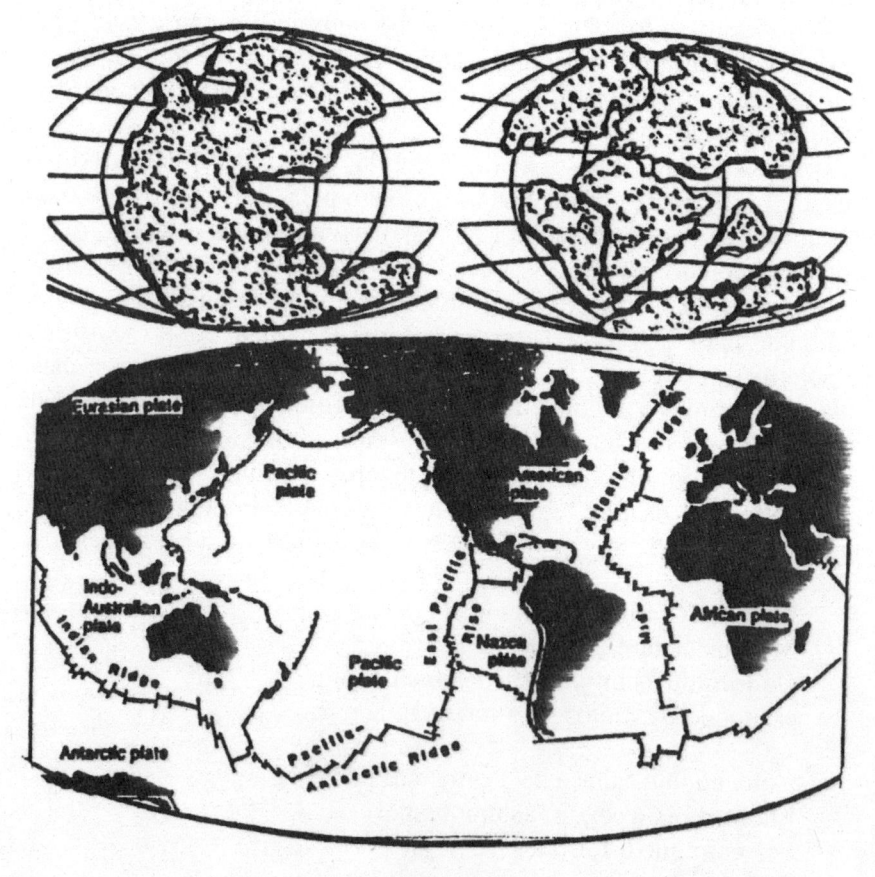

Figura 55

E Deus disse:
Que as águas que estão sob o céu
sejam reunidas em um único lugar,
e que a terra árida surja;
e assim foi.
E Deus chamou a região árida de "Terra",
E chamou as águas reunidas de "Mares".

Esse relato bíblico está de pleno acordo com as descobertas modernas de que toda a região árida da Terra começou como um único supercontinente (*"Pangeia"*) que emergiu quando todas as águas da Terra foram reunidas em um único vasto *"Pan-oceano"*. A Pangeia, com o tempo, partiu-se e seus segmentos flutuaram para longe uns dos outros, tornando-se vários continentes (Figura 55). Essa teoria moderna da "Deriva Continental" é fundamental a todas as ciências da Terra, e encontrá-la enunciada de forma clara na Bíblia (e provavelmente nas linhas perdidas da Tabuleta V) é bastante notável.

Os textos hebraicos e babilônicos fornecem, aqui, um processo lógico e cientificamente preciso: o segmento ferido da aquosa Tiamat começa a tomar um formato planetário; as águas se acumulam na parte acentuada (da qual o Oceano Pacífico é a maior e mais profunda) revelando a região árida; os continentes surgem, montanhas são impelidas para cima; vulcões jorram gases e lava, proporcionando o nascimento de uma atmosfera; as nuvens e as chuvas surgem, rios começam a fluir. *A Terra está pronta para a Vida.*

"Assim", enuncia a linha 65 da Tabuleta V do *Enuma elish*, "ele (Marduk) criou o Céu e a Terra".

"Assim", enuncia o versículo 1 Gênesis 2 da Bíblia, "foram terminados os Céus e a Terra e todas suas hostes".

Ao tratar o *Enuma elish* como uma cosmogonia sofisticada e não como um conto alegórico da luta entre o bem (o Senhor//Marduk) e o mal (o Monstro/Tiamat), obtemos uma explicação coerente para muitos enigmas do nosso Sistema Solar e explicamos o surgimento incrivelmente rápido da vida na Terra – e a compatibilidade entre os anunnakis e as filhas do Homem. ***A Bíblia, eu sugeri, fez o mesmo.***

A VERSÃO DE BEROSO

Devemos supor que, entre os textos cruciais que foram copiados e recopiados, uma versão do conto de Marduk, Tiamat e a Batalha Celestial tinha de estar nas mãos de Beroso quando ele compilou seus três volumes intitulados *Babyloniaca*.

Parece que foi isso que ele fez. De acordo com o historiador Alexandre Polímata – uma das fontes para os fragmentos de Beroso – no Livro I, Beroso escreveu (entre outras coisas):

> Houve um tempo em que não havia nada além da escuridão e um Abismo de águas,
> nos quais residiam as mais terríveis criaturas...
>
> Quem os presidia era uma mulher chamada Thallath que, de acordo com os caldeus,
> Significa "o Mar"...
>
> Belus (= "O Senhor") chegou, cortou e dividiu a mulher;
> e, com uma das metades dela, ele formou a Terra,
> e, com a outra metade, os Céus;
> ao mesmo tempo, ele destruiu as criaturas do Abismo...
>
> Esse Belus, a quem os homens chamavam Deus, dividiu a escuridão,
> e separou os Céus da Terra,
> e colocou ordem no Universo...
> Ele também formou as estrelas, e o Sol, e a Lua,
> Junto com os cinco planetas.

Será que Beroso teve acesso a uma cópia completa e ilesa da Tabuleta V do *Enuma elish*? Essa pergunta interessante leva a outra mais geral: onde, em que biblioteca, entre qual coleção de tabuletas, Beroso sentou-se, copiou as tabuletas e redigiu seus três volumes?

A resposta poderia estar em uma descoberta dos anos 1950, no monte chamado Sultantepe, a alguns quilômetros a norte de Harran (hoje na Turquia), que foi, na realidade, o sítio de uma *importante biblioteca e escola de escribas* – onde muitas tabuletas, até então desaparecidas, foram encontradas.

VII
Dos Anunnakis e Igigis

Seria provavelmente perto da meia-noite quando a leitura pública do *Enuma elish* (na Babilônia, acompanhada por representações, constituindo uma espécie de Peça da Paixão) chegara à afirmação de que a criação dos céus e da Terra – por Marduk – tinha sido realizada. Agora, chegara o momento de verter sua supremacia celestial para supremacia entre os anunnakis – os deuses celestiais que vieram para a Terra.

Com admirável sutileza, o nome **Enlil** – a divindade que devia ser o herói do conto da criação em seu original sumério – é mencionado (pela primeira vez) ao lado de Anu e Ea/Enki: ele é lançado na última linha da Tabuleta IV. Então, conforme o texto avança pela Tabuleta V, outras divindades – incluindo a mãe verdadeira de Marduk, **Damkina** (renomeada **Ninki** após Ea ser intitulado "Enki" = "Senhor da Terra") – tomam o palco; e o ouvinte (ou leitor) testemunha a coroação de Marduk como "rei" não apenas pelos deuses anunnakis, mas também por outro grupo de divindades chamado **Igi.gi** (= "Aqueles Que Observam e Veem").

É uma assembleia grandiosa de todos os deuses líderes. Marduk está sentado em um trono, e seus pais orgulhosos, Ea/Enki e Damkina, "abriram a boca para se dirigir aos grandes deuses", dizendo assim: "Outrora, Marduk era [meramente] nosso adorado filho; agora ele é vosso rei; proclamem seu título 'Rei dos deuses do Céu e da Terra'!". O cumprimento desse pedido/exigência seguiu-se:

> Estando reunidos, todos os igigis se curvaram;
> Todos os anunnakis beijaram seus pés (de Marduk).
> Estavam reunidos para render obediência;
> Postaram-se diante dele, curvados, e disseram:
> "Ele é o rei!"

> Eles deram soberania a Marduk;
> Declararam a ele a fórmula da
> boa sorte e do sucesso, [dizendo]:
> "Seja qual for sua ordem, nos a cumpriremos!"

O texto não declara onde a Assembleia foi reunida. A narrativa sugere que a coroação de Marduk acontece em Nibiru, e é seguida por uma assembleia dos deuses designados para a Terra. Lembrando-se dos deuses reunidos de sua linhagem real (alguns ancestrais que precederam Ea e Anu são invocados), Marduk, como o recente Chefe eleito, não perde tempo em delinear seu programa divino: até agora, ele diz aos deuses reunidos, vocês residiram em *E.sharra*, "a Grande Morada" de Anu em Nibiru; agora irão residir em "uma morada correspondente àquela, que eu construirei no Abaixo". "No Abaixo" – na Terra – Marduk diz, ele criou Solo Firme adequado para a Nova Casa:

> Eu endureci o solo para uma obra,
> para construir uma casa, minha Morada Suntuosa.
> Estabelecerei nela o meu templo,
> seus santuários afirmarão minha soberania ...
> Seu nome chamarei *Bad-ili* ["Portais dos deuses"].

Conforme os deuses regozijavam ao ouvir o projeto de Marduk para estabelecer a Babilônia, ele prosseguiu, atribuindo-lhes suas tarefas:

> Marduk, o Rei dos deuses,
> dividiu os anunnakis entre o Acima e o Abaixo.
> Para seguir suas instruções,
> 300 ele designou para os Céus,
> como Aqueles Que Observam ele os posicionou.

Da mesma maneira, as estações da Terra ele definiu,
600 na Terra ele estabeleceu.
Ele emitiu todas as instruções;
Aos anunnakis do Céu e da Terra
ele distribuiu suas tarefas.

Os deuses designados para a "Missão Terra" são, assim, divididos, de imediato, em dois grupos: 300, chamados *Igi.gi* ("Aqueles Que Observam e Veem"), possuem "deveres celestes" e serão posicionados "acima da Terra" (em Marte, como explicamos adiante). Seiscentos, os *anunnakis* "do Céu *e* Terra", serão posicionados na própria Terra; e sua primeira tarefa, segundo as instruções de seu Senhor, é estabelecer a Babilônia e erigir, nela, a torre em estágios de Marduk, o *E.sag.il* – a "Morada Cujo Topo é Altivo". (Para representações pictóricas dos anunnakis e igigis, ver Figura 64.)

No final da Tabuleta VI, *Bab-ili* (Babilônia), o "Portal dos deuses" e sua "Torre que alcança o céu" estão prontos; o Celestial Marduk também é agora Marduk na Terra; e o relato do *Enuma elish* prossegue para a Tabuleta VII, que é uma lista laudatória de 50 Nomes, 50 epítetos de delegação de poderes.

"Com o título Cinquenta, os grandes deuses proclamaram-no (Marduk) supremo", declara o épico, em conclusão.

* * *

Obviamente, o texto babilônico do épico "adiantou" os eventos. A vida ainda estava por emergir e se desenvolver na Terra; Enki e sua primeira tripulação de 50 anunnakis ainda estavam para aterrissar; as cidades dos deuses ainda precisavam ser estabelecidas; o Homem ainda devia surgir; e o Dilúvio ainda tinha de arrebatar tudo – pois apenas em sua decorrência o episódio da Torre de Babel acontece. Se as omissões são deliberadas ou não, permanece o fato de que todos os desenvolvimentos nesse ínterim ainda devem acontecer – não apenas de acordo com a Bíblia, mas também com variados textos cuneiformes.

De fato, mesmo antes de contemplarmos os acontecimentos na Terra, devemos analisar o enigma dos acontecimentos em Nibiru, onde provavelmente se deu a coroação de Marduk. Quem são os deuses reunidos? Quem são os "Antepassados" que Marduk invoca? A morada real divina que ele planeja estabelecer na Terra deve corresponder à morada real divina do deus Anu, o *E.sharra*, em Nibiru. Rei de qual reino foi Anu? Quem eram os anunnakis e os igigis, designados para tarefas na Missão Terra? Como eles estavam presentes e residiam no planeta Nibiru? Por que 50 deles – acompanhando Ea/Enki – vão para a Terra em busca de ouro? E por que, no seu auge, 600 anunnakis e 300 igigis foram necessários?

Embora o *Enuma elish* não forneça tais respostas, não estamos tão perdidos que não possamos encontrá-las. Variados textos antigos preenchidos com dados e detalhes, apontam nomes e descrevem acontecimentos. Já mencionamos alguns desses textos; traremos à luz muitos outros – alguns até em outras línguas além do sumério ou acadiano. Juntos, eles fornecem os pontos que podem ser ligados para formar um relato contínuo e coerente. Imprescindível naquele contexto é o que eles contam sobre nós – como o Homem e a Humanidade vieram a existir neste planeta Terra.

Podemos começar a desemaranhar o fio da meada com Anu, o governante de Nibiru durante a confirmação de Marduk como líder supremo dos anunnakis e dos igigis. Ele também governou Nibiru durante a primeira chegada à Terra, pois Ea/Enki invocou sua condição de "filho primogênito de Anu" em sua autobiografia. Podemos presumir que foi a forma de reinado de Anu que foi "trazida do céu" pelos anunnakis, e foi de sua corte que a tradicional insígnia do reinado emanou: um toucado divino (coroa e tiara); um cetro ou bastão (símbolo de poder e autoridade); e um cordão enrolado para medição (representando a Justiça); esses símbolos aparecem, o tempo todo, em representações pictóricas de investidura divina, nas quais o deus ou deusa concede esses objetos ao novo rei (Figura 56).

AN/Anu, enquanto palavra, significava "Céu"; enquanto nome-epíteto significava "O Celestial"; e seu pictograma era uma estrela. Referências em textos variados fornecem algumas informações sobre o palácio de Anu, sua corte e seus procedimentos severos. Assim, descobrimos que, além de sua consorte oficial (sua esposa, Antu), Anu tinha seis concubinas; seus descendentes eram 80 em número (apenas 14 deles portavam os *títulos divinos **En*** para os homens ou ***Nin*** para as mulheres [Figura 57]). Os assessores de sua corte incluíam um Camareiro-Chefe, três Comandantes encarregados dos foguetes, dois Comandantes das Armas, um "Ministro da Bolsa" (= Tesoureiro), dois Oficiais de Justiça, dois "Mestres do Conhecimento Escrito", dois Escribas-Chefes e cinco Escribas Assistentes. Os recrutas da equipe de Anu eram chamados ***Anunna***, significando "Os Celestiais de Anu".

Figura 56

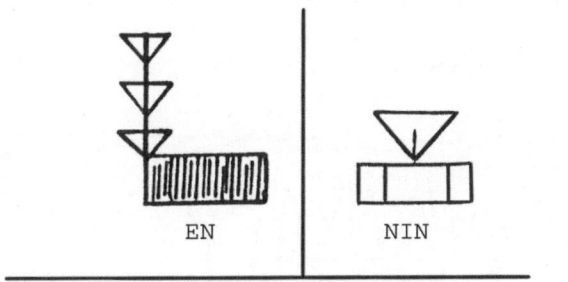

Figura 57

O palácio de Anu ficava no "Lugar Puro". A entrada era constantemente protegida por dois príncipes reais; intitulados "Comandantes das Armas", eles controlavam duas armas divinas, o ***Shar.ur*** (= "Caçador Real") e o ***Shar.gaz*** (= "Espancador Real"). Um desenho assírio (Figura 58), que pretende representar o portal para o palácio de Anu, mostrava duas torres flanqueadas pelos "Homens-águia" (= "astronautas" anunnakis uniformizados), com o emblema do Disco Alado de Nibiru exibido no centro. Outros símbolos celestiais – um sistema solar de 12 membros, um arco (para a Lua) e sete pontos (para a Terra) completam a cena.

Quando uma Assembleia de deuses era convocada, realizava-se na Sala do Trono do palácio. Anu sentava-se em seu trono, flanqueado por seu filho Enlil, sentado à sua direita, e seu filho Ea, à esquerda. Textos que registraram procedimentos de Assembleia indicam que praticamente qualquer um dos presentes poderia falar; algumas das deliberações eram debates acalorados. Mas, no final, prevalecia a palavra de Anu – "sua decisão era ordem". Entre seus epítetos constava "Divino 60" – concedendo a Anu, sob o sistema numérico sexagesimal ("Base 60"), o posto mais elevado.

Os sumérios e seus sucessores não guardaram apenas Listas de Reis meticulosas; eles também mantinham *Listas de Deuses* elaboradas – deuses dispostos por importância e hierarquia e agrupados por famílias. Nas listas mais detalhadas, o nome principal do deus ou deusa era seguido por seus epítetos (que poderiam ser em grande número); em algumas listas isso alcançava um *status* canônico, os deuses eram dispostos de forma genealógica – o que destacava sua linhagem real.

Havia listas de deuses locais e listas de deuses nacionais, curtas e longas. A mais abrangente, conhecida pelos estudiosos por sua linha de abertura como a série *An:deus-Anu* e considerada a Grande Lista dos Deuses, ocupa sete tabuletas e contém mais de 2.100 nomes ou epítetos e deuses e deusas – um número espantoso com certeza, mas um tanto enganoso se notarmos que, às vezes, uma contagem ou mais listagens

Figura 58

eram, de fato, epítetos para a mesma divindade (o filho mais novo de Enlil, por exemplo, que era chamado **Ishkur** em sumério, **Adad** em acadiano e *Teshub* pelos hititas, possuía outros 38 nomes-epítetos). A Grande Lista dos Deuses também incluía os cônjuges das divindades e seus descendentes, o "vizir-chefe" e outros criados pessoais.

Cada tabuleta dessa série é dividida em duas colunas verticais, a da esquerda fornece o nome/epíteto da divindade em sumério e a correspondente, à direita, o nome equivalente ou significado do epíteto em acadiano. Entre outras listas de deuses menores ou parciais, até agora descobertas, havia uma conhecida como a série *An:Anu Sha Ameli*; apesar de seu título acadiano, trata-se de uma lista básica prévia do panteão sumério (listando apenas 157 nomes e epítetos).

Por meio dessas listas, sabemos que os nomes escolhidos pelo *Enuma elish* para designar vários planetas não foram casuais; foram nomes emprestados das listas canônicas dos deuses com o objetivo de salientar as reivindicações genealógicas de Marduk pela supremacia – sendo filho de Ea/Enki, por sua vez o filho primogênito de Anu, que por sua vez era descendente de uma linhagem real de Nibiru constituída *por 21 predecessores*!

A lista (ordenada por casais) inclui, além de Anshar e Kishar, Lahma e Lahama (nomes celestiais familiares no *Enuma elish*), e também nomes desconhecidos como An.shargal e Ki.shargal, En.uru.ulla e Nin.uru.ulla; e (muito significativo) um casal cujos estranhos nomes são **Alala** e **Belili**. Essa lista dos predecessores de Anu termina com o pós-escrito *"21 en ama aa"* – **"21 nobres pais e mães"** (ordenados em dez casais e um homem sem cônjuge). A Grande Lista dos Deuses nomeia, então, as crianças e os funcionários do Grupo de Anu, pulando seus dois filhos principais e sua filha (**Ea/Enki**, **Enlil** e **Ninmah**), que são listados separadamente com seus próprios grupos familiares e assessores.

De qualquer forma que essas listas sejam estudadas, a posição principal e dominante do divino rei Anu é indiscutível. No entanto, o texto intitulado *Reino do Céu*, descoberto intacto em uma versão hitita, revela que Anu era um usurpador que tomou o trono em Nibiru depondo, por meio da força, o regente!

Após invocar os "12 deuses antigos poderosos", "os pais do deus e as mães do deus", e "todos os deuses que estão no céu e aqueles sobre a Terra escurecida" para que levassem em consideração o caso da usurpação, o texto prossegue dizendo:

Dantes, nos dias antigos,
Alalu era rei no céu.
Alalu sentava-se no trono.
O poderoso Anu, primeiro entre os deuses,
posta-se diante dele, ajoelha-se aos seus pés,
coloca a taça em sua mão.

Durante nove períodos contados
Alalu foi rei no céu.
No nono período, Anu combateu Alalu.
Alalu foi derrotado, e fugiu diante de Anu.
Ele desceu para a Terra escurecida –
para a Terra escurecida ele foi.
No trono, Anu sentou-se.

Servindo, então, como o real Portador da Taça – uma tarefa que exigia fidelidade máxima –, Anu trai a confiança do rei e confisca o trono em um sangrento golpe de Estado. Por quê? Embora ele porte o título-epíteto "Primeiro entre os deuses", o texto falha em revelar a relação entre Anu e o rei governante; mas o apelo do narrador aos Deuses Antigos, "Os pais e as mães" dos deuses, indica um conflito ou luta pelo trono cujas raízes retrocedem várias gerações – um conflito gerado por acontecimentos passados, relações genealógicas ou rivalidades dinásticas. Com regras de sucessão que tentavam esclarecer reivindicações conflituosas entre um primogênito e um herdeiro legal, entre um filho de um cônjuge e outro de uma concubina, e uma regra que concede primazia a um filho de uma meia-irmã, Anu certamente tinha uma pretensão ao trono que (na sua visão) excedia Alalu.

Devemos concluir que tais reivindicações conflituosas começaram muito antes do incidente Anu/Alalu e, como veremos, continuaram depois dele. Alguns aspectos das listas dos deuses servem como pistas para um problema antigo e incômodo relacionado com o Reinado em Nibiru – assuntos que, na época, afetaram os acontecimentos na Terra. Na Grande Lista dos Deuses (a versão existente foi provavelmente compilada na Babilônia), o Grupo de Enki segue o de Anu; os enlilitas vêm depois, seguidos pelo grupo de Ninharsag. Mas em outras listas – incluindo a curta lista suméria – é o Grupo de Enlil que segue o de Anu. Essas posições variadas refletem um cabo de guerra que exige uma análise mais minuciosa.

A Grande Lista dos Deuses contém outra característica enigmática: quando se trata de Enki (e não de Enlil), ela insere em sua listagem os nomes dos casais-antepassados predecessores que diferem daqueles de Anu; eles portam nomes como En.ul e Nin.ul, En.mul e Nin.mul, En.lu e Nin.lu, En.du e Nin.du, etc. Estes são os casais predecessores de Enki que não se encontram no grupo de Anu. Apenas quando a lista chega ao décimo casal, chamado **Enshar** e **Kishar**, ocorre uma correspondência aparente com **Anshar** e **Kishar** na lista de Anu. Como Anu era pai de Enki, os casais separados ou antepassados que não eram de Anu tinham de representar a linhagem da mãe de Enki, que só podia ser outra além de Antu – em outras palavras, uma concubina. Como os acontecimentos se desenrolaram, ficou claro que isso constituía um sério defeito hierárquico.

Em sua autobiografia, Enki declarou, com certo desespero: "Eu sou o líder dos anunnakis, gerados com semente fértil – *o primogênito do divino An*, o Grande Irmão de todos os deuses". O primogênito, de fato, ele era; gerado com "semente fértil" ele foi – mas apenas pelo lado de seu pai. Quando chegou o momento de sentar-se ao lado do entronado Anu, foi Enlil quem se sentou à direita. Na hierarquia numérica da elite dos 12 Grandes Deuses, Enlil surgia depois de Anu, na classificação 50; Enki seguia com uma classificação inferior a 40. Embora Enki fosse o primogênito, não era o Príncipe Herdeiro; esse título, com o direito de sucessão, foi concedido ao jovem Enlil porque sua mãe era **Antu** – e Antu não era apenas a esposa oficial de Anu, *ela também era meia-irmã de Anu*, o que concedia a Enlil uma dose dupla das "férteis" sementes genéticas.

Assim, emerge a imagem de dois clãs antigos competindo pelo Reinado em Nibiru; ora em guerra, ora buscando paz por meio de intercasamento (um artifício não desconhecido na Terra, onde tribos ou nações em guerra recorriam, em geral, a essa prática para trazer a paz), alternando-se no trono – às vezes de forma violenta, como no caso do golpe de Anu contra Alalu. O nome do rei deposto (**Alalu** em hitita) é claramente distinto dos muitos outros iniciados por "*En-*", mas é quase idêntico ao estranho nome **Alala**, contido na lista de Anu, sugerindo afiliação a um clã diferente e acesso ao trono por meio de intercasamento.

A ênfase na linhagem genética da "semente" e as Regras de Sucessão estão refletidas nos contos dos Patriarcas da Bíblia.

* * *

Será que a violenta derrota de Alalu, fazendo-o fugir de seu planeta natal, foi um acontecimento isolado ou um episódio em uma história de lutas contínuas intermitentes entre dois clãs, ou talvez – em termos de escala planetária – entre duas nações em Nibiru? Os dados nas Listas dos Deuses sugerem que sua derrota foi a continuação de um conflito não resolvido entre os clãs de Nibiru. Não foi nem a primeira nem a última "mudança de regime" violenta: alguns textos sugerem que o próprio Alalu era um usurpador, e que mais tarde tentativas foram feitas para derrubar Anu ...

Um detalhe na composição da corte real de Anu oferece uma pista dos acontecimentos em Nibiru: é a listagem de três "Comandantes encarregados dos foguetes *Mu*" e dois "Comandantes das Armas". Se pensarmos nisso, significa que cinco militares compunham quase a metade de um gabinete ministerial de 11 (excluímos os sete escribas). Isso é o equivalente a um governo militar. Há uma ênfase óbvia em armamento: dois dos cinco generais lidam apenas com o armamento. O próprio palácio era protegido por impressionantes sistemas de armas, supervisionados por dois príncipes reais.

Protegidos de quê? Protegidos de quem?

Correndo o risco de antecipar o capítulo ainda por vir, já podemos mencionar que, em 2024 a.C., os anunnakis, então na Terra, recorreram ao uso de armas nucleares em seus contínuos conflitos entre clãs. Vários textos antigos (que mencionaremos) declaram que sete dispositivos nucleares foram utilizados; e está claro que foram trazidos de Nibiru para a Terra. Mesmo que o **Sharur** e o **Shargaz**, que protegiam o palácio de Anu, não fossem tais armas, é evidente que *armas nucleares faziam parte do arsenal militar de Nibiru*. Elas foram, alguma vez, usadas em Nibiru? Por que não, se foram usadas em um planeta distante chamado Terra, no qual não mais que 900 nibiruanos (600 anunnakis e 300 igigis) estavam posicionados? Havia muito mais em jogo no próprio Nibiru!

Se ainda viam nosso Sistema Solar como um conjunto de planetas criado e para sempre congelado em órbita de um caldeirão nuclear central (o Sol), os astrônomos da era espacial agora percebem que os planetas, e mesmo suas luas, estão vivos com fenômenos naturais – possuem seus próprios centros internos nucleares, criam e emanam calor, mantêm atividade vulcânica, têm atmosferas e mudanças climáticas; alguns apresentam superfícies congeladas, alguns possuem características parecidas com as da Terra; muitos têm água, alguns apenas lagos repletos de substâncias químicas; alguns parecem mortos, alguns revelam compostos complexos que poderiam ser associados à Vida. Até estações do

Figura 59

ano já foram detectados em "exoplanetas" que orbitam outros astros solares distantes – planetas cuja mera noção de sua possível existência foi o domínio da ficção científica até poucos anos atrás.

Quanto ao nosso vizinho Marte, considerado até apenas algumas décadas atrás um planeta sem vida desde seu nascimento, sabemos hoje (graças à exploração espacial não tripulada a partir dos anos 1970) que teve uma atmosfera adequada (ainda suficiente para ter ocasionais

Figura 60

tempestades de poeira), águas fluentes, rios e vastos lagos e mares – com um lago congelado, degelo e solo lamacento até hoje (Figura 59, amostras de relatórios científicos). É bom ressaltarmos que, no livro *O 12º Planeta* (1976), já fornecemos evidências de que Marte, então habitável, serviu aos anunnakis como estação de passagem para as espaçonaves interplanetárias que iam e vinham de Nibiru; era ali que os igigis se posicionavam, e sua tarefa era operar naves espaciais menores entre a Terra e Marte.

Na Terra, os igigis aterrissaram suas naves em uma vasta plataforma com uma torre de lançamento chamada "O Local de Aterrissagem", feita com colossais blocos de pedra; identificamos o local no livro *O Caminho para o Céu** como sendo o sítio conhecido por Baalbek, nas montanhas do Líbano. A vasta plataforma de pedra ainda existe; assim como restos da torre de lançamento – construída com imensos blocos de pedra que pesavam entre 600 e 900 toneladas cada. No canto noroeste da plataforma, a torre foi reforçada com três blocos de pedra gigantes pesando mais de 1.100 toneladas cada (!); conhecidos como o Trilithon (Figura 60), as tradições locais os atribuem aos "gigantes".

---

*N.E.: Obra publicada pela Madras Editora.

O nosso próprio planeta, a Terra, teve um começo violento, o encontro dos oceanos e mares, a ascensão e deslocamento dos continentes ("terra firme"), erupções vulcânicas e maremotos (lembra-se do Dilúvio?), Eras Glaciais e intervalos quentes (isto é, Mudança Climática) e problemas atmosféricos em razão do excesso de uma coisa (por exemplo, emissões de carbono) ou carência de outra coisa (como a perda do ozônio protetor). É lógico presumir que o planeta Nibiru passou por acontecimentos naturais semelhantes.

Quem leu *O 12º Planeta* e aceitou suas conclusões em relação à Nibiru ainda se pergunta como o Anunna poderia sobreviver em um planeta cuja órbita o leva para longe do Sol; não morreriam eles, ou qualquer forma de vida, de imediato? Minha resposta foi que nós e a vida na Terra deparamos com a mesma questão, embora a Terra esteja a uma suposta "distância habitável" do Sol; tudo o que temos de fazer é nos afastar um pouco da superfície da Terra e morreremos congelados. A Terra, como outros planetas, possui um centro nuclear que produz calor – fica cada vez mais quente à medida que os túneis dos mineiros se aprofundam. Mas o nosso grosso manto rochoso nos torna dependentes do calor procedente do Sol. *O que nos protege é a atmosfera da Terra*: agindo como uma estufa, ela conserva o calor que recebemos do Sol.

No caso de Nibiru, é, mais uma vez, a atmosfera que oferece proteção; mas ali a necessidade surge, principalmente, para conservar o calor proveniente do núcleo do planeta e evitar que ele se dissipe pelo espaço. Pois é apenas durante uma parte do seu "ano" (uma órbita em volta do Sol) que a órbita elíptica de Nibiru (veja Figura 52) proporciona um "verão" quente; durante o seu inverno muito mais longo, o planeta depende do calor de seu interior para manter a vida fluindo.

Como todos os planetas, Nibiru também deve ter passado por mudanças atmosféricas e climáticas naturais; quando seus habitantes se tornaram capazes de realizar voos tripulados pelo espaço e adquiriram tecnologia nuclear, o uso de armas nucleares piorou os problemas atmosféricos. Foi então, como sugiro no livro *O 12º Planeta*, que os cientistas de Nibiru tiveram a ideia de criar um escudo de partículas de ouro para emendar e proteger a atmosfera danificada do seu planeta. Mas o ouro era um metal raro em Nibiru, e seu uso, ou abuso, para a salvação do planeta apenas piorou os conflitos latentes.

Foi contra esse pano de fundo de acontecimentos e circunstâncias que Anu tomou o trono de Alalu; e este, escapando em uma espaçonave para salvar sua vida, buscou abrigo em um planeta estranho, distante e desabitado. Os nibiruanos chamavam esse planeta distante de ***Ki***; o antigo texto hitita deixou claro que, "para a Terra escurecida, Alalu se dirigiu". A descoberta casual de que suas águas continham ouro serviu como um trunfo para exigir o restabelecimento do Reinado. Em *O Livro Perdido de Enki*, eu sugeri que Alalu permitiu que Ea viesse inspecionar a descoberta porque era seu genro, tendo desposado – por razões de estado – **Damkina**, filha de Alalu. Nas circunstâncias de desconfiança e animosidade da pós-derrocada, Ea/Enki – filho de Anu, genro de Alalu – era, talvez, o único em que ambos os lados da Missão Terra confiavam. E foi assim que Ea e sua tripulação de 50 vieram para a Terra recobrar e enviar de volta para Nibiru o metal inestimável – uma missão e uma chegada descritas por Ea em sua autobiografia.

Daí em diante, o palco principal para os impressionantes acontecimentos subsequentes foi o Planeta Terra.

* * *

Embora fosse um excelente cientista, Ea não poderia extrair das águas do que hoje chamamos de Golfo Pérsico mais ouro do que elas continham – quantidades mínimas exigiam o processamento de volumes enormes de água. Como grande cientista que era, Ea rastreou o ouro até sua fonte de origem mais próxima – os veios profundos nas rochas de Abzu. Se Nibiru precisava de ouro – como certamente era o caso –, os anunnakis tinham de mudar para uma operação de mineração e estabelecer ***Arali***, a Terra das Minas.

A natureza alterada da Missão Terra exigia mais pessoal, equipamento novo, assentamentos em dois continentes e novas instalações de transporte e comunicação; tudo isso exigia um novo tipo de líder – um que soubesse menos de ciência e tivesse mais experiência em organização, disciplina e comando. O escolhido para a tarefa foi **En.lil** (= "Senhor do Comando"), o Príncipe Herdeiro. Acontecimentos subsequentes mostraram que ele foi um disciplinador rígido, um comandante "à risca".

Enquanto a vinda de Enki para a Terra está documentada em sua autobiografia inscrita, a viagem de Enlil está registrada em outro tipo de documento: uma tabuleta circular incomum, um disco feito de um raro tipo de argila. Encontrada nas ruínas de Nínive (desenho, Figura 61), essa tábua está hoje no Museu Britânico em Londres, que o exibe apenas como uma amostra de escrita antiga – um incrível ato de negligência e ignorância, pois ***o artefato fornece uma representação pictórica única dos céus em que a rota de Enlil, de seu planeta para a Terra, é descrita tanto de forma geográfica quanto em palavras!***

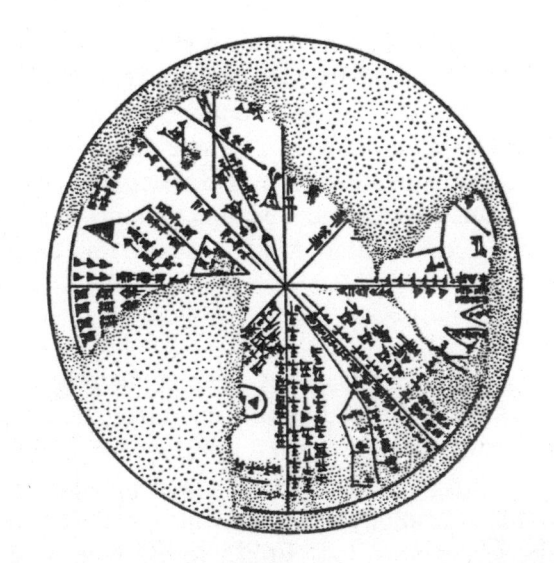

Figura 61

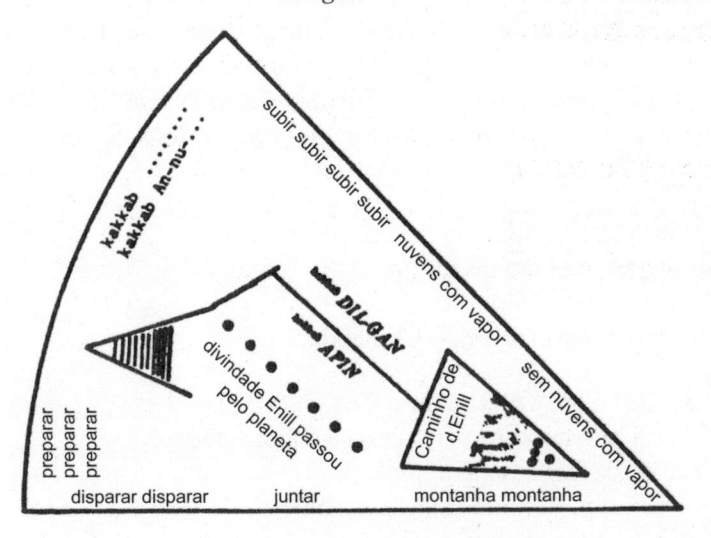

Figura 62

Ele é dividido em oito segmentos; a informação referente à viagem de Enlil é encontrada em um segmento que, felizmente, permanece quase intacto. Nas margens do segmento, estrelas e constelações são nomeadas, indicando que o espaço celestial está lá. Os textos nas laterais (traduzidos na Figura 62) sugerem instruções de aterrissagem. No centro do segmento, uma trajetória é desenhada ligando a pictografia para "planeta montanhoso" a um segmento dos céus comum à astronomia suméria como a localização da Terra. O curso da trajetória sofre uma mudança entre dois planetas cujos nomes sumérios descrevem como Júpiter e Marte. E o enunciado (em acadiano) por baixo da linha da trajetória diz claramente: *"O deus Enlil passou pelos planetas"*. Há sete deles – contados com precisão, pois para alguém que viesse ao nosso Sistema Solar de fora, Plutão fosse o primeiro planeta encontrado; Netuno e Urano, segundo e terceiro; Saturno e Júpiter, quarto e quinto; Marte, o sexto; e a Terra, o sétimo.

* * *

A alteração nas estruturas de deveres e comando não foi uma tarefa fácil. Era duplamente difícil diminuir as prerrogativas de Ea ao mandar para a Terra seu rival pela coroa – Enlil. As brigas e desconfianças entre os meios-irmãos se refletem, por um lado, pela afirmação de Enki, que dizia que ele, o primogênito, "semente fértil", ficava agora com *status* reduzido; e por outro lado Enlil, em um texto que registra sua reclamação de que Ea lhe nega o *Mé* – um termo enigmático em geral traduzido como "Fórmulas Divinas" – uma espécie de "cartões de memória" essenciais a todos os aspectos da missão. As coisas ficaram tão ruins que o próprio Anu viajou à Terra e ofereceu seus dois filhos para **resolver a questão da sucessão por meio de sorteio**. Sabemos isso, e sabemos essencialmente o que ocorreu, por meio do *Épico Atra-Hasis*:

> Os deuses fecharam as mãos,
> sortearam e então dividiram:
> Anu, seu pai, era o rei:
> Enlil, o Guerreiro, era o Comandante.
>
> Anu subiu [de volta] para o Céu,
> a Terra [ele deixou] para os seus subordinados.
> Os mares, fechados em um laço,
> A Enki, o príncipe, foram concedidos.
> Após Anu ter ido para o Céu,
> Enki para o Abzu desceu.

As 14 linhas subsequentes do texto que, com certeza, tratavam das tarefas e domínio de Enlil, estão muito danificadas para ser totalmente lidas e traduzidas. Mas partes legíveis de outras linhas indicam que, enquanto Ea – renomeado Enki (= "Senhor [da] Terra") como consolo – era designado a Abzu para supervisionar a operação de mineração, Enlil tomava conta de *Edin*, cujos dois rios, o Eufrates e o Tigre, são mencionados com clareza. Sabemos, por outros textos, que Enlil aumentou o número de assentamentos anunnakis ali, a partir da solitária Eridu, de Ea, até as cinco famosas Cidades dos Deuses, e depois acrescentou mais três – Larsa, Nippur e Lagash.

Nippur (a versão acadiana para a suméria **Ni.ibiru** = "O Esplêndido Local da Travessia") serviu como Centro de Controle da Missão de Enlil. Ali, os anunnakis construíram o **E.kur** (= "Casa que é como uma montanha"), uma torre-templo cujo "ápice foi erguido" na direção do céu; sua câmara mais recôndita, equipada com "Tabuletas dos Destinos" e zunindo com outros instrumentos que emitem uma luz azulada, servia como o **Dur.an.ki** – o "Elo Céu-Terra". Sendo forçado a fornecer a Enlil o essencial **Me**, Enki (sua autobiografia declara) "encheu o Ekur, morada de Enlil, com posses"; e os "barcos de Meluhha, transportando ouro e prata, trouxeram-nos a Nippur, para Enlil".

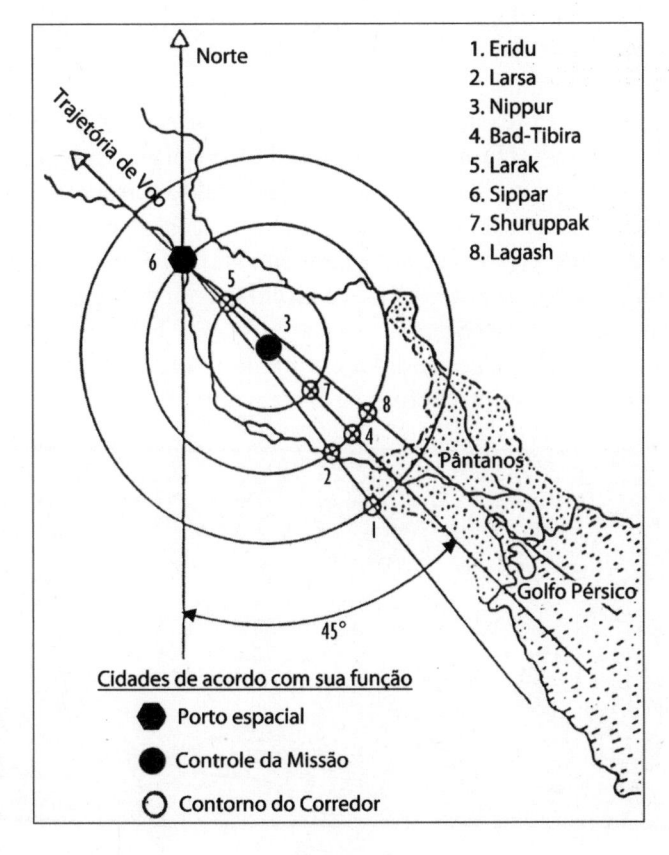

Figura 63

Quando os oito assentamentos são localizados no mapa, forma-se um desenho intencional (Figura 63). A localização física de Nippur era no centro; as outras, localizadas em distâncias concêntricas, formavam um corredor de voo; levando a Sippar (a cidade-porto espacial), ela ficava ancorada nos picos do Monte Ararat (o terreno topográfico mais alto do Oriente Próximo). As instalações médicas ficavam em Shuruppak. Bad-Tibira era o centro metalúrgico onde os minérios de Abzu eram processados; de Sippar, os lingotes eram transportados em pequenas remessas para Marte – pois Marte, com sua menor força gravitacional, servia como a base espacial de onde os anunnakis despachavam cargas maiores e mais pesadas de ouro para Nibiru.

Chegando em grupos de 50, os *anunna* foram divididos em dois grupos. Seiscentos, doravante chamados de **anunnakis** (= "Aqueles que do Céu para a Terra vieram"), se assentaram e serviam na Terra; seus serviços incluíam os trabalhos na mina em Abzu e as tarefas em Edin. Outros 300, designados *igi.gis* (= "Aqueles que Observam e Veem"), operavam as naves entre a Terra e Marte – e sua base principal ficava em Marte.

A cena está representada em um selo cilíndrico de 4.500 anos, hoje guardado no Museu Hermitage, em São Petersburgo, na Rússia (Figura 64). Ele mostra um "homem-águia" anunnaki (astronauta) na Terra (simbolizada por sete pontos e pela Lua Crescente) cumprimentando um "homem-peixe" igigi com máscara em Marte (o planeta simbolizado por seis pontos); uma espaçonave circular com painéis estendidos é revelada nos céus, entre eles.

Como a Missão Terra estava em plena marcha, Nibiru foi salva; mas, na própria Terra, problemas se formavam.

Figura 64

O CONTO DO MALDOSO ZU

Um texto sumério conhecido como *O Mito de Zu* é uma fonte de informação sobre o **Duranki** de Enlil, assim como sobre os *igigis* e as armas dos *anunnakis*. Ele fala da tentativa de um golpe contra Enlil perpetrada por um líder igigi chamado **Zu**. (Uma descoberta recente das tabuletas do texto sugere que seu epíteto era **An.Zu** = "Conhecedor do Céu".)

Estabelecidos em Marte, onde tinham de usar roupas de astronauta com máscaras para respirar (veja Figura 64), e confinados na Terra ao "Local de Aterrissagem" nas montanhas de cedros, "os igigis, todos eles, estavam chateados" – estavam inquietos e reclamavam. Seu líder, Zu, foi convidado a visitar o quartel-general de Enlil, para discutir o assunto. Confiável a ponto de passar livremente pela entrada protegida, o "maldoso Zu, para acabar com o reinado de Enlil" – para tomar o comando – "concebeu em seu coração: tomar a divina Tabuleta dos Destinos, decidir os decretos de todos os deuses (...) comandar todos os igigis".

E assim, um dia quando Enlil se banhava, "Zu tomou a Tabuleta dos Destinos em suas mãos, arrebatou o reinado de Enlil" e fugiu para o esconderijo nas montanhas. A retirada da Tabuleta dos Destinos causou um lampejo de "cegueira ofuscante" e imobilizou o *Duranki*:

Suspensas estavam as Fórmulas Divinas;
O esplendor do santuário foi retirado;
A quietude se espalhou por toda parte; o silêncio prevaleceu.

"Enlil estava chocado. Os deuses da região se reuniram após a notícia". Alarmado com a gravidade da usurpação, Anu buscou um voluntário entre os deuses para desafiar Zu e recuperar a Tabuleta dos Destinos; mas todos que tentaram, falharam, pois os poderes misteriosos da Tabuleta afastavam os projéteis disparados contra Zu.

Por fim, Ninurta, o filho primogênito de Enlil, utilizando sua "arma de sete ciclones" (veja ilustração), criou uma tempestade de poeira que forçou Zu a voar "como um pássaro". Ninurta perseguiu-o em sua espaçonave e uma batalha aérea se seguiu. Gritando "asa contra asa!", Ninurta disparou um *Til.lum* (= "Míssil") contra os "carretos" da engrenagem de Zu, fazendo com que ele caísse ao solo. Foi capturado por Ninurta, julgado e sentenciado à morte. A Tabuleta dos Destinos foi reinstalada no Duranki.

Repercutindo o Conto sumério de Zu, as tradições de outros povos também relatam duelos aéreos divinos. O texto hieroglífico egípcio "A Batalha entre Hórus e Seth" descreve a derrota de Seth por Hórus em uma batalha aérea sobre a península do Sinai. Nos contos dos deuses gregos, as ferozes batalhas entre Zeus e o monstruoso Tifão terminam quando Zeus, em sua Carruagem Alada, dispara um raio contra o dispositivo mágico aéreo do adversário. Batalhas aéreas entre deuses voando em "carruagens carregadas de nuvens" e usando mísseis também são descritas em textos sânscritos hindus.

VIII
UM SERVO FEITO SOB MEDIDA

A agitação entre os igigis, que levou ao incidente com Zu, foi apenas um prelúdio para outros problemas que os envolviam – problemas, a longo prazo, inerentes às missões interplanetárias; e a ausência de companhia feminina acabou por se tornar uma das questões principais.

Figura 65

O problema era menos agudo com os anunnakis estabelecidos na Terra; pois havia mulheres entre eles logo no primeiro grupo de aterrissagem (algumas delas são mencionadas pelo nome e tarefas na autobiografia de Enki). Além disso, um grupo de enfermeiras, lideradas por uma filha de Anu, foi enviado para a Terra (Figura 65). Seu nome era **Ninmah** (= "Dama Poderosa"); sua tarefa na Terra era como a de *Sud* (= "Aquele que fornece auxílio"): ela servia como Médica-Chefe Oficial dos anunnakis e estava destinada a ter um papel importante em muitos dos acontecimentos subsequentes.

Mas surgiram problemas também entre os anunnakis estabelecidos na Terra, especialmente entre aqueles designados às tarefas de mineração. O *Épico de Atra-Hasis* conta a história de um ***motim dos anunnakis*** que se recusaram a continuar trabalhando nas minas de ouro e a subsequente cadeia de acontecimentos não intencionais. O título antigo do épico ressoava suas palavras de abertura *Inuma ilu awilum* ("Quando os deuses, como homens"):

> Quando os deuses, como homens,
> suportaram o trabalho e padeceram com a labuta –
> O trabalho dos deuses era grande,
> a labuta era pesada, o sofrimento era grande.

A ironia no título é que os deuses labutavam como se fossem homens porque não havia, ainda, homens na Terra. O conto do épico é, de fato, o conto da Criação do Homem para assumir o trabalho dos deuses. Com efeito, o próprio termo acadiano *Awilu* significa "Trabalhador" – um operário – em vez de simplesmente "Homem", como é, em geral, traduzido. O feito que alterou tudo foi uma conquista de Enki e Ninmah; mas, quanto a Enlil, esse não era um conto com final feliz.

Conforme os anunnakis mineiros "labutavam muito nas montanhas, eles calculavam os períodos dos trabalhos". "Durante dez períodos eles suportaram os trabalhos, durante 20 períodos eles suportaram os trabalhos, durante 30 períodos eles suportaram os trabalhos, durante 40 períodos eles suportaram os trabalhos":

> Excessivo foi seu trabalho durante 40 períodos,
> [...] eles suportaram o trabalho durante o dia e a noite.
> Reclamavam, eram traiçoeiros,
> Resmungando nas escavações (eles disseram):
> "Vamos confrontar [...], o Comandante,
> ele nos aliviará do nosso trabalho pesado.
> Vamos quebrar a união!"

A ocasião para o motim foi uma visita de Enlil à área de mineração. "Venham, vamos enervá-lo em sua residência!", um líder (cujo nome na tabuleta é ilegível) incitou os mineiros enfurecidos. "Vamos proclamar um motim, vamos adotar hostilidades e batalha!"

> Os deuses ouviram suas palavras.
> Eles incendiaram as ferramentas,
> inflamaram os entalhadores de terra
> e queimaram os moedores.
> Jogando-os fora, eles foram
> para o portal do herói Enlil.

Era noite. Quando os insurgentes chegaram ao local onde Enlil ficava, o guardião Kalkal barrou a entrada e alertou **Nusku**, o assessor de Enlil, que despertou o mestre. Ouvindo os gritos – que incluíam apelos como "mate Enlil!" –, Enlil mal podia crer: "É contra mim que isso está sendo feito? O que meus próprios olhos veem?". Por intermédio de Nusku, ele exigiu saber: "Quem é o instigador desse conflito?". Os insurgentes responderam gritando: "Cada um de nós declarou batalha... Nosso trabalho é pesado, o sofrimento é grande – o trabalho excessivo está nos matando!".

"Quando Enlil ouviu aquelas palavras, lágrimas caíram de seus olhos." Contatando Anu, ele se ofereceu para renunciar o comando e retornar a Nibiru, mas exigiu que o instigador do motim fosse "levado à morte". Anu convocou o Conselho de Estado. Eles concordaram que as reclamações dos anunnakis eram justificadas; mas como poderia a vital missão de suprimento de ouro ser abandonada?

Foi então que "Enki abriu a boca e se dirigiu aos deuses, seus irmãos". Há uma saída para esse dilema, ele disse. Temos conosco Ninma<u>h</u>; ela é *Belet-ili*, uma "deusa que dá à luz" –

> Que ela molde um *Lulu*,
> Que um *Amelu* carregue o trabalho dos deuses!
> Que ela crie um *Lulu Amelu*,
> Que ele suporte a união!

Ele sugeria a criação de um *Lulu* – um "Miscigenado", um híbrido – para ser um *Amelu*, um operário, que assumisse a função dos anunnakis.

E então os outros perguntaram como tal *Lulu Amelu* poderia ser criado. Enki respondeu: "**A criatura cujo nome vocês proferiram – ela existe!**" Tudo o que precisamos fazer é "**impingir nela a imagem dos deuses**".

Nisso, nessa réplica, jaz a resposta ao enigma do "Elo Perdido" – como poderia o *Homo sapiens*, o homem moderno, surgir no sudeste da África há alguns 300 mil anos, *da noite para o di*a (em termos antropológicos), quando os avanços evolutivos dos macacos até os hominídeos, e, nas espécies homínidas, dos *Australopithecus* até o *Homo habilis*, o *Homo erectus*, etc., levaram milhões e milhões de anos?

Um Ser, semelhante aos anunnakis em muitos aspectos, disse Enki aos deuses estarrecidos, *já existe* nas selvas do Abzu. "Tudo que precisamos fazer é *impingir nele a imagem dos deuses*" – aprimorá-lo com alguns genes anunnakis – e criar um *Lulu* (= "Um Miscigenado") que pudesse assumir o trabalho nas minas.

O que Enki descobriu em seu quartel-general, no sudeste da África, foi um hominídeo tão parecido geneticamente com os anunnakis que, com certa manipulação genética – acrescentando ao genoma do hominídeo (digamos, um *Homos erectus*) alguns genes dos anunnakis – o hominídeo poderia ser promovido ao *status* de um *Homo sapiens* que entendia, falava e lidava com ferramentas. E tudo foi possível porque o DNA na Terra era o mesmo de Nibiru, transferido – o leitor se lembrará – quando o próprio Nibiru colidiu com Tiamat!

Enki, então, expôs aos líderes reunidos como tudo poderia ser feito com a ajuda de Ninmah e sua competência biomédica. Ao ouvir aquilo,

Na Assembleia,
os Grandes Anunnakis
que administravam os destinos
declararam: "SIM!"

Aquela decisão fatal de criar o Homem ressoa na Bíblia. Identificando os Grandes Anunnakis reunidos como os *Elohim*, os "Altivos", o Gênesis 1:26 declara:

E *Elohim* disse:
"Vamos fazer um *Adão*
à nossa imagem
e à nossa semelhança".

Não há dúvidas quanto ao uso do plural na afirmação bíblica, começando pelo plural **Elohim** (o singular é *El, Elo'ha*), na parte "***Vamos** fazer*" – "à ***nossa*** imagem" – "e à ***nossa*** semelhança". Isso aconteceu "40 períodos" – 40 *Shars* – após a chegada dos anunnakis. Caso a Chegada (veja capítulos anteriores) tivesse acontecido há alguns 445 mil anos, a criação do *Adamu* teria acontecido há 300 mil anos (445 mil – 144 mil) – exatamente quando o *Homo erectus* evoluiu, de súbito, para o *Homo sapiens*.

* * *

O processo pelo qual a moldagem do "Operário Primitivo" foi conseguida é, então, descrito no *Épico de Atra-Hasis*, assim como em vários outros textos. Ele envolvia a obtenção, pelo sangue de um deus, do seu *Te'ema* – um termo que os estudiosos traduziram como "Personalidade" ou "Essência da Vida" – e misturá-lo com o "*Ti-it* do Abzu". Acredita-se que o termo *Ti-it* se originou da palavra acadiana *Tit* = barro, daí a noção (ecoada na Bíblia) de que "O Adão" fora moldado do barro ou "pó" da Terra. Porém, lido em sua origem suméria, **Ti-it** significa "Aquele que está com a vida" – a "essência" de um ser com vida.

O *Te'ema,* a "Essência da Vida" ou "Personalidade" de um deus – o que hoje definiríamos como **seu DNA genético** –, foi "misturado" com a "essência" de um Ser descoberto (o texto afirma) em uma região "logo acima do Abzu". ***Ao misturar os genes extraídos do sangue de um deus com a "essência" de um ser terrestre existente, "O Adão" foi geneticamente criado***.

Não houve nenhum "Elo Perdido" em nosso salto do *Homo erectus* para *Homo sapiens*, porque os anunnakis anteciparam-se à Evolução por meio da engenharia genética.

A tarefa descrita por Enki era mais fácil dita do que feita. Além do Épico do Atra-Hasis, outros textos detalharam o processo da criação. Reproduzidos, de forma extensa, nos livros *O 12º Planeta* e *Gênesis Revisitado*, eles descrevem consideráveis tentativas e erros, resultando em seres sem membros, com órgãos defeituosos ou estranhos, a visão ou outros sentidos com falhas. Conforme os experimentos continuaram, Ninmah descobriu quais genes afetavam o que e declarou que agora poderia produzir deliberadamente – "como meu coração deseja" – seres sem este ou aquele defeito...

Certo texto afirma que Enki "preparou um banho purificador" no qual "um deus foi sangrado". Ninmah "misturou sangue e carne" com o objetivo de "fixar no recém-nascido a imagem dos deuses". Enki "sentara-se diante dela, ele instigava-a" com instruções e conselhos. O empreendimento genético foi conduzido em *Bit Shimti*, um lugar parecido com um laboratório, cujo nome sumério, **Shi.im.ti**, significava, literalmente, "Lugar onde o Vento da Vida é soprado" – um detalhe de onde o versículo bíblico sobre "soprar o Fôlego da Vida" nas narinas de Adão (Gênesis 2:7) deve ter sido tirado.

Ninmah manuseava a mistura; "recitando os encantamentos", Ninmah tentava ouvir um *Uppu* – uma batida cardíaca. Quando o "Modelo Perfeito" foi finalmente conseguido, Ninmah ergueu-o e gritou: "Eu criei! Minhas mãos o fizeram!" (Figura 66).

Anunciando o feito aos grandes deuses, eis o que ela disse:

Vós me encarregastes de uma tarefa;
Eu a completei...
Retirei o vosso trabalho pesado.
Impus a vossa labuta ao *Awilum* ("Homem-trabalho").
Vós erguestes um grito ao *Awiluti* ("Humanidade") –
Eu desfiz o vosso jugo, estabeleci a vossa liberdade!

"Quando os deuses ouviram esse discurso dela, correram e beijaram-lhe os pés." Eles a chamaram de **Mami** (= "A Mãe"), e a renomearam **Nin.ti** (= "Dama da Vida"). A solução sugerida por Enki foi alcançada.

Figura 66

Os genes que temos foram aqueles de um homem anunnaki (descobertas tardias de tabuletas do Atra-Hasis revelam que ele foi o líder do motim); *mas, com todo o devido respeito a um Deus ou deus masculino, foi uma deusa que, na verdade, nos criou.*

* * *

Foram necessárias engenharias genéticas adicionais – até algumas cirurgias sob o efeito de anestesia (relatadas em um texto sumério e na Bíblia) – para moldar um correspondente feminino; mas como os híbridos, até os dias de hoje (como uma mula, o produto "miscigenado" de um cavalo e um burro), eles não podiam procriar. Para fazer "cópias" do Modelo Perfeito do *Lulu Amelu*, era exigida a reprodução difícil e longa, feita por jovens "deusas do nascimento". O próximo passo da engenharia genética – que permitia aos *Lulus* procriarem – foi empreendido por Enki, a "Serpente" na versão bíblica do Jardim do Éden.

Como diz o conto bíblico, O Adão colocado nos pomares dos deuses, para cultivar e tratá-los, foi advertido por Deus (o termo hebraico é, na verdade, *Yahweh Elohim*) a não comer da Árvore do Conhecimento, "pois, no dia em que comer dali, com certeza você morrerá". Induzido a um sono profundo, O Adão é operado, e uma correspondente feminina é moldada a partir de sua costela. O Adão e "a mulher" (ela ainda não tem nome!) passeiam nus "e não têm vergonha".

A Serpente enganadora aborda agora a mulher falando da árvore proibida, e ela confirma o que *Elohim* disse. Mas "a Serpente disse à mulher: Não, você não morrerá!" Então a mulher, vendo que o fruto da Árvore era comestível, "pegou o seu fruto e comeu, também o ofereceu ao seu companheiro, e ele comeu". E, de imediato, eles tomaram consciência de sua sexualidade; percebendo que estavam nus, fizeram aventais com as folhas da figueira.

Foram esses aventais que os traíram; pois, na próxima vez em que *Yahweh Elohim* os viu, notou que não estavam mais nus; questionando O Adão sobre o fato, ele descobriu o que acontecera. Irritado, Deus gritou à mulher, "O que você fez!" – por causa disso, "com dor e sofrimento, você terá filhos". Alarmado, Deus disse aos colegas sem nome: "Pasmem, O Adão tornou-se *um de nós* e conhece o bem e o mal; e se ele estendesse a mão e também tirasse da Árvore da Vida, e comesse, e vivesse para sempre"? E Deus expulsou O Adão e Eva do Jardim do Éden.

O conto, sem dúvida, explica como Adão e Eva se tornaram capazes de procriar – um desenvolvimento atribuído, na Bíblia, à

Serpente, cuja palavra hebraica, *Nachash*, também poderia significar "Ele que soluciona enigmas". Não nos surpreende o fato de que o paralelo sumério para esses significados variados também surge a partir de um termo único – **Buzur** –, que era um epíteto de Enki e que significa "Ele que soluciona segredos". O hieróglifo para ***Ptah***, seu nome egípcio, era uma Serpente Entrelaçada. Nos textos mesopotâmicos, Enki foi assistido nesse conhecimento secreto por seu filho **Nin.gish.zidda** (= "Nobre Senhor da Árvore da Vida"), cujo emblema – Serpentes Entrelaçadas – permaneceu como o símbolo da medicina até hoje. Sem dúvida, o significado desses nomes e os emblemas das Serpentes Entrelaçadas se refletem no conto bíblico da Serpente e das duas Árvores especiais no Jardim do Éden. E agora, que a ciência descobriu a estrutura das fitas de DNA, é possível que o emblema de Ningishzidda, com duas serpentes entrelaçadas, seja de fato uma interpretação de duas fitas de *DNA de dupla hélice* entrelaçadas. Demonstramos suas semelhanças na Figura 67.

"Com o sangue de deus eles moldaram a Humanidade", os textos reiteram; "eles impuseram nela as tarefas, para libertar os deuses; foi um trabalho além da compreensão". De fato, foi; e aconteceu há alguns 300 mil anos – *justamente quando o* Homo sapiens *surgiu, de repente, no sudeste da África.* Foi então que os anunnakis "suplantaram" a Evolução e, usando a engenharia genética, promoveram um hominídeo – digamos um *Homo erectus* – a um *Homo sapiens* (= "Homem Sábio") inteligente e capaz de manusear ferramentas, para ser seu servo. Aconteceu em

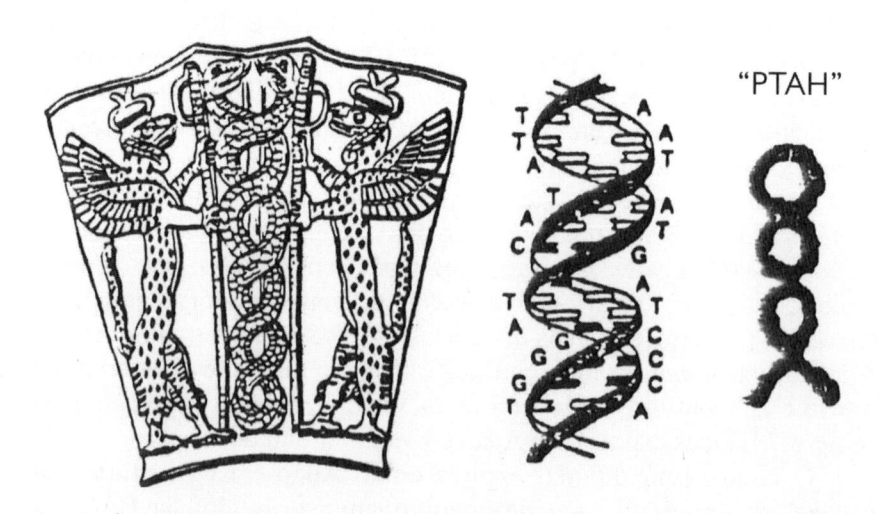

Figura 67

uma região "acima do Abzu" – exatamente onde os resquícios de fósseis indicam: na zona do Grande Vale do Rift, no sudeste da África, logo a norte da região de mineração.

* * *

Sabemos pela continuação do texto do *Atra-Hasis*, e por outros textos detalhados, que não se perdeu tempo em colocar os Operários Primitivos para operar nas minas, e que anunnakis dos assentamentos de *Edin* invadiram as minas e, à força, trouxeram alguns daqueles Operários para servi-los ali, onde "com picaretas e pás, eles construíram os santuários, construíram as margens dos canais, plantaram alimento para o povo e para o sustento dos deuses".

A Bíblia, embora de maneira mais breve, relata o mesmo: "E Yahweh *Elohim* tirou O Adão" – de onde ele havia sido criado – "e colocou-o no jardim do Éden, para cultivar e tratá-lo". (A Bíblia antecede aqui, de forma específica, "Adão" – "Ele da Terra", um Terráqueo – com o artigo definitivo "*O*", deixando claro que é sobre uma espécie que se escreve, e não uma pessoa chamada "Adão", marido de Eva, cujo conto inicia, apenas, no capítulo 4 do Gênesis).

"*Para cultivar e tratá-lo*", para ser um *Amelu*, um operário. A Bíblia, de forma semelhante, declarou: "*Adam le **amal** yulad*" – "Adão para trabalhar foi criado". E o termo hebraico *Avod*, traduzido como "adoração", na verdade significa "Trabalhar".

O homem foi moldado pelos deuses para ser seu servo.

* * *

O tempo passou; "a terra [colonizada] se estendia e o povo se multiplicava". É assim que o Épico de *Atra-Hasis* inicia a próxima fase de acontecimentos que se seguiram ao Motim e à Criação de O Adão e que, no fim, levou ao Dilúvio.

As pessoas, de fato, multiplicavam-se tanto (o texto relata) que "a terra urrava como um touro". Enlil não estava feliz: "o deus estava perturbado com aquela agitação". Ele tornou seu desagrado célebre: "Enlil ouviu seus urros e disse aos grandes deuses: "O urro da Humanidade tornou-se muito intenso para mim; com a sua agitação, eu sou privado de sono"'. Das linhas danificadas que se seguem, apenas as palavras de Enlil, "que haja uma praga", são legíveis; mas sabemos pela narrativa paralela bíblica que "Yahweh arrependeu-se de ter colocado O Adão na Terra (...) e disse: Eu varrerei O Adão que criei da face da Terra" (Gênesis 6:6-7).

O conto do Dilúvio e seu herói (Noé/Utnapishtim/Ziusudra) é narrado em ambas as fontes ao longo de linhas semelhantes, exceto que, ao contrário da Bíblia monoteísta, onde o mesmo Deus primeiro decide destruir a Humanidade e então a salva por intermédio de Noé, a versão mesopotâmica identifica, de forma clara, Enlil como sendo a divindade irritada – enquanto é Enki quem, desafiando Enlil, salva a "Semente da Humanidade". Todavia, a narrativa bíblica (que condensa todas as divindades em um só Deus) fornece uma razão mais profunda do que "urros" ou "agitação" para o descontentamento com a Humanidade. Nas palavras do capítulo 6 do Gênesis, aconteceu que

> Quando O Adão começou a se multiplicar
> na face da Terra
> e filhas nasciam deles,
> os filhos de *Elohim*
> avistaram as filhas dos homens
> e elas eram adequadas,
> e eles desposaram
> todas aquelas que escolheram.

Yahweh, segundo o Gênesis, ficou furioso com o que acontecia: "Yahweh viu que a Maldade do Homem era grande na Terra (...) e Yahweh arrependeu-se de ter colocado O Adão na Terra, e isso afligia Seu coração; e Ele disse: Eu varrerei O Adão que criei da face da Terra". O instrumento de destruição era o Dilúvio vindouro.

Isso, então, foi a "Maldade" que preocupou Enlil: o intercasamento entre os filhos dos deuses e as mulheres terráqueas – um intercasamento não entre raças diferentes da mesma espécie, mas entre *duas diferentes espécies planetárias* – uma prática que Enlil, um disciplinador à risca, considerava um tabu absoluto. Ele ficou irritado com o fato por ter sido ninguém menos que Enki o primeiro a quebrar o tabu ao ter relações sexuais com mulheres terráqueas; e Enlil ficou enfurecido com o fato de o filho de Enki, Marduk, ter ido adiante e desposado uma dessas terráqueas – estabelecendo (na opinião de Enki) um exemplo pervertido para as tropas anunnakis.

Havia mais: as relações proibidas produziram filhos. Continuamos a ler em Gênesis 6:

> Os *nefilins* estavam na Terra
> naqueles dias e também depois disso,
> Quando os filhos de *Elohim*

depararam com as filhas d'O Adão,
e tiveram filhos com elas.

Não admira que o Grande Disciplinador tenha dito: "Eu varrerei O Adão que eu criei da face da Terra".

* * *

Deixando de lado os valores morais ou as regras que deveriam governar as visitas interplanetárias, o problema básico levantado por esses contos bíblico-mesopotâmicos das nossas origens é este: como poderiam os homens anunnakis e mulheres terráqueas casados ter filhos – o resultado de um acasalamento que requer impressionante compatibilidade genômica, principalmente quanto aos cromossomos X (feminino) e Y (masculino)? De fato, voltando ao início do enigma – como poderia o hominídeo selvagem do Abzu ter o mesmo DNA dos anunnakis, semelhante o suficiente para que uma pequena mistura genética produzisse um Ser que, de acordo com os sumérios e a Bíblia, era parecido com os "deuses" tanto por dentro quanto por fora, exceto em sua longevidade?

O enigma se aprofunda com o fato de que não apenas os humanos, não apenas os mamíferos, nem todos os animais – mas toda a vida na Terra, dos pássaros aos peixes, da flora às algas, e até as bactérias e vírus –, todos possuem o mesmo DNA, as quatro "letras" ácidas nucleicas de onde originam todos os genes e genomas. Isso significa que *o DNA dos anunnakis correspondia ao DNA de toda a vida na Terra*. E se – como deveria ser presumido – o DNA dos anunnakis era o mesmo DNA de toda a vida em Nibiru, *então devemos concluir que o DNA no Planeta Terra e o DNA no Planeta Nibiru eram o mesmo*.

Como isso seria possível se, de acordo com a teoria científica moderna dominante, os mares da Terra serviram como uma tigela de mistura na qual moléculas químicas básicas, chocando-se entre si e aquecidas por gêiseres, de alguma forma se combinavam em células vivas? Os ácidos nucleicos que se combinavam para formar o DNA – os cientistas modernos explicam – surgiram como resultado de um choque *aleatório* entre moléculas químicas e uma *aleatória* "sopa" aquosa primária, até o surgimento *aleatório* da primeira célula viva. Mas, se foi assim, então o resultado aleatório aqui tinha de ser diferente do resultado aleatório em qualquer outro lugar, pois não há dois planetas, nem mesmo luas, em nosso Sistema Solar que sejam idênticos, e as probabilidades de que o resultado aleatório fosse, contudo, idêntico são praticamente nulas. Então, como a Vida na Terra iniciou se ela é tão semelhante à de Nibiru?

A resposta foi dada no mesmo conto da Batalha Celestial, quando (no segundo round) Nibiru/Marduk "caminhou sobre" – teve um contato real com – Tiamat, partindo suas "veias" e arrancando seu "crânio" – a futura Terra. Foi então que a "SEMENTE DA VIDA" – o DNA da vida em Nibiru – foi transferida para o Planeta Terra.

A teoria científica da "Sopa Primordial" – válida ou não no que diz respeito a qualquer outro ambiente planetário – incorre em problemas adicionais reconhecidos quando se trata da Terra. Ao abandonar o conceito de que o Sistema Solar não mudou nem um pouco desde o início de sua formação, há alguns 4,5 bilhões de anos, *a ciência moderna agora reconhece que algo extraordinário aconteceu há cerca de 3,9 bilhões de anos*. Nas palavras do *The New York Times* (*Science Times*, de 16 de junho de 2009),

> Há cerca de 3,9 bilhões de anos, um deslocamento na órbita dos planetas externos ao Sol enviou uma vaga de grandes cometas e asteroides que se adernaram para o interior do Sistema Solar. Seus impactos violentos escavaram as grandes crateras ainda visíveis na superfície da Lua, aqueceram a superfície da Terra, fundiram rochas e ferveram os oceanos em uma névoa incandescente.
> No entanto, rochas que se formaram na Terra há 3,8 bilhões de anos, quase logo depois do bombardeamento, contêm possível evidência dos processos biológicos.

A impossibilidade de a vida ter iniciado aqui, em tais circunstâncias, o *New York Times* afirmou, frustrou os pesquisadores de tal forma que

> Alguns cientistas eminentes, como Francis Crick, o principal teórico da biologia molecular, sugeriram discretamente que a vida pode ter se formado em outro lugar antes de semear o planeta.

A teoria de que a vida na Terra foi *"semeada a partir de outro lugar"*, conhecida como Teoria da Panspermia, foi amplamente discutida em meu livro de 1990, *Gênesis Revisitado*, no qual assinalo que o "acontecimento catastrófico inevitável", há 3,9 bilhões de anos, tratava-se do conto de Nibiru e a Batalha Celestial. A solução "Panspermia" não é nem "discretamente assegurada" (embora não adotada pela comunidade científica, seus defensores incluem muitos cientistas notáveis) nem nova – ela foi proposta em tabuletas de argila cuneiformes há milênios... A vida na Terra e a vida em Nibiru – DNA na Terra e DNA em Nibiru – são as mesmas porque a **Semente da Vida** foi transferida de

Nibiru para a Terra durante a Batalha Celestial. A obtenção de uma Semente da Vida já preparada explica como a vida poderia começar na Terra como um resultado relativamente imediato do cataclismo.

Uma vez que Nibiru, na época da colisão, já possuía DNA formado, a evolução iniciara lá muito antes que na Terra. Não podemos dizer o quanto antes; mas, em termos de 4,5 bilhões de anos, apenas 1% mais cedo significaria uma vantagem de 45 milhões de anos-Terra – mais do que tempo de evolução suficiente para os astronautas de Nibiru encontrarem um *Homo erectus* na Terra.

* * *

A antiga noção de que a Vida na Terra começou quando ela foi "semeada" de/por Nibiru fica mais clara no conceito de uma Semente da Vida real – **Numun** em sumério, *Zeru* em acadiano, *Zera* em hebraico. Essa ideia científica básica não apenas explicou *como* a Vida na Terra originou – ela também mostrou *onde*, na Terra, ela começou.

É digno de nota o fato de que, no *Gênesis* (1:20-25), a Bíblia descreve a evolução das "Coisas Vivas" (no *Quinto Dia* da Criação) como procedendo das águas para a terra árida, progredindo de "tudo que rasteja nas águas", passando de anfíbios a "grandes lagartos" (dinossauros), seguidos por pássaros e, então, por "todas as criaturas vivas de acordo com sua espécie" – uma verdadeira Teoria da Evolução ancestral cuja sequência está em impressionante conformidade com teorias modernas da Evolução (incluindo as mais recentes descobertas de que os pássaros evoluíram dos dinossauros).

Mas, quando se trata de onde a Vida na Terra *começou*, a Bíblia precede a vida marinha com uma fase antecedente: no *Terceiro Dia*, de acordo com a Bíblia, a Vida iniciou com o surgimento de *vegetação portadora de semente na terra árida*. Foi após a formação de continentes erguidos e mares repletos de água que Deus disse (versículos 1:11-13):

> Que a Terra produza vegetação
> – a erva que gera sementes –
> e a árvore frutífera que gera frutos da sua espécie,
> cuja semente está nela;
> e foi assim na Terra.

E a Terra produziu vegetação,
e a erva gerou semente,
e a árvore frutífera gerou frutos
cuja semente está nela,
de acordo com sua espécie.

E Deus viu que tudo era bom;
E a noite e a manhã
eram o Terceiro Dia.

Assim, enquanto em outros versículos *a Bíblia descreve a Evolução como a conhecemos*, da vida marinha primitiva até peixes e anfíbios, répteis, pássaros e mamíferos, a Bíblia também declara que, antes que "tudo que rasteja" comece a se movimentar nas águas, **ervagem que contenha e proceda de sementes** seria a primeira fase da Vida na Terra.

Tal distinção entre a *evolução* da Vida e o *início* da Vida na Terra era considerada uma contradição à ciência moderna – até a publicação, em julho de 2009 (*Nature*, n° 460), de um estudo revolucionário que diz que *"uma camada grossa e verde de vida fotossintética explodiu por toda a Terra"* há centenas de milhões de anos **antes** *que a vida com "células famintas de oxigênio" surgisse nas águas*. A Terra, a revista científica afirmou, **era "verde por cima"**, **com uma "camada grossa de vida silvestre"**, cujos sedimentos, quando arrastados para o mar, podem ter alimentado a vida aquosa.

Essas novas descobertas revolucionárias reafirmam o que foi dito na Bíblia milênios antes.

A Bíblia deixa claro que essa sequência foi possível graças ao aspecto de "semente" da vegetação. As palavras "semente", "sementes", "portar sementes" são repetidas seis vezes nos dois versículos citados, para garantir que o leitor não erre o alvo: **a Vida na Terra iniciou a partir de uma semente de DNA pronta**.

Embora um texto mesopotâmico paralelo específico não tenha sido encontrado até agora, outras pistas indicam que tal sequência do início da vida, a partir das sementes herbáceas, era conhecida pelos sumérios. Encontramos evidências nas palavras e terminologia dos 50 Nomes Divinos que foram concedidos a Marduk quando ele assumiu a supremacia. Retidos em sua forma suméria original, mesmo no texto babilônico, cada nome era seguido por linhas de texto explicando seu significado. De relevância imediata para o nosso assunto são os seguintes sete nomes-epítetos; apresentamos os nomes na ordem que surgem na tabuleta, com suas elucidações textuais:

Maru'ukka, Verdadeiro Deus Criador de Tudo.
Namtillaku, O deus que sustém a vida.
Asaru, Outorgante do cultivo, criador de ervas e grãos que fazem a vegetação germinar.
Epadun, Senhor que asperge o campo (...) que estabelece fileiras de semente.
Sirsir, Que empilhou uma montanha sobre Tiamat (...) cujo "cabelo" é um campo de grãos.
Gil, Que empilha grãos em montes maciços, que produz cevada e milhete, que abastece a Semente da Terra.
Gishnumunab, Criador da Semente Primeva, a semente de todos os povos.

A sequência de atributos acima se ajusta à teoria dos anunnakis tanto sobre a origem da Vida na Terra quanto seus estágios evolucionários. De acordo com ela, o celestial Marduk (isto é, Nibiru) é (a) o "Criador da Semente Primeva", (b) que "abasteceu a Semente da Terra", começando por ervas e vegetação que germinam e (c) culminando com o fornecimento "da Semente a Todos os Povos". É um conceito de toda a vida procedendo da mesma "semente" – o mesmo DNA – em uma cadeia que leva da "Semente Primeva" de Nibiru até a "Semente de Todos os Povos".

Nesse conceito – uma conclusão científica dos anunnakis – reside a centralidade da preocupação que eles tinham com a "semente" como a essência da vida. Quando Enlil desejou que a Humanidade fosse destruída pelo Dilúvio, era a *"semente da Humanidade"* que Enlil desejava destruir. Quando Enki revelou o segredo da Inundação à Ziusudra, disse-lhe que "Um Dilúvio será enviado para destruir a semente da Humanidade". E não foram pares reais de todos os animais que Noé/Utnapishtim levou a bordo da Arca; além de algumas ovelhas e pássaros, a *"semente das coisas vivas"* (fornecida por Enki) foi levada a bordo. Como declarado no Épico de Gilgamesh, estas foram as instruções dadas a Utnapishtim:

Homem de Shuruppak, filho de Ubar-Tutu,
Destrói a casa, constrói um navio!
Abdica das posses, busca a vida!
Repudia os pertences, mantém viva a alma!
A bordo do navio leva *a semente* de todas as coisas vivas.

Na lista dos 50 Nomes, os epítetos de Marduk em que surge o termo "semente" vão de "Ele que estabeleceu fileiras de sementes", a ele "que abastece a Semente da Terra", "Criador da Semente Primeva", até "a semente de todos os povos". Ainda podemos ouvir o retumbante grito de Ea/Enki – "Eu sou o líder dos anunnakis, *gerados com semente fértil*, o filho primogênito do divino An!" E devemos nos lembrar da sobrepujante reivindicação de Enki ao Direito de Sucessão: o fato de a mãe de Enlil, Antu, ser meia-irmã de Anu fazia com que a sua "semente" fosse duplamente fecundada.

Então, com a "semente" de quem foi feito o Homem?

A questão das nossas origens genéticas já não é mais um subtema de estudos bíblicos. Passou dos domínios da fé e filosofia para a arena da ciência sofisticada, pois as pesquisas mais recentes se concentram nas células cancerígenas aparentemente imortais e nas células-tronco (as células embrionárias a partir das quais todas as outras células do corpo se desenvolvem) fundamentais.

Na narrativa bíblica, a humanidade procede, em linhagem direta, de Adão (e Eva) e seu filho Seth por meio da única família sobrevivente de Noé e seus três filhos casados; mas até a Bíblia reconhece a existência de outra linhagem humana, a Linhagem de Caim, que floresceu em alguma distante Terra de Node. A julgar pelas fontes sumérias e acadianas, a história verdadeira é muito mais complexa – e ela aborda os temas da Vida, Longevidade e Mortalidade. *Acima de tudo, ela envolve os semideuses – descendentes dos deuses que tomaram as Filhas do Homem como esposas.*

OS GENES ALIENÍGENAS DE ADÃO

Em um avanço tecnológico já histórico, duas equipes científicas anunciaram, em fevereiro de 2001, a sequência completa do genoma humano. A principal descoberta foi que nosso genoma contém não os esperados 100 mil – 140 mil genes (os trechos de DNA que direcionam a produção de aminoácidos e proteínas), mas menos de 30 mil – apenas quase o dobro dos 13.601 genes de uma mosca e pouco mais de 50% dos 19.098 de uma lombriga. Além do mais, os genomas humanos não possuem quase unicidade alguma. Eles foram comparados com quase 99% dos chimpanzés e 70% dos ratos. Descobriu-se que os genes humanos com as mesmas funções são idênticos aos genes de outros vertebrados, assim como invertebrados, plantas, fungos e até levedura.

As descobertas não apenas confirmaram que havia *uma fonte* de DNA para toda a vida na Terra, mas também permitiram que os cientistas rastreassem o processo evolutivo – como organismos mais complexos se desenvolveram, geneticamente, do mais simples, adotando em cada estágio os genes de uma forma de vida inferior para criar uma mais complexa e superior forma de vida – culminando no *Homo sapiens*.

Foi aqui, ao rastrear o registro evolutivo vertical contido no genoma humano e em outros analisados, que os cientistas se depararam com um enigma. A "descoberta de coçar a cabeça", como a revista *Science* (edição nº 291) a qualificou, foi que **o genoma humano contém 223 genes que não possuem predecessores na árvore evolutiva genômica**. De fato, esses 223 genes tinham desaparecido completamente de toda a fase vertebrada da evolução. Uma análise das funções desses genes, publicada na revista *Nature* (edição nº 409), mostrou que elas envolvem importantes funções fisiológicas e cerebrais estranhas aos humanos. Uma vez que a diferença entre o Homem e o Chimpanzé é de apenas uns 300 genes, aqueles 223 fazem uma diferença enorme.

Como o Homem adquiriu tal grupo de genes enigmáticos? Os cientistas podiam explicar a presença desses genes alienígenas apenas por meio de uma "provável *transferência horizontal* bastante recente" (em escalas evolutivas) "*a partir de uma bactéria*", sugerindo que esses genes não são adquiridos pela evolução, mas sim por meio de uma recente **infecção bacteriana.**

Se aceitarmos a explicação da "inserção bacteriana horizontal", como escrevo em minha página na internet, então foi um *grupo de bactérias* que disse, "Vamos moldar O Adão de acordo com nossa imagem..."

Ainda prefiro a versão suméria e bíblica anunnakis/Elohim.

IX
DEUSES E OUTROS ANTEPASSADOS

Nunca saberemos o nome – se é que ele teve algum – do hominídeo cujo Ti.it foi usado por Ninmah na mistura genética para criar o Operário dos deuses; com repetidas tentativas e erros, mais do que um hominídeo foi usado. Mas sabemos – em razão de descobertas adicionais de tabuletas cuneiformes – qual "essência" divina ou linhagem foi usada no processo.

Isso importa? Talvez não muito, em vista dos outros variados antepassados genéticos e genealógicos que o Homem na Terra teve no decorrer do tempo. Mas, se alguns genes nunca morrem, então o assunto é de interesse – pelo menos pelo aspecto *E Se* –, uma vez que os registros da Humanidade, logo a partir dos começos bíblicos, não são uma odisseia feliz. Trata-se de um conto mais avassalador que qualquer peça concebida por um Shakespeare ou um Homero: uma criação maravilhosa, "O Adão" é realmente moldado para ser um servo; estabelecido em um Éden abundante, sua estada é interrompida por uma desobediência a Deus. Capaz de procriar, Adão é predestinado a ganhar a vida com dificuldade por meio do solo ressecado, e Eva é condenada a dar à luz em agonia. Eles têm dois filhos, e há quatro humanos na Terra; então Caim (um lavrador), com ciúmes de Abel (um pastor), mata o irmão, reduzindo a Humanidade a três...

Servidão, desobediência e fratricídio são partes da nossa constituição genética porque somos, em geral, herdeiros do DNA do reino animal da Terra ou porque a linhagem selecionada pelos anunnakis – os "Genes Alienígenas" – foi a de um jovem rebelde que incitou seus companheiros de tripulação a *assassinar Enlil*?

Enquanto em alguns textos – incluindo referências à Criação do Homem no Épico da Criação – o deus cujo sangue foi utilizado é morto por ser o líder dos rebeldes, outras versões do Atra-Hasis explicam a escolha por causa do fato de o deus possuir o *Te'ema* correto, traduzido como "Essência da Vida" ou "Personalidade" (geneticamente falando). Em partes que não estão totalmente desaparecidas, os sinais cuneiformes que fornecem seu nome eram lidos (em acadiano) como *Wéila*; uma nova tabuleta descoberta nos anos 1990, em Sippar, por arqueólogos iraquianos, chama-o claramente de *Alla*, em acadiano, e *Nagar*, em sumério – um nome-epíteto que significa "Artesão do Metal", *de modo mais específico, o cobre*. Isso poderia sugerir uma escolha deliberada (em vez de mera punição) diante do fato de que o termo *Nachash*, Serpente/Conhecedora dos Segredos do conto do Jardim do Éden da Bíblia, deriva do mesmo verbo-raiz que *Nechoshet*, que significa *cobre* em hebraico. O fato de Nagar (e sua esposa **Allatum**) estarem listados entre os deuses de Enki, em várias Listas dos Deuses, reforça seu papel como líder da insurreição contra Enlil.

Estudiosos bíblicos concordam que o contexto para o incidente Caim-Abel é o interminável e universal conflito entre fazendeiros e pastores em relação à terra e à água. Tais conflitos são descritos em textos sumérios como parte da história primitiva da Humanidade – um tema exposto em um texto que os estudiosos chamam de *O Mito do Gado e do Grão*, em que Enlil é a divindade de ***Anshan*** (grãos e agricultura) e Enki de ***Lahar*** ("gado de lã" e pastoreio) – funções que foram continuadas pelo filho de Enlil, **Ninurta**, que (como descrito no selo cilíndrico VA-243, Figura 51) concedeu o arado à Humanidade, e pelo filho de Enki, **Dumuzi**, que era um Pastor. Como em outros exemplos, a Bíblia reúne as duas divindades (Enlil e Enki) em um "Yahweh" único que aceita a oferta do pastor (Abel) de seus rebanhos, mas ignora a oferta do fazendeiro (Caim) da "fruta do solo".

Seguindo o conto de Caim-Abel, a Bíblia dedica o restante do Gênesis, capítulo 4, a Caim e seus descendentes. Com medo de ser morto por seu pecado, Caim é agraciado por Deus com uma "marca" protetora visível (a favorita "Marca de Caim" dos pregadores de domingo) que durará "70 vezes sete" gerações. (Caso fosse transmissível por gerações, teria de ser uma marca genética.) Como no conto do Dilúvio, o mesmo Yahweh que estava farto da Humanidade e buscava sua eliminação, mas então avança para salvá-la por meio de Noé; assim faz "Yahweh" que havia ignorado, condenado e punido Caim, e agora lhe concede segurança e proteção. Mais uma vez, vemos que a Bíblia combina as ações de Enki com as ações de Enlil em uma entidade divina única chamada "**Yahweh**". Como explicado a um Moisés inquiridor (Êxodo 3:14), o nome significava "Eu sou aquele que sou" – um deus universal uma vez agindo por/como Enlil, outra vez por/como Enki ou, em momentos, por outras entidades ("deuses"), como Seu emissário.

Protegido por uma divindade solidária, o errante Caim atingiu "a Terra de *Node*, a leste do Éden". Ali, Caim "conheceu sua esposa" e teve um filho, ***Enoch*** (= "Base", ou "Fundação"); e ele construiu uma cidade e chamou-a de "Enoch", em homenagem a seu filho. Então, "em Enoch ***Yared*** nasceu, e Yared gerou ***Me*ḥ*uyahel***; e Meḥuyahel gerou ***Metusha'el***, e Metusha'el gerou ***Lameque***".

Ao atingir a sétima geração (Adão-Caim-Enoch-Yared-Meḥuyahel-Metusha'el-Lameque), a Bíblia torna-se generosa – até elogiosa – com sua informação sobre a linhagem de Caim e suas conquistas:

> E Lameque tomou duas esposas,
> o nome de uma, Ada, e o nome da outra, Zilá.
> E Ada teve ***Jabal***; ele era o pai daqueles
> que vivem em tendas e têm rebanhos;
> e o nome de seu irmão era ***Jubal*** – ele era o
> pai de todos que tocam harpa e flauta.
> E Zilá também deu à luz ***Tubal-Caim*** –
> um artífice de qualquer peça de cobre e ferro.
> E a irmã de Tubal-Caim era ***Na'amah***.

Essas conquistas de sete gerações na linhagem de Caim foram comemoradas por Lameque com uma canção; citadas pela Bíblia, elas combinavam os "70 vezes sete" de Caim com a invocação de um enigmático "77" por Lameque, para formar o simbólico Triplo Sete (7-7-7).

Apesar de sua brevidade, a Linhagem de Caim retrata uma civilização plena que começou com um trabalhador da terra, passou por um estágio típico dos beduínos, moradores de tendas que cuidam de rebanhos e dominaram a transição de camponeses para moradores de cidade, vangloriando-se de seus músicos e incluindo metalúrgicos. Se não foi no pré-diluviano Edin, ou na *futura* Suméria, onde surgiu tal civilização?

A Bíblia evita dizer-nos onde Caim se estabeleceu, declarando apenas que ele foi para o "leste do Éden" – apenas para as regiões das Montanhas de Zagros, em direção à "terra do Node" (= "Errante"). Resta-nos adivinhar até onde Caim foi no "leste do Éden" – apenas para as regiões das Montanhas de Zagros que, mais tarde, se tornaram Elão, Gutium e Media? Ele e sua família continuaram vagando na direção leste, pelo planalto iraniano, até Lorestã, região dos trabalhos em metal, e o Vale do Indo, rico em gado? Esses errantes atingiram o Extremo Oriente? Teriam atravessado o Oceano Pacífico, atingindo as Américas?

Não é uma pergunta absurda, já que o Homem conseguiu, de alguma forma, em algum momento do passado recente, chegar às Américas – milhares de anos antes do Dilúvio. O enigma é Quem, Como e Quando.

A suposição acadêmica geral tem sido que os sumérios (e seus sucessores na Mesopotâmia) não tinham nenhum interesse e, por isso, nenhum registro da "linhagem perdida" dos caimitas. Mas é inconcebível que a seção bíblica sobre a migração de Caim, gerações e suas impressionantes conquistas, não se baseie em algum registro escrito mesopotâmico. De fato, tal tabuleta, hoje arquivada no Museu Britânico (catalogada BM 74329) – transcrita (Figura 68), traduzida e relatada por A. R. Millard e W. G. Lambert na revista *Kadmos* (volume VI) – fala sobre um grupo de indivíduos exilados que eram "fazendeiros" (como Caim, "um trabalhador da terra"). Eles vagaram e chegaram a uma região chamada *Dunnu* (a "Terra de *Node*" da Bíblia?); ali, seu líder, chamado *Ka'in* (!), construiu uma cidade cujo ponto de referência eram torres gêmeas:

> Ele construiu em Dunnu
> uma cidade com torres gêmeas.
> Ka'in dedicou a si mesmo
> o reinado sobre a cidade.

A pista a respeito da cidade célebre por suas torres gêmeas é particularmente intrigante. A chegada precoce de humanos às Américas, pelo Oceano Pacífico, não é apenas a última conclusão científica, mas está de acordo com a tradição nativa local tanto da América do Sul quanto da América do Norte. Na Mesoamérica, a lendária chegada em

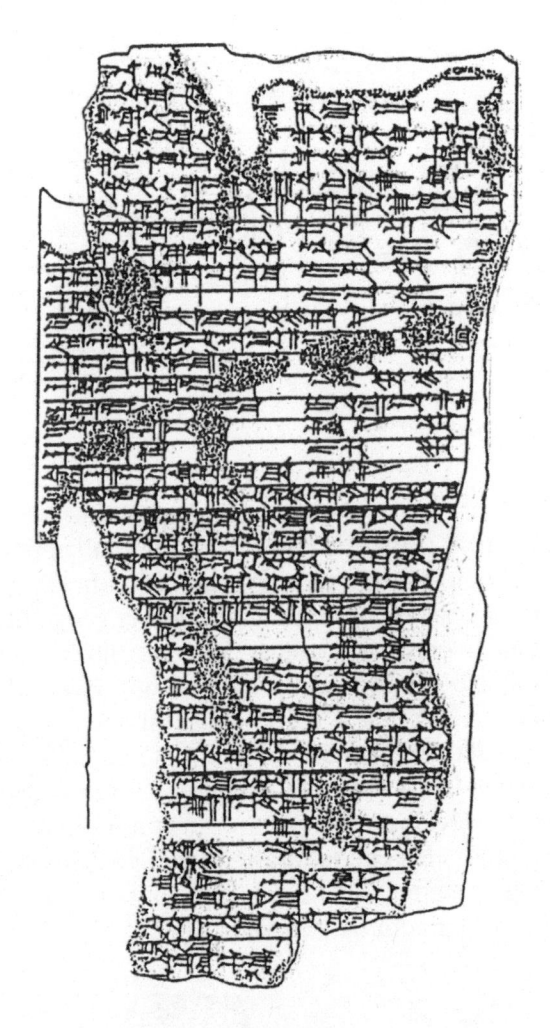

Figura 68

barcos foi feita pela região ancestral das *Sete* Cavernas ou *Sete* Santuários (Figura 69, a partir de um códice Nahuatl pré-asteca). Salientando os paralelos com a linhagem 7-7-7 de Caim/Lameque, eu questiono nos livros *Os Reinos Perdidos* e *O Começo do Tempo* se o nome da capital asteca, *Tenoch-titlan* (= "Cidade de *Tenoch*"), hoje a Cidade do México, poderia na verdade significar "Cidade de *Enoch*", **uma cidade conhecida, quando os espanhóis chegaram, por seu templo asteca de torres gêmeas** (Figura 70). Também especulei se a "Marca de Caim", que tinha de ser notada e reconhecida por outros quando vista, poderia ter sido a ausência de pelo facial dos homens mesoamericanos.

Figura 69

As semelhanças entre o texto e a história bíblica das perambulações de Caim, e a cidade que ele construiu, são óbvias – mas a suposição é que tudo aconteceu dentro da abrangência geográfica do Oriente Próximo. Um salto transpacífico para as Américas, no entanto, recusa-se a desaparecer porque o detalhe de *quatro irmãos desposando suas irmãs e fundando uma nova cidade* é o ponto central das Lendas dos Inícios dos povos nativos da América do Sul. Ali (como detalhado no livro *Os Reinos Perdidos*), a lenda consistia em *quatro Irmãos Ayar* que desposaram suas irmãs, vagaram pela terra e fundaram a grande cidade de Cuzco e seu templo; eles encontraram o local correto para esse "Umbigo da Terra" com a ajuda de um bastão de ouro oferecido a eles pelo deus Viracocha (= "Criador de Tudo").

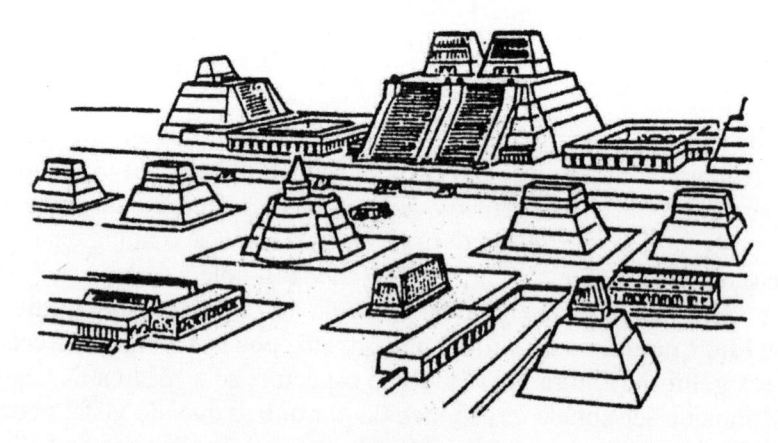

Figura 70

Apesar de nossa perplexidade diante de tais semelhanças, uma coisa pode ser afirmada com certeza: se as lendas (e os povos) viajaram, foi do Oriente Próximo para os Andes, e não vice-versa. Se foi assim que aconteceu, então temos aqui um segmento da Humanidade que poderia ter sobrevivido ao Dilúvio sem a arca de Noé, oferecendo uma linhagem genética humana sem a intrusão de intercasamento.

* * *

Sem uma pausa, a Bíblia continua com os versículos Lameque/777 com a informação de que, em sua casa, "Adão esteve com sua mulher outra vez, e ela concebeu um filho, e ela chamou-o pelo nome **Sheth**" – "Seth", em inglês – um trocadilho com o nome que significa, em hebraico, "Concedido", "pois Deus havia concedido outra semente em vez de Abel, que Caim assassinara". Devemos notar que Seth não é apenas outro filho – ele é "outra semente". "E de Seth, dele também nasceu um filho, e ele o chamou pelo nome de **Enosh**; e foi então que a utilização do nome Yahweh começou" (Gênesis 4:26).

Com o nascimento de Enosh, filho de Seth, a Bíblia esclarece que uma nova linhagem genética/genealógica foi lançada; ela leva diretamente a Noé e, assim, à sobrevivência pós-diluviana da "Semente da Humanidade".

O nome **Enosh** não é difícil de explicar: ele significa, em hebraico, "Humano" no sentido de "Aquele que é Frágil/Mortal". Deriva da mesma raiz que o termo *Enoshut* e, sem dúvida, vem do acadiano *Nishiti*; ambos significam "Humanidade, Espécie Humana"; e fica claro que é essa linhagem humana (tão distinta daquela que surge por meio de Caim) que esteve envolvida nos acontecimentos subsequentes, ***incluindo o intercasamento com os filhos de Elohim***.

A ênfase da Bíblia nessa linhagem genealógica se expressa pela localização "editorial" e pela extensão dos dados. A linhagem de Caim é descrita em oito versículos, inseridos no capítulo 4 do Gênesis, entre a história de Caim e Abel e o nascimento de Seth e Enosh (filhos de Adão e Eva). À linhagem de Seth e Enosh, a Bíblia dedica os dois versículos conclusivos no capítulo 4, e ainda todo o capítulo 5 e seus 32 versículos. A lista fornece uma cadeia genealógica ininterrupta de dez patriarcas pré-diluvianos de Adão a Noé, sem deixar dúvidas de que foi essa linhagem que levou a Noé e, assim, ao salvamento da Semente da Humanidade e seu restabelecimento na sequência do Dilúvio.

Embora seja a linhagem genealógica preferida, a Bíblia é mesquinha no que se refere a essa informação. Com uma única exceção principal, os dados que a Bíblia fornece consistem em um nome, com que idade cada patriarca teve seu filho primogênito e por quanto tempo ele viveu depois disso. Mas quem eram eles, por que se distinguiam e qual era a sua ocupação? O único aspecto de suas vidas que fica evidente, de imediato, é terem sido abençoados com uma longevidade impressionante:

> *Adão* viveu 130 anos e gerou um filho à sua imagem
> e semelhança e chamou-o pelo nome Sheth.
> E os dias de Adão após ter gerado Sheth foram
> 800 anos; e ele gerou [outros] filhos e filhas.
> [Assim] todos os dias que Adão viveu foram 930 anos,
> e ele morreu.
>
> E *Sheth* viveu 105 anos e gerou Enosh.
> E, após ter gerado Enosh, Sheth viveu, 807 anos,
> e ele gerou filhos e filhas.
> E todos os dias que Sheth viveu foram 912 anos,
> e ele morreu.

A lista continua, da mesma forma, pelos próximos quatro patriarcas – *Enosh* gera Kenan aos 90, vive outros 815 anos, gera outros filhos e filhas, morre com 905 anos. *Kenan* gera Mahalalel aos 70, morre com 910 anos; *Mahalalel* gera Yared ("Jared", em inglês) aos 65, morre com 895 anos; *Yared* gera Enoch aos 162, morre com 962 anos.

Houve um acontecimento extraordinário quando se chegou ao sétimo patriarca, *Enoch*, que "viveu 65 anos e gerou Matusalém", mas não morreu porque, com 365 anos, "Elohim levou-o". Voltaremos a essa revelação significativa em breve; agora devemos continuar o registro dos subsequentes patriarcas para completar sua lista e a contagem de suas idades:

> *Matusalém* gerou Lameque aos 187 e morreu com 996 anos.
> *Lameque* gerou Noé aos 182 e morreu com 777 anos.
> *Noé* gerou Sem, Cam e Jafé aos 500;
> ele tinha 600 anos quando o Dilúvio arrebatou a Terra.

Embora esses números indiquem uma impressionante longevidade (o que é esperado daqueles mais próximos a essa infusão genética), a lista sugere que os patriarcas viveram para ver não apenas filhos e netos, mas também bisnetos, tataranetos e além – e morreram um pouco antes do Dilúvio. Assim, apesar de suas longevidades extraordinárias, apenas 1.656 anos se passaram de Adão até Noé:

	Anos Adâmicos	
Nasce Adão	**0001**	
Nasce Seth	130	
Nasce Enosh	235	
Nasce Kenan	325	
Nasce Mahalalel	395	
Nasce Yared	460	
Nasce Enoch	622	
Nasce Matusalém	687	
Nasce Lameque	874	
Adão morre	**930**	(idade 930)
Enoch transfigurado	987	(idade 365)
Seth morre	1042	(idade 912)
Nascimento de Noé	**1056**	
Enosh morre	1140	(idade 905)
Kenan morre	1235	(idade 910)
Mahalalel morre	1290	(idade 895)
Yared morre	1422	(idade 962)
Nascem os três filhos de Adão	1556	
Lameque morre	1651	(idade 777)
Matusalém morre	1656	(idade 969)
Dilúvio (Noé 600)	**1656**	

Estranha ou não, essa lista da linhagem dos dez patriarcas pré-diluvianos, que levam ao herói do Dilúvio e à história do Dilúvio, inevitavelmente exigiu esforços acadêmicos para compará-la aos reis antediluvianos de Beroso e suas fontes – uma tarefa nada fácil, já que os meros 1.656 anos da Bíblia do nascimento de Adão até o Dilúvio são bem diferentes dos 432 mil anos de Beroso (ou os totais, de acordo com o WB-62, WB-444, etc.):

Bíblia		WB-62		Beroso	
Adão	130	Alulim	67.200	Aloros	36.000
Seth	105	Alalgar	72.000	Alaparos	10.800
Enosh	90	[En]kidunu	72.000	Amelon	46.800
Kenan	70	[...]alimma	21.600	Ammenon	43.200
Mahalalel	65	Dumuzi	28.800	Megalaros	64.800
Yared	162	Enmeluanna	21.600	Daonos	36.000
Enoch	65	Ensipzianna	36.000	Euedorachos	64.800
Matusalém	187	Enmeduranna	72.000	Amempsinos	36.000
Lameque	182	Sukurlam (?)	28.800	Ardates (ou Obates)	28.800
Noé	600	Ziusudra	36.000	Xisuthros	64.800
Dez Patriarcas	1.656	Dez Patriarcas	456.000	Dez Reis	120 *Shars* = 432.000

Houve muitas tentativas acadêmicas de um malabarismo numérico com o objetivo de descobrir algum denominador comum entre os 1.656 anos e os números mesopotâmicos; nenhuma é convincente ou razoavelmente aceitável. A nossa própria tentativa (no livro *Encontros Divinos*), focada na identidade óbvia Noé/Ziusudra e, por conseguinte, na relação 600:36.000, assinalou que uma vez que o número "1", em cuneiforme, também podia significar "60", dependendo de sua posição, o redator bíblico poderia muito bem ter reduzido as idades baseado em um fator de 60. Isso significaria um espaço de 99.360 (1.656 x 60) anos de Adão até o Dilúvio – ainda não o suficiente para fechar o intervalo.

Que os números não encaixem não é nenhuma surpresa, pois o método de cálculo, para começar, está errado. A conta mesopotâmica começa com a chegada dos anunnakis (120 *Sars* antes do Dilúvio); a conta adâmica começa não a partir do mesmo momento, mas na época da moldagem de O Adão – 40 *Sars* mais tarde – e até ainda mais tarde, quando o indivíduo chamado "Adão" nasceu. Além do mais, a lista mesopotâmica fornece a extensão dos reinados, o que, na melhor das hipóteses, deveria ser comparado com o momento em que a sucessão patriarcal aconteceu, e não quando nascia um filho.

O uso de estimativas do tempo de vida em vez das datas de nascimento dos filhos, e multiplicando aquelas idades por 60, resulta em uma melhor variação "do tipo de Beroso': os 930 anos de Adão se tornariam 55.800, os 912 de Seth serão 54.720, os 905 de Enosh, 54.300, e assim por diante. Todos somados, os dez tempos de vida (com a contagem de Enoch interrompida aos 365 e a de Noé aos 600) chegam à soma final de 8.225, que multiplicados por 60 resultam em 493.500 anos. Presumindo que a sucessão, às vezes, acontecia antes da morte do predecessor, aproximamo-nos da variação dos totais mesopotâmicos.

Uma melhor pista, que vale a pena seguir, poderia ser a comparação de personalidades, utilizando seus nomes e/ou ocupação como dicas. Poderíamos encontrar, por exemplo, o ponto na lista dos dez reis mesopotâmicos em que o bíblico Adão faz uma aparição? Parece que sim, se olharmos com atenção.

Dos dois primeiros governantes sabemos, com certeza, que reinaram em Eridu, o primeiro assentamento anunnaki estabelecido por Ea/Enki. Ambos portavam típicos nomes primitivos "anunnakis"; e, provavelmente, **Alulim** era **Alalu**, o rei deposto de Nibiru, nomeado Chefe Administrador ("rei") de Eridu por seu genro Ea/Enki. **Alalgar**, cujo nome transmitia a noção de "estabelecer-se", não é conhecido de outra forma, e poderia ter sido um dos assessores de Enki.

A questão interessante em torno desses reinados, como registrado no WB-62, é que, juntos, eles somavam 139.200 anos – um pouco abaixo de 40 *Shars* (= 144 mil anos) de trabalho anunnaki antes do "Operário" ser moldado. Parece o momento ideal para O Adão, nascido para trabalhar, surgir. E, de fato, é aqui que a lista mesopotâmica nomeia um terceiro governante *Amelon* – "O Operário" em acadiano –, uma interpretação que condiz com o sumério *Lulu-Amelu*. Olhando para o seu nome na lista WB-62, a verdade surge diante dos nossos olhos: *Enki.dunnu* significa, em termos sumérios simples e claros, "*Enki fez/moldou-o*".

No acadiano "*Amelon*" e no sumério "Eni.dunnu", sugiro eu, estamos diante do "Adão" bíblico.

O WB-62 lista, então, dois nomes: o incompleto *[...]-Alimma* e "*Dumuzi*, um pastor". Os nomes e suas sequências fazem-nos refletir; por incrível que pareça, **Alim** significa, em sumério, "Terra de Pastagem" ou o seu animal, o carneiro; **Dumu.zi** significa, literalmente, "Filho que é Vida". Poderiam esses nomes sumérios corresponder aos filhos de Adão, Abel, o Pastor, e então Seth, o filho por meio do qual a nova Linhagem da Vida foi concedida?

Vários estudos que comparam a lista bíblica dos patriarcas com a lista de Beroso já sugeriram que o *Ammenon*, de Beroso, deriva do termo acadiano (e hebraico) para artesão/artífice, *Amman* – uma descrição que condiz com o bíblico *Kenan* (= "Artífice de Utensílios"). Sem nos determos no restante dos nomes, as ocorrências, até agora fornecidas, sugerem *uma fonte comum* para as várias Listas de Reis sumérias, a Lista de Beroso e a Bíblia.

Nossas análises e descobertas vão além da conclusão de que em algum lugar, de alguma forma, deveria haver uma fonte comum de onde os dados eram obtidos. Pois, se os governantes sumérios pré-diluvianos e os patriarcas bíblicos pré-diluvianos eram os mesmos, surge a pergunta: Quem, de fato, eram esses patriarcas? Se Adão, Seth, Enosh, etc. viveram e "reinaram" por períodos contados em *Shars*, seriam eles homens mortais (como a Bíblia implica)? Se eles foram os governantes que se estenderam em *Shars* da Lista de Reis suméria, por que a bíblica afirma repetidas vezes de que cada um deles morreu? Ou seriam eles, talvez, uma combinação dos dois: parte homens mortais, parte deuses – em outras palavras, **Semideuses** – com todas as consequências genéticas disso?

Poderiam os próprios patriarcas bíblicos, incluindo Noé, ter sido os tais "Homens de Renome" do Gênesis, capítulo 6, que foram gerados pelos *nefilins* que acasalaram com as "Filhas do Homem"?

Para encontrarmos uma resposta – aliás, surpreendente –, temos de examinar, mais uma vez, todas as fontes disponíveis.

O PODER DO SETE

Nossa vida diária é regulada pela semana de *sete* dias – um número ímpar que não se encaixa nem no nosso sistema decimal (= "Base 10", como o número dos nossos dígitos em duas mãos), nem no sistema sexagesimal sumério (= "Base 60"), que continuamos a utilizar na geometria, astronomia e marcação do tempo. Essa escolha incomum é explicada pelo conto bíblico da Criação que cobria o período de sete dias (com o dia final de descanso e revisão incluído). Esse sete bíblico é explicado, por sua vez, pelas *sete* tabuletas do *Enuma elish*, o mesopotâmico Épico da Criação. Mas por que o texto foi inscrito em sete tabuletas?

O número sete (incluindo o sétimo e o 70) surge em quase todo acontecimento bíblico importante, mandamento e profecia, em um total de 600 vezes. Ele também é um número-chave no Novo Testamento, incluindo o profético *Livro do Apocalipse*, assim como nos livros pseudoepigráficos (como os sete tipos de anjos do *Livro de Enoch*).

Houve o mesmo na tradição egípcia, começando pelas questões dos deuses: a primeira dinastia divina consistia em *sete* deuses (de Ptah a Hórus); e em todas havia 49 (= 7x7) governantes divinos e semideuses até começar o reinado faraônico. O princípio mesoamericano é atribuído às sete tribos; e assim por diante.

A consideração do *sete* como um Número de Poder iniciou, de fato, com os anunnakis que vieram de Nibiru para a Terra. Nippur, o Centro de Controle da Missão, foi a sétima cidade na Terra. Havia sete Sábios, e os "Sete que Julgam". Os zigurates tinham sete pódios, e as estrelas eram localizadas com a "agulha de sete números". Um deus possuía a "Arma Sétupla", e havia sete "Armas do Terror". A liberação do Touro do Céu desencadeava sete anos de fome; quando um templo era inaugurado, sete bênçãos eram pronunciadas. E assim por diante.

A origem de tudo isso, sugerimos, é a posição da Terra como o sétimo planeta do ponto de vista dos anunnakis (veja o mapa celeste da rota de Enlil de Nibiru para a Terra,

Figura 65). Ele enuncia que "Enlil passou por sete planetas" para chegar à Terra – começando a contagem com Plutão; depois Netuno e Urano, como segundo e terceiro; Saturno e Júpiter, como quarto e quinto; Marte como sexto; e a ***Terra como o Sétimo Planeta***. De modo correspondente, sete pontos formavam o símbolo celestial da Terra, conforme visto em um monumento assírio (ao lado dos símbolos da Lua, Nibiru e do Sol, e as divindades associadas a eles).

IX
Dos Patriarcas e Semideuses

Um "semideus", por definição, é o produto do acasalamento entre um deus (ou deusa) e um terráqueo, partilhando os dois genomas. Por mais surpreendente, ou rejeitada como mito, que essa possibilidade possa soar, a Bíblia, de forma inequívoca, declara que tal acasalamento aconteceu e que os heroicos "Homens de Renome" nasceram como um resultado disso, tanto antes quanto depois do Dilúvio. Pelo visto, isso é tudo que a Bíblia tem a dizer sobre uma questão que mudou a história (foi o motivo para o plano de eliminar a Humanidade com o Dilúvio!) – ao contrário dos textos mesopotâmicos, que estão repletos de contos de semideuses, com o notório Gilgamesh entre eles. E isso, como veremos, abre as portas para possíveis descobertas em nossa época atual.

Algumas análises do material disponível, realçadas pelo raciocínio dedutivo, mostrarão que os escassos dados bíblicos a respeito dos patriarcas pré-diluvianos estão em sintonia com a mais extensa informação mesopotâmica. A breve afirmação bíblica do Gênesis 6 sobre os "filhos de *Elohim*" que tomaram as Filhas do Homem como esposas também é expandida, de forma substancial, em outros manuscritos hebraicos antigos – "Os Livros Perdidos" que não chegaram à Bíblia Hebraica canônica –, conhecidos, coletivamente, como *Apócrifos* (= "Manuscritos Secretos, Escondidos") ou *Pseudoepígrafos* do Antigo Testamento; e compete a nós explorá-los também.

Que tais manuscritos existiram é confirmado pela própria Bíblia; ela faz referência a vários "livros perdidos" cuja existência (e conteúdo) era de conhecimento comum na época, mas foram, desde então, perdidos. O versículo 14, Números 21, cita um *Livro das Guerras de Yahweh*; Josué 10:13 recorda os acontecimentos miraculosos descritos no *Livro de Jasher*. Estes, e outros livros mencionados, foram perdidos. Todavia, alguns livros perdidos – como *O Livro de Adão e Eva*, *O Livro de Enoch*,* *O livro de Noé* e o *Livro dos Jubileus* chegaram a nós, passando pelas épocas, preservados por traduções em outras línguas além do hebraico, às vezes reescritos, parcial ou inteiramente, por intérpretes mais recentes. Esses manuscritos são importantes não apenas para reiterar os dados bíblicos, mas também porque pretendem fornecer detalhes adicionais aos contos bíblicos; e alguns deles registram o incidente do intercasamento e fornecem os detalhes.

A Bíblia, em Gênesis 6, apresenta um Deus que possui duas opiniões contraditórias. Ele fica irritado com o intercasamento entre os "filhos de *Elohim*" e as Filhas do Homem; no entanto, mais tarde, considera os descendentes como sendo os heroicos "Homens de Renome". Ele decide varrer a humanidade da face da Terra, em seguida desiste para salvar a Semente da Humanidade por intermédio de Noé e da arca. Hoje, compreendemos que as aparentes contradições derivam de uma junção, feita pela Bíblia, de divindades diversas e opostas, tais como Enki e Enlil, em apenas uma entidade divina (*Yahweh*). Os autores do *Livro dos Jubileus* e do *Livro de Enoch* lidaram com o problema da dualidade explicando que a vinda dos anjos à Terra tinha um objetivo benevolente, mas que um grupo deles foi levado para o mau caminho por líderes errantes que os convenceram a tomar terráqueas como esposas.

Aconteceu, relata o *Livro dos Jubileus*, durante a época de **Yared** (= "Ele que Desce") cujo nome lhe dera o pai, Mahalalel, porque foi então que os "Anjos do Senhor desceram à Terra". Sua missão era "instruir aos filhos dos homens julgamento e integridade"; mas, em vez disso, eles acabaram "se corrompendo" com as Filhas do Homem.

De acordo com esses textos adicionais à Bíblia, alguns 200 "Observadores" (= os **igigis** da tradição suméria) se organizaram em 20 grupos de dez; cada grupo possuía um líder determinado; a maioria

---

*N.E.: Obra publicada pela Madras Editora.

dos nomes – Kokhabiel, Barakel, Yomiel, etc. – provém de nomes teofóricos homenageando *El* (= Altivo). Um deles, chamado Shemiazaz, que estava sob o comando de tudo, fez com que todos jurassem agir em conjunto. Então, "cada um deles escolheu uma para si, e eles começaram a adentrá-las e corromperam-se com elas (...) *E as mulheres geraram gigantes*".

Mas, de acordo com o *Livro de Enoch*, o instigador da transgressão, "aquele que levou os filhos de Deus para o mau caminho, trouxe-os à Terra e conduziu-os até as Filhas do Homem", era, de fato, o anjo malfeitor *Azazel* (= "O Poder de *El*"), que foi exilado por seus pecados. De acordo com os textos mesopotâmicos, que incluem segmentos que tratam do exílio de Marduk, este foi o primeiro a quebrar o tabu e se casar (em vez de apenas ter relações sexuais) com Sarpanitu, uma terráquea, e a ter um filho (chamado Nabu) com ela; e somos levados a imaginar até que ponto o envolvimento de Marduk teve importância na fúria de Enlil.

* * *

Enoch, devemos nos lembrar, foi o próximo patriarca pré-diluviano, a seguir a Yared, que "caminhou com *Elohim*" e não morreu, pois foi levado para estar com eles; como declarado em Gênesis 5:21-24:

E Enoch caminhou com *Elohim*,
após ter gerado Matusalém,
[mais] 300 anos,
e gerou [outros] filhos e filhas.
E todos os dias de Enoch foram 365 anos.
Enoch caminhou com *Elohim* e desapareceu,
pois *Elohim* levara-o.

O livro atribuído a ele, *O Livro de Enoch*, explica melhor essa afirmação e descreve o caso dos Observadores como a razão pela qual os Anjos Honrados revelaram a Enoch segredos do Céu e da Terra, o Passado e o Futuro: o objetivo seria estabelecer a Humanidade, por meio das revelações a Enoch, em um caminho justo – um caminho que era desviado das maldades dos Observadores.

Enoch, de acordo com esses manuscritos, foi levado, duas vezes, em direção ao céu; e, enquanto a Bíblia simplesmente declara que ele, primeiro, "caminhou com *Elohim*" e, então, foi "levado" por eles, o *Livro de Enoch* descreve uma pletora de anjos e arcanjos que protagonizaram tudo isso. Sua estadia com "os Sagrados" começou com um sonho-visão no qual seu quarto, conforme escreveu mais tarde, ficou repleto de "nuvens que me convidaram e uma névoa que me intimou", e um tipo de turbilhão "me ergueu e me transportou para o céu". De forma miraculosa, atravessando uma parede de cristal flamejante, ele entrou em uma casa de cristal cujo telhado imitava os céus estrelados; em seguida, chegando a um palácio cristalino, ele avistou a Grande Glória. Um anjo aproximou-o de um trono, e ele podia ouvir o Senhor dizendo-lhe que ele fora escolhido para ser revelado "aos segredos celestes", com o objetivo de ensiná-los à Humanidade. Disseram-lhe, então, os nomes dos sete arcanjos que serviam ao Senhor e que seriam seus mentores pela jornada da descoberta. Com isso, seu sonho-visão chegou ao fim.

Mais tarde – exatamente 90 dias antes do 365º aniversário de Enoch – quando este estava sozinho em casa, "dois homens, excessivamente grandes", cuja aparência "era tal, como eu nunca vira antes", materializaram-se do nada. Seus rostos brilhavam, suas vestimentas eram diferentes de todas e seus braços eram como asas douradas. "Eles permaneceram diante do meu divã, e me chamaram pelo nome", Enoch, mais tarde, contou a seus filhos Matusalém e Regim.

Os dois emissários divinos disseram a Enoch que vieram para levá-lo em uma segunda, e mais prolongada, viagem celestial e sugeriram que ele informasse seus filhos e empregados de que se ausentaria por um tempo. Então, os dois anjos levaram-no em suas asas e transportaram-no para o Primeiro Céu. Lá, havia um grande mar; e foi lá que contaram a Enoch os segredos do clima e da meteorologia.

Continuando a viagem, ele passou pelo Segundo Céu, onde os pecadores eram punidos. No Terceiro Céu, ficava o Paraíso, para onde vão os justos. No Quarto Céu – a parada mais longa –, os segredos do Sol, da Lua, das estrelas, das constelações zodiacais e o calendário foram revelados a Enoch. No Quinto Céu, o elo que ligava o Céu e a Terra extinguiu-se; era a morada dos "anjos que os ligavam às mulheres". Foi ali que a primeira parte da jornada de Enoch se completou.

Retomando sua viagem, Enoch passou pelo Sexto e Sétimo Céus, onde encontrou diversos grupos de anjos, dispostos por ordem ascendente: Querubins, Serafins e Arcanjos – sete categorias, no total. Chegando ao Oitavo Céu, ele pôde ver as estrelas que formam as constelações. No Nono Céu, ele avistou o reino dos Zodíacos.

Finalmente chegou ao Décimo Céu, onde os anjos o levaram "diante da face do Senhor". Aterrorizado, ele caiu de joelhos e se curvou. E o senhor falou com ele e disse:

Levante-se, Enoch, não tema!
Levante-se e ponha-se diante da minha face,
e ganhe a Eternidade.

 E o Senhor ordenou ao arcanjo Miguel que mudasse as vestimentas terrenas de Enoch, vestisse-o com trajes divinos e ungisse-o. E o Senhor disse ao arcanjo Pravuil que "trouxesse os livros do depósito sagrado e um cálamo para escrita rápida" e os oferecesse a Enoch para que ele pudesse escrever tudo o que o arcanjo lesse para ele – "todos os mandamentos e ensinamentos". Durante 30 dias e 30 noites, Pravuil ditou e Enoch escreveu "os segredos dos trabalhos dos céus, da Terra e dos mares, e todos os elementos (...) Os estrondos dos trovões, e o Sol e a Lua, as idas e vindas das estrelas, e as estações, anos, dias e horas". Ele também aprendeu "coisas humanas" – como as "línguas das canções humanas". O texto preencheu 360 livros. Voltando à presença do Senhor, Enoch sentou-se à Sua esquerda, ao lado do arcanjo Gabriel; e o próprio Senhor contou a Enoch como o Céu e a Terra foram criados.

 E, então, o Senhor disse a Enoch que ele retornaria à Terra por 30 dias, para que pudesse transmitir à Humanidade os livros manuscritos, para serem passados de geração a geração. De volta a casa, Enoch falou da jornada aos seus filhos, explicou-lhes o conteúdo dos livros e advertiu-os a serem justos e a seguirem os mandamentos.

 Enoch estava ainda falando e explicando quando seu prazo de 30 dias de retorno expirou; a essa altura, o boato já se espalhara pela cidade; uma multidão enorme de pessoas se juntou à volta da casa de Enoch, esforçando-se para ouvir os detalhes da jornada celestial e seus ensinamentos. Então o Senhor lançou a escuridão sobre a Terra; e, na escuridão, dois anjos, rapidamente, ergueram Enoch e o transportaram "para o mais alto dos céus".

 Percebendo que Enoch partira, "as pessoas não conseguiam compreender como ele havia sido levado; elas voltaram para as suas casas, e os que testemunharam tal coisa louvaram a Deus". E os filhos de Enoch "ergueram um altar no lugar em que Enoch fora levado para o céu". Aconteceu, um pós-escrito declara, exatamente quando Enoch atingiu a idade de 365 anos – um número que faz alusão ao seu recém-adquirido domínio da astronomia e do calendário. (Relembramos, nesse ponto, a declaração de Maneton em relação à dinastia dos 30 semideuses no Egito, que reinaram um total de 3.650 anos – um número que é, precisamente, 365 x 10. Mera coincidência?)

É notável que nem a Bíblia, em sua breve informação sobre Enoch, nem os mais de cem capítulos do *Livro de Enoch* explicam por que ele foi escolhido para os extraordinários encontros divinos e escapou da morte humana; por que ele era especial, diferente? O nome daquele que o "gerou", Yared, é explicado pela indicação de que foi em sua época que a Descida (dos *nefilins*) ocorrera. O nome *Yared* deriva, claramente, do verbo raiz que significa "Descer", em hebraico; mas é gramaticalmente estranho, deixando indefinido se o próprio Yared é "Um que desceu", o que lhe concederia o *status* de deus e faria de seu filho um semideus.

Também não sabemos qual era a cidade em que Enoch viveu, onde se deram os acontecimentos miraculosos, ou o local de um altar homenageando-os. Caso também tenha sido a cidade de seu pai, *Yared* – o paralelo do caimita **Yirad** –, perguntamo-nos se o nome **reflete o nome da cidade, ERIDU**.

Em caso afirmativo – se o sítio dos encontros divinos de Enoch foi a Eridu da glória de Enki e dos anunnakis –, temos aqui detalhes que ligam os patriarcas pré-diluvianos bíblicos e extrabíblicos aos reis pré-diluvianos sumérios e aos "filhos de *Elohim*" (quem a própria Bíblia descreve como *Gibborim* – os heroicos "Homens de Renome").

* * *

A possibilidade de os patriarcas bíblicos pré-diluvianos serem semideuses já era grande na Antiguidade – especialmente no caso de Noé.

Os estudiosos concluíram que o *Livro de Enoch* incorporou seções de outro livro perdido, anterior – o *Livro de Noé*. Sua existência foi deduzida por meio de vários outros manuscritos anteriores e pelo estilo diferente de escrita das seções contidas no *Livro de Enoch*. A dedução tornou-se certeza quando fragmentos de um *Livro de Noé* foram descobertos entre os Manuscritos do Mar Morto – uma verdadeira biblioteca que estava escondida nas cavernas de um sítio chamado Qumran, às margens do Mar Morto, em Israel, há alguns 2 mil anos. Naquele manuscrito, a palavra traduzida, em geral, como "Observadores", chamava-os claramente de *nefilins* (Figura 71) – aramaico para **nefilim** em hebraico.

De acordo com as seções relevantes do livro, a esposa de Lameque (pai do bíblico Noé) chamava-se **Bath-Enosh** (= "Filha/Descendente de Enosh"). Quando Noé nasceu, o bebê era tão incomum que despertou

Coluna II

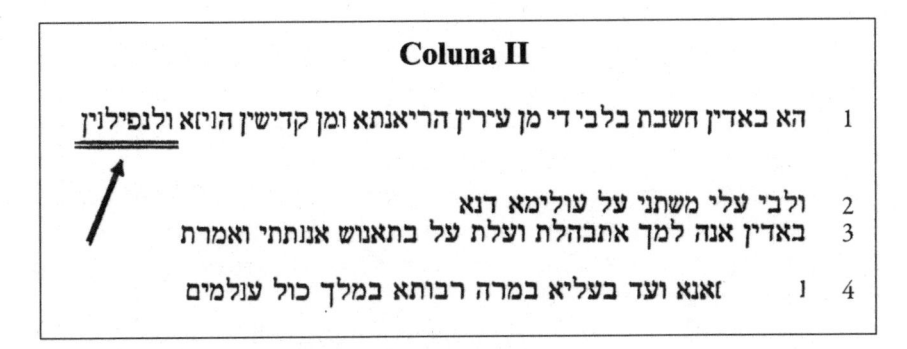

1 הא באדין חשבת בלבי די מן עירין הריאנתא ומן קדישין הויא ולנפילין

2 ולבי עלי משתני על עולימא דנא
3 באדין אנה למך אתבהלת ועלת על בתאנוש אנותתי ואמרת

4 [   ]]אנא ועד בעליא במרה רבותא במלך כול עולמים

Figura 71

suspeita na mente de Lameque: parecia diferente dos meninos normais, seus olhos brilhavam e ele podia falar. E, de imediato, Lameque "pensou em seu coração que *a concepção era de um dos Observadores*". Lameque expressou suas suspeitas a Matusalém, seu pai:

> Eu gerei um filho estranho,
> diferente e distinto do Homem,
> e parecido com os filhos do Deus do Céu.
> Sua natureza é diferente, e ele não é como nós.
> E parece-me que não nasceu de mim,
> mas dos anjos.

Suspeitando que o verdadeiro pai do menino fosse um dos Observadores, Lameque inquiriu sua esposa, Bath-Enosh, exigindo que ela jurasse "pelo Mais Alto, o Senhor Supremo, o Rei de todos os Mundos, o governante dos Filhos do Céu", e lhe contasse a verdade. Respondendo, Bath-Enosh disse a Lameque: "Lembre-se de meus sentimentos delicados!". Intrigado com a resposta, Lameque, mais uma vez, pediu que ela jurasse dizer a verdade. Bath-Enosh, mais uma vez, recordou Lameque de seus "sentimentos delicados" – mas, em seguida, jurando pelo "Sagrado e Superior", assegurou-o de que "esta concepção é sua, e não de um estranho ou qualquer um dos Observadores".

Ainda cético, Lameque procurou seu pai, Matusalém, com um pedido: buscar o pai dele, Enoch – que fora levado pelos Sagrados –, e pedir-lhe que fizesse a eles a pergunta. Localizando seu pai, Enoch, "nos confins da Terra", Matusalém contou-lhe o enigma de Noé e transmitiu-lhe o pedido de Lameque. Sim, Enoch disse-lhe, na época de meu pai, Yared, "alguns Anjos do Céu realmente transgrediram e se uniram às mulheres, e se casaram com algumas delas, e geraram filhos com elas"; mas você pode reassegurar Lameque de "que aquele que nasceu é, em verdade, seu filho". Os traços raros e os talentos incomuns de Noé devem-se ao fato de ele ter sido escolhido por Deus para um destino especial, como previsto "nas tabuletas celestiais".

Lameque aceitou essas garantias; mas o que devemos pensar de toda essa história? Seria Noé, afinal, um semideus – e nesse caso nós, seus descendentes, possuímos uma dose maior de genes anunnakis do que O Adão recebera?

A Bíblia dizia o seguinte em sua introdução à história do Dilúvio:

Estes são os registros geracionais de Noé:
Noé era um homem honrado,
Perfeito, em sua genealogia, ele era;
Com *Elohim*, Noé caminhou.

Se isso nos faz pensar, uma releitura dos versículos anteriores dos nefilins, em Gênesis 6, reforça a impressão de que a própria Bíblia deixou a pergunta no ar, afirmando, após o versículo 4 a respeito dos semideuses, que eram "os Homens Poderosos de outrora, Homens de Renome", "*E* Noé achou graça aos olhos do Senhor" (versículo 8). O texto não diz "Mas" – o versículo começa com "E", embora fosse uma continuação direta dos versículos anteriores sobre os filhos dos deuses –

Eles eram os Homens Poderosos de outrora,
Homens de Renome, *e* (= "assim como") Noé
[que] achou graça aos olhos do Senhor.

Lendo desta forma, Noé teria sido um dos Homens Poderosos de Renome – um semideus cujos 600 anos anteriores ao Dilúvio condensaram os 36 mil anos de Ziusudra/Utnapishtim.

* * *

Textos sumérios incluem a história do pré-diluviano ***En.me.duranki*** (também chamado ***En.me.duranna***) cujo relato é notavelmente semelhante ao do bíblico Enoch. Seu nome teofórico associa-o ao ***Dur.an.ki*** (= "Elo Céu-Terra"), o centro de comando de Enlil em Nippur.

Lembremo-nos de que um patriarca chamado "Enoch" surge na Bíblia, nas linhas genealógicas tanto de Caim como de Seth. No contexto das rivalidades Enki-Enlil, o paralelo de Enmeduranki em relação a "Enoch" apoia-se no caimita, cuja distinção foi o estabelecimento de uma nova cidade. Nos textos sumérios, os acontecimentos que envolvem Enmeduranki não ocorrem mais em Eridu, mas em um novo centro chamado Sippar, onde ele reinou por 21.600 anos.

Os textos descobertos relatam como os deuses Shamash e Adad levaram Enmeduranki para a Assembleia celestial dos deuses, em que os segredos da medicina, astronomia, matemática, etc. lhe foram revelados. Em seguida, ele foi levado de volta a Sippar, para que iniciasse uma linhagem de sacerdotes-estudiosos:

> Enmeduranki foi um príncipe em Sippar,
> adorado por Anu, Enlil e Ea.
> Shamash, em *E.babbar*, o Tempo Brilhante,
> nomeou-o sacerdote.
> Shamash e Adad [levaram-no]
> para a Assembleia [dos deuses].
>
> Shamash e Adad vestiram-no [purificaram-no].
> Shamash e Adad colocaram-no
> em um grande trono de ouro.
> Eles lhe mostraram como observar o óleo na água –
> um segredo de Anu, Enlil e Ea.
>
> Deram-lhe uma Tabuleta Divina,
> o *Kibdu*, um segredo do Céu e da Terra.
> Depositaram em sua mão um instrumento de cedro,
> um favorito dos grandes deuses.
> Ensinaram-lhe a fazer
> cálculos com números.

Os dois deuses, Shamash e Adad – neto e filho, respectivamente, de Enlil – levaram, então, Enmeduranki de volta a Sippar, instruindo-o a reportar seu encontro divino ao povo e a tornar o seu conhecimento adquirido disponível para a Humanidade – conhecimento que deverá ser transmitido de geração a geração, de pai para filho, por uma linhagem de sacerdotes iniciada por ele:

O sábio erudito,
que guarda o segredo dos grandes deuses,
ligará seu filho favorito a um juramento
perante Shamash e Adad.
Pelas tabuletas divinas, com uma agulha,
ele o instruirá nos segredos dos deuses.

"Assim", declara o pós-escrito na tabuleta, "foi estabelecida a linha de sacerdotes – aqueles que têm a permissão de se aproximar de Shamash e Adad".

Nessa versão suméria do conto de Enoch, os dois deuses agiram como os arcanjos na versão do *Livro de Enoch*; era um tema comum na arte mesopotâmica, em que dois "Homens-águia" eram representados

Figura 72

flanqueando um portal (veja Figura 58), a Árvore da Vida ou um foguete (Figura 72).

Embora nas partes legíveis das tabuletas de Enmeduranki o seu *status* de semideus não seja declarado além da afirmação de que "era um Príncipe em Sippar", a sua inclusão na lista dos governantes pré-diluvianos, com um reinado de seis *Shars* (= 21.600 anos-Terra), deveria servir como um indicador: um mero terráqueo mortal não poderia viver tanto tempo. Paralelamente, tal longevidade era muito menor do que a dos verdadeiros deuses anunnakis; Enki, por exemplo, viveu 120 Shars completos, desde a Chegada até o Dilúvio – já era adulto no momento da chegada, e permaneceu na Terra depois do Dilúvio. Se os oito que reinaram depois de Alulim e Alalgar não eram deuses em sua plenitude, *eles devem ser considerados semideuses.*

Como podemos conciliar essa conclusão, digamos, com o caso do 10º governante, o herói do Dilúvio, se a Bíblia (referente a Noé) lista-o como um filho de Lameque e os textos sumérios (referente a Ziusudra) como um filho de Ubar-Tutu? A explicação se encontra nos contos dos semideuses, desde Bath-Enosh (a mãe de Noé) até chegar a Olímpia (mãe de Alexandre):

Assumindo a identidade do esposo, um deus o fez!

Tal explicação afirma, de forma admirável, o *status* de semideus da criança, enquanto absolve o adultério da mãe.

Um exemplo interessante que ilustra a universalidade dessa explicação chega a nós pelo Egito, onde os faraós mais conhecidos usavam nomes teofóricos com o sufixo *MSS* (também interpretado como *MES, MSES, MOSÉ*) que significa "Progênie/Descendente de" – como Thot*mes* ("Progênie do deus Thot"), Ra*mses* ("Progênie do deus Ra"), etc.

Um caso típico ocorrera quando o famoso Faraó da 18ª Dinastia, Tutmés I, pereceu em 1511 a.C. Ele deixou uma filha (Hatshepsut) gerada por sua esposa legítima, e um filho gerado por uma concubina. Buscando legitimar sua pretensão ao trono, o filho (conhecido posteriormente como Tutmés II) desposou sua meia-irmã Hatshepsut. O casamento produziu apenas filhas; e, quando Tutmés II faleceu (em 1504 a.C.), após um curto reinado, o único herdeiro varão não era um filho de Hatshepsut, mas de uma menina do harém.

Já que o menino era muito jovem para governar, Hatshepsut foi designada corregente. Mas, em seguida, ela decidiu que o reinado era apenas seu por direito e assumiu um trono como um faraó legítimo em seu pleno direito. Para justificar e legitimar o ato, ela afirmou que Tutmés I era seu pai nominal e que ela, de fato, fora concebida quando o deus Amon (= "O Oculto Ra") – *disfarçando-se como o marido-rei* – teve intimidades com sua mãe.

Sob as ordens de Hatshepsut, a seguinte declaração foi incluída nos anais reais do Egito para registrar suas origens de semideus:

> O deus Amon tomou a forma de sua majestade o rei,
> o esposo dessa rainha.
> Então, dirigiu-se a ela imediatamente,
> e teve relação sexual com ela.
>
> Estas são as palavras que o deus Amon,
> Senhor dos Tronos das Duas Regiões,
> proferiu, em seguida, em sua presença:
>
> "Hatshepsut-criada-por-Amon"
> será o nome desta minha filha
> que eu depositei no seu corpo ...
> Ela exercerá um reinado benéfico
> por toda essa região.

Hatshepsut morreu como Rainha do Egito em 1482 a.C., quando o "menino" – a partir de então conhecido como Tutmés III – finalmente se tornou faraó. Seu grandioso e magnífico templo funerário em Deir-el-Bahari, na parte ocidental do Nilo, em frente da antiga Tebas (a atual Luxor-Karnak), ainda está de pé; e, em suas paredes interiores, a história do nascimento semidivino de Hatshepsut é contada em uma série de murais acompanhados por escritura hieroglífica.

Os murais começam com uma representação do deus Amon, liderado pelo deus Thot, adentrando a câmara noturna da rainha Ahmose, esposa de Tutmés I. As inscrições hieroglíficas que os acompanham explicam que o deus Amon estava disfarçado como marido da rainha:

> Então adentrou o glorioso deus, o próprio Amon,
> Senhor dos tronos das Duas Regiões,
> tomando a forma de seu marido.

"Eles (os dois deuses) encontraram-na (a rainha) dormindo no belo santuário. Ela despertou com o perfume do deus [e] sorriu, alegremente, diante de sua majestade." Quando Thot saiu discretamente, Amon –

> Inflamado de amor, apressou-se em sua direção.

Ela podia contemplá-lo, na forma de um deus,
Conforme ele se aproximava.
Ela exultou perante sua beleza.

Ambos apaixonados, deus e rainha tiveram relações sexuais:

Seu amor adentrou todos os membros dela.
O local estava impregnado com o doce perfume do deus.
O deus majestoso fez com ela tudo que desejou.
Ela o satisfez com todo o seu ser;
e beijou-o.

Atribuições a casos amorosos de Ra que conferiram a futuros faraós egípcios o *status* de semideuses remontam, de fato, às primeiras épocas dinásticas. Um conto, inscrito em papiro, pode até solucionar um mistério em relação à Quinta Dinastia, no qual três faraós aparentados se sucederam sem ser pais e filhos. De acordo com esse relato, eles foram concebidos quando o deus Ra copulou com a esposa do alto sacerdote do seu templo. Quando as dores do parto começaram, notou-se que a mulher carregava trigêmeos e teria um parto bastante complicado. Assim, Ra convocou quatro "deusas do nascimento" e apelou a seu pai, Ptah, para que ajudasse nos partos. O texto descreve como todos aqueles deuses assistiram enquanto a esposa do alto sacerdote dava à luz, em sequência, três filhos que foram chamados Userkaf, Sahura e Kakai. Registros históricos mostram que os três, de fato, reinaram em sucessão como faraós, formando a Quinta Dinastia; eles eram Trigêmeos Semideuses.

Além de fornecer aos egiptólogos uma explicação para aquela estranha dinastia, o conto também oferece explicação para um baixo-relevo descoberto por arqueólogos que retrata o faraó Sahura como um bebê sendo amamentado por uma deusa – um privilégio reservado àqueles de nascimento divino. Tal "amamentação divina" também foi reclamada por Hatshepsut, para reforçar sua reivindicação a um reinado consagrado de forma divina: ela afirmou que a deusa Hathor (apelidada de "Mãe dos deuses") amamentou-a. (Um sucessor, o filho de Tutmés III, também afirmou ter sido amamentado de forma divina.)

Uma reivindicação de estatuto de semideus direto como resultado de relações sexuais com um deus foi, então, feita pelo famoso Ramsés II, ao registrar nos anais reais a seguinte revelação que o próprio grande deus Ptah fez ao faraó:

Eu sou teu pai.
Assumi minha forma de *Mendes*, o Senhor Ram,
e te gerei dentro de tua augusta mãe.

Se tal afirmação de ter sido gerado não apenas por um dos deuses, mas pelo chefe do panteão, parece muito improvável, lembremo-nos de nossa explicação de que o deus chamado **Ptah** pelos egípcios era nenhum outro além de **Enki**.
E declarar uma paternidade de Enki não era nada estranho.

* * *

Um exame amplo dos contos dos deuses mesopotâmicos nos revela as diferentes personalidades dos meios-irmãos Enki e Enlil – em todos os aspectos, incluindo questões de comportamento sexual.

Anu, mencionamos anteriormente, possuía um grande harém de concubinas, além de sua esposa oficial, Antu; de fato, a mãe de Ea/Enki, o filho primogênito de Anu, era uma dessas concubinas. Quando Anu e Antu vieram à Terra em visita de estado (por volta de 4000 a.C.), uma cidade especial, Uruk (a bíblica Ereque), foi construída para acomodá-los. Durante a visita, uma neta de Enlil agradou Anu de um modo todo especial; a partir daí, ela foi chamada **In.Anna** (= "Amada de Anu") – com dicas, nos textos, de que o "amor" de Anu não era apenas de um avô.

E, nesses aspectos, Enki, e definitivamente não Enlil, tinha os genes do pai. Entre seus seis filhos, apenas Marduk é identificado, de forma clara, como sendo gerado pela esposa oficial de Enki, **Dam.ki.na** (= "Dama [que] à Terra Veio"); as mães dos outros cinco filhos não são, em geral, nomeadas e poderiam ter sido concubinas ou (veja a seguir) amantes esporádicas. Em comparação, Enlil – que teve um filho com Ninmah em Nibiru quando ambos não estavam casados – teve filhos (dois) apenas com sua esposa, **Ninlil**.

Um longo texto sumério que seu primeiro tradutor, Samuel N. Kramer, chamou de *Enki and Ninhursag: A Paradise Myth* [*Enki e Ninhursag: um Mito do Paraíso*], detalha as repetidas relações sexuais de Enki com sua meia-irmã, Ninharsag/Ninmah, em tentativas fracassadas de ter um filho com ela e suas relações sexuais com as descendentes do sexo feminino dessas ligações amorosas. (Ninharsag – uma oficial médica – tinha de infligir doenças dolorosas a Enki para fazê-lo parar.) Quase sempre, esses relatos de Enki enaltecem o poderoso pênis do deus.

Enki não se opunha ao sexo dentro da família: um longo texto que trata da visita de Inanna a Eridu (para conseguir de Enki o vital Mé) descreve como seu anfitrião tentou (sem sucesso) embebedar e seduzi-la; e outro texto, recordando uma viagem de Eridu para Abzu, relata como Enki conseguiu fazer sexo com **Ereshkigal** (irmã mais velha de Inanna e futura esposa de **Nergal**, filho de Enki) a bordo do seu barco.

Quando tais escapadas resultavam no nascimento de algum descendente, jovens deuses ou deusas nasciam; para nascerem *semideuses,* as relações sexuais tinham de acontecer com terráqueos; o que, aliás, era muito frequente... Podemos começar pelos contos canaanitas dos deuses, em que *El* (= "O Altivo" – "Cronos" na tradição oriental mediterrânica) era o líder do panteão. Os contos incluem um texto conhecido como *The Birth of the Gracious Gods* [*O Nascimento dos Deuses Graciosos*]; ele descreve como El, passeando pela costa, encontrou duas terráqueas banhando-se. As duas mulheres ficaram encantadas com o tamanho de seu pênis e tiveram relações sexuais com ele, resultando no nascimento de *Shaḫar* (= "Aurora") e *Shalem* (= "Completo" ou "Crepúsculo").

Embora tratados por "deuses" no texto canaanita, os dois eram, por definição, semideuses. Um título-epíteto importante de El era *Ab Adam* – traduzido como "Pai do Homem", mas que também significa *"Pai de Adão"*, o que, visto de forma literal, pode significar apenas isto: progenitor e pai verdadeiro do indivíduo que a Bíblia chama de Adão, algo distinto das referências anteriores à espécie "O Adão". E isso leva-nos diretamente a *Adapa*, o lendário Homem Modelo dos textos mesopotâmicos.

Um semideus pré-diluviano conhecido como "Homem de Eridu", seu nome, *Adapa*, identifica-o como o "Mais Sábio dos Homens". Alto e grande em constituição, ele foi claramente identificado como um filho de Enki – um filho de quem Enki tinha um orgulho notório, e que ele designou como Chefe da Família em Eridu, e a quem concedeu "vasto entendimento" – todas as formas de conhecimento, incluindo matemática, escrita e manufatura de objetos.

O primeiro "Homem Sábio" a ser registrado, Adapa pode ter sido o elusivo *Homo sapiens sapiens* que surgiu na cena humana há alguns 35 mil anos como o "Homem de Cro-Magnon", diferente dos mais toscos Neandertais. Especulou-se (sem nenhuma conclusão convincente) se o "Adapa" teria sido a pessoa que a Bíblia chama de "Adão" (diferente da espécie "O Adão"). De minha parte, pergunto-me se ele não seria o ***En.me.lu.anna*** das Listas dos Reis sumérios pré-diluvianos – um nome traduzível como "O Homem Celestial de Enki" –, pois o mais memorável e original acontecimento envolvendo Adapa foi ***sua viagem celestial para visitar Anu em Nibiru***.

O Conto de Adapa começa fornecendo ao leitor uma sensação de um tempo muito longevo, no início dos acontecimentos, quando Ea/Enki estava envolvido na Criação:

> Naqueles dias, naqueles anos,
> por Ea foi o Sábio de Eridu
> criado como um modelo do Homem.

O conto de Adapa reverberou na vida e literatura mesopotâmicas por muito tempo. Mesmo nas subsequentes Babilônia e Assíria, a expressão "Sábio como Adapa" era usada para descrever alguém altamente inteligente. Mas também foi outro aspecto do conto de Adapa, de acordo com o qual Ea/Enki, de forma deliberada, concedeu um, mas reteve outro atributo divino deste Modelo de Homem, apesar de ser seu próprio filho:

> Amplo entendimento ele aperfeiçoou para ele;
> Sabedoria ele lhe concedeu;
> A ele foi dado Conhecimento –
> Vida Eterna não lhe fora concedida.

Quando chegou a Nibiru a notícia do terráqueo extraordinariamente sábio, Anu pediu para ver Adapa. Concordando, Enki "mandou Adapa fazer a viagem até Anu, e para o céu ele foi". Mas Enki estava preocupado com a estada de Adapa em Nibiru, onde poderiam lhe oferecer o Pão da Vida e a Água da Vida – e ele, por fim, conseguiria a longevidade dos anunnakis. Para evitar que isso acontecesse, Enki fez com que Adapa parecesse selvagem e desgrenhado, vestiu-o mal e deu-lhe instruções enganosas:

> Quando estiver diante de Anu,
> eles lhe oferecerão pão;
> é a Morte – não coma!
> Eles lhe oferecerão água;
> é a Morte – não beba!
> Eles lhe oferecerão uma vestimenta –

vista-a
Eles lhe oferecerão um óleo –
unte-se com ele.

"Não negligencie estas instruções", Enki advertiu Adapa; "a tudo que eu disse, siga com firmeza!".

Levado para cima pelo "Caminho do Céu", Adapa chegou ao Portal de Anu; era protegido pelos deuses Dumuzi e Gizidda. Tendo permissão para entrar, Adapa foi levado à presença de Anu. Como Enki previra, ofereceram-lhe o Pão da Vida – mas, temendo a morte, ele recusou-se a comê-lo. Ofereceram-lhe a Água da Vida, e ele recusou-se a bebê-la; ele vestiu as roupas que lhe foram oferecidas e ungiu-se com o óleo que lhe foi dado. Intrigada e perplexa, Anu perguntou-lhe: "Diga-me, Adapa – por que você não comeu, por que não bebeu?". Ao que Adapa respondeu: "Ea, meu mestre, ordenou-me 'você não comerá, você não beberá'".

Enfurecida com a resposta, Anu enviou um emissário a Enki, exigindo uma explicação. A tabuleta inscrita está muito danificada nessa parte para ser legível, por isso não sabemos qual foi a resposta de Enki. Mas a tabuleta deixa bem claro que Adapa, ao ser considerado "inútil" por Anu, foi levado de volta à Terra e iniciou uma linhagem de sacerdotes adeptos em curar doenças. Sábio e inteligente, assim era o filho do deus Enki, Adapa – no entanto, como um mortal ele morreu.

O debate acadêmico em torno do "Adão" bíblico, se ele era "Adapa" ou não, ainda não foi concluído. Mas, de forma clara, o narrador bíblico tinha em mente o conto de Adapa quando escreveu a história das duas árvores do Jardim do Éden – a Árvore do Conhecimento (da qual Adão comeu) e a Árvore da Vida (da qual ele foi afastado). A advertência a Adão (e Eva), "o dia em que comerem dali, certamente morrerão", é quase uma citação da advertência de Enki a Adapa. Assim é a preocupação da divindade, emitida a colegas sem nome, em relação ao risco de Adão também comer da Árvore da Vida (Gênesis 3:22-24):

E *Yahweh Elohim* disse:
Vejam, o Adão está se tornando um de nós
e vai conhecer o bem e o mal;
E agora, e se ele estender a mão
e também tirar da Árvore da Vida,
e comer, e viver para sempre?

Assim, "*Yahweh Elohim* expulsou-o do Jardim do Éden (...) e posicionou, a leste do Jardim do Éden, o *Querubim* e a espada flamejante giratória para guardar o caminho à Árvore da Vida".

Não sabemos se a advertência de Enki a Adapa – para evitar que a Água e o Pão da Vida o matassem – foi honesta ou parte de uma decisão deliberada de conceder a Adapa Sabedoria, mas não "Vida Eterna". Sabemos, no entanto, que a advertência a Adão e Eva, de que certamente "morreriam" se comessem da Árvore do Conhecimento, era falsa. Deus, como lhes disse a Serpente, mentiu.

É um episódio que devemos ter em mente conforme as questões sobre a Imortalidade ganharam proeminência.

* * *

De acordo com a lista de reis WB-62, Enmeluanna foi seguido por En.sipa.zi.anna (= "Senhor Pastor, Vida Celestial") e depois por Enmeduranna/Enmeduranki, cujos contos condizem com os do bíblico Enoch.* Nomes diferentes e ambíguos são, então, fornecidos pelas fontes mesopotâmicas para o Lameque da Bíblia, o mais certo dos quais é **Ubar-Tutu** do Épico de Gilgamesh (e, por conseguinte, provavelmente o *Obartes* de Beroso). Nada, além dessa menção no Épico de Gilgamesh, é conhecido a respeito do predecessor de Ziusudra/Utnapishtim. Seria ele um semideus, ou o desafortunado Lameque que tinha dúvidas a respeito da verdadeira ascendência de Noé?

As "transgressões" cometidas pelos igigis ou "Observadores" que tanto aborreceram Enlil tiveram início, de fato, com ninguém menos que o próprio Enlil. Elas resultaram, como as variadas fontes deixam claro, em vários descendentes semideuses; mas apenas um punhado deles é nomeado e listado. Foram essas as ocorrências em que o próprio Enki, usando o epíteto En.me, estava envolvido?

O mistério dos semideuses-patriarcas da época pré-diluviana segue todo o percurso até Noé e o Dilúvio; mas o enigma a respeito de nossa "semente" ancestral não acaba ali, pois – como declara a Bíblia (e fontes mesopotâmicas confirmam) – o intercasamento iniciado antes do Dilúvio continuou "também depois dele".

Logo descobriremos que outros deuses – e deusas! – eram ávidos parceiros de intercasamento em tempos pós-diluvianos.

---

*N.E.: Sugerimos a leitura de *O Livro de Enoch – O Profeta*, Madras Editora.

PALAVRAS E SEU SIGNIFICADO

Leitores de textos sumérios transliterados colocam um pequeno "d" como prefixo do nome de uma divindade – por exemplo, dEnki, dEnlil. Chamado de "determinativo", ele identifica o nome como sendo de um deus (ou deusa). O d é uma representação estenográfica para a palavra de duas sílabas **Din.gir**. Significando, literalmente, "Honrados [dos] foguetes, foi representado, de forma pictográfica, como um foguete com um módulo de comando (veja texto adicional "O Jardim do "Éden'" na página 87). Simplificada, a designação "deus/divino" era interpretada por um sinal de "estrela" lido como **An** e que evoluiu para um cunho em forma de cruz (veja ilustração); lia-se *Ilu*, em acadiano (ou seja, babilônio, assírio) – de onde deriva o singular *El* em canaanita ou hebraico e o plural *Elohim* da Bíblia.

Enquanto explica que, no conto da criação de Adão, etc., os *Elohim* da Bíblia eram os sumérios anunnakis, este autor (como declarado, de forma inequívoca, no livro *Encontros Divinos*), concebe Deus (com "D" maiúsculo) como um cósmico e universal Criador de Tudo que atua por meio de emissários – "deuses" com "d" minúsculo. A existência de "deuses" Elohim/Anunnakis com um "d" minúsculo é a confirmação da existência de **um criador**, Deus com "D" maiúsculo.

O nome divino abrangente "**Yahweh**" foi explicado a Moisés com o significado *Eheyeh asher eheyeh* – "Eu sou o que sou" – Deus poderia "ser" (agir por intermédio de) Enki em alguns momentos ou "ser" por intermédio de Enlil em outros momentos, etc. Quando o texto hebraico declara *Elohim*, "deuses" anunnakis são citados; e, quando a Bíblia aplica o termo *Yahweh Elohim*, este deve ser reconhecido como significando "Quando Yahweh agiu como/por intermédio de um dos *Elohim*".

Outras interpretações não convencionais das palavras bíblicas, sugeridas em meus textos, incluem o termo **Olam**. Ele é, em geral, traduzido como "Para Sempre/Eterno/de ouro"; porém, derivando de um verbo raiz que significa "Esconder", *Olam* (afirmei) poderia significar um "Local Oculto" físico de Deus, como no Salmo 93:2 – "Tu és **de** *Olam*" – o "Local Oculto", o planeta secreto Nibiru.

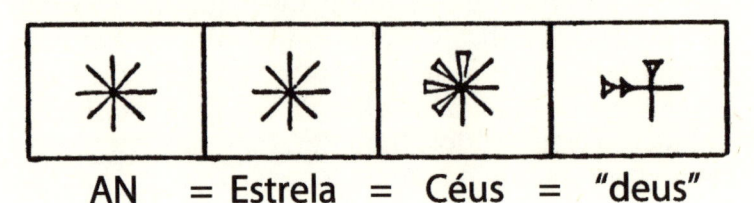

AN = Estrela = Céus = "deus"

XI
Havia Gigantes na Terra

Havia *gigantes* na Terra naqueles dias *e também depois*.

Com algumas palavras (agora familiares) – destacadas anteriormente –, a Bíblia estendeu os acontecimentos épicos pré-diluvianos que envolviam os semideuses para dias pós-diluvianos; podemos até dizer de eras pré-históricas e lendárias para tempos históricos.

Agora, o leitor sabe que o versículo do Gênesis 6:4 não diz "gigantes" – ele diz *nefilins*, e que eu era o estudante que questionou o professor sobre sua explicação de "gigantes" em vez do significado "Aqueles que desceram". Em retrospectiva, percebi que o professor não inventou a interpretação "gigantes", e que devia haver uma razão pela qual os estudiodos designados pelo rei James I da Inglaterra para traduzir a Bíblia Hebraica usaram o termo "gigantes": eles contaram com traduções anteriores da Bíblia Hebraica – em latim, conhecidas como *Vulgata*, que remontam aos séculos IV e VI d.C., e com uma tradução grega anterior (a *Septuagint*) feita em Alexandria, no Egito, no século III a.C. E, em ambas traduções precedentes, a palavra *nefilins* é interpretada como "gigantes". Por quê?

A resposta é fornecida pela própria Bíblia. O termo *nefilins*, utilizado pela primeira vez no Gênesis 6:4, é usado outra vez no Livro dos Números (13:33), no conto dos batedores que Moisés mandou à frente para explorar Canaã conforme os israelitas se preparavam para adentrá-la no final do Êxodo. Escolhendo 12 homens, um de cada tribo, Moisés disse-lhes: "Subam a partir do Negev (a planície árida no sul) até as colinas e observem o país, como ele é, e como são as pessoas que residem nele – elas são fortes ou fracas? Muitas ou poucas? E como é a região onde elas habitam, é boa ou má? E quais são as cidades que ocupam – elas ficam em descampados ou são fortificadas?".

Prosseguindo conforme instruídos, os 12 batedores, "Subindo pelo Negev, alcançaram Hebron, onde Aimã, Sesai e Talmai, os descendentes de *Anaque*, estavam". E, quando os batedores retornaram, disseram a Moisés:

Adentramos a região para onde nos enviaste,
e ela verdadeiramente flui leite e mel ...
Mas as pessoas que habitam a região são fortes,
e as cidades são grandes e fortificadas;
e até avistamos lá os filhos de *Anaque*.

Realmente vimos lá *os gigantes*,
os *filhos de Anaque – os nefilins*,
as crianças de Anaque dos *nefilins*;
e eles pareciam gafanhotos diante de nossos olhos,
e assim éramos perante os olhos deles.

O singular *Anaque* também é representado no plural, **Anaquins**, no Deuteronômio 1:28 e 9:2, quando Moisés encorajou os israelitas a não perderem a esperança por causa daqueles temerosos "descendentes de Anaque"; e, mais uma vez, em Josué 11 e 14, nos quais a captura de Hebron, a fortaleza dos "Filhos dos Anaquins", foi registrada.

Assim como aqueles versículos comparam os nefilins aos anaquins, também representam estes últimos (e, desse modo, os primeiros) como parecidos com gigantes – tão grandes que os israelitas comuns pareciam gafanhotos diante deles. Capturar seus bastiões fortificados, com particular atenção em Hebron, foi uma conquista especial para o avanço israelita. Quando a luta terminou, a Bíblia declara: "Não permaneceu nenhum *anaquim* na terra dos Filhos de Israel, exceto aqueles que foram abandonados em Gaza, Gate e Ashdod" (Josué, 11:23). As fortalezas não capturadas eram todas cidades pertencentes a um enclave costeiro filisteu; e vemos nisso razões adicionais para comparar os anaquins a gigantes – pois *Golyat* ("Golias", em português), o adversário filisteu do rei Davi parecido com um gigante, e seus irmãos, eram descendentes dos anaquins que permaneceram na cidade filisteia de Gate. De acordo com a Bíblia, Golias media mais de 2,74 metros; seu nome tornou-se sinônimo de "gigante" em hebraico.

O nome *Gol-yat*, de origem desconhecida, pode muito bem conter uma ligação, até aqui imperceptível, com a língua suméria, na qual **Gal** significa "Grande/forte/grandioso" – como já discutimos extensivamente em parágrafos próximos.

Foi apenas após a conclusão de que os bíblicos *nefilins* eram os *anunnakis* da tradição mesopotâmica que me ocorreu que *anakim/ anaquins* era, simplesmente, uma interpretação hebraica dos *anunnakis* sumérios/acadianos. Se o entendimento original, contudo uma simples equação, ainda não foi universalmente adotado, a razão só pode ser a visão estabelecida de que, enquanto os anaquins, como filhos do hebronita Anaque, poderiam ter existido, os deuses anunnakis – não sabemos disso? – eram apenas um mito ...

A ligação anaquins-anunnakis encontra corroboração adicional em uma escolha incomum de terminologia em Josué 14:15. Descrevendo a captura de Hebron como um feito que terminou com as lutas em Canaã, a Bíblia dizia o seguinte a respeito da cidade (pela tradução do rei James): "E antes o nome de Hebron era Kiriath Arba, sendo Arba um *grande homem* entre os anaquins".

Traduções inglesas mais modernas dessa afirmação oferecem algumas variações quanto à identidade de **Arba**. A Nova Bíblia Inglesa interpreta assim: "Outrora, o nome Hebron era Kiriath-Arba; este Arba era um *líder* entre os anaquins". A Nova Bíblia Americana traduz: "Hebron foi, outrora, chamada Kiriath-Arba, pois Arba, o *maior* entre os anaquins". E a nova Bíblia Hebraica *Tanach* diz: "O nome de Hebron foi, outrora, Kiriath-arba, [Arba] era um *grande homem* entre os anaquitas".

O problema de tradução deriva do fato de um texto hebraico descrever Arba como "o *Ish Gadol* dos anaquins". Traduzido de forma literal, *Ish* significa Homem; mas *Gadol* pode significar tanto "Grande/ Forte" quanto "Grandioso". Portanto, seria a intenção desse epíteto descritivo dizer que Arba era um *Grande* Homem em tamanho – um "Golias" – ou um Homem *Grandioso* – um líder excepcional?

Enquanto eu lia e relia esse versículo, ocorreu-me que deparara com esse termo antes – *Ish Gadol*: **nos textos sumérios!** Pois neles, o termo que denotava "rei" era **Lu.gal** – literalmente **Lu** (= "Homem") + **Gal** (= "Grande/Forte") = *Ish Gadol*. E, como no hebraico, **o termo tinha o seu ambíguo duplo sentido: Homem Grande/Forte ou "Rei" (= "Homem Grandioso").**

E aqui ocorreu outra ideia: não haveria, talvez, nenhuma ambiguidade. Seria esse "Arba", descendente dos anunnakis, um semideus que era **tanto grande/forte quanto grandioso**?

O pictograma a partir do qual os sinais cuneiformes para **Lugal** se desenvolveram mostrava o símbolo para **Lu**, ao qual uma coroa foi acrescentada (Figura 73), e ele não indica tamanho. Não possuímos uma imagem para Arba (cujo nome significa, literalmente, "Ele que é Quatro"); mas temos representações pictóricas antigas dos reis sumérios; e, no Período Dinástico Inicial, eles eram representados como homens grandes (por exemplo, Figura 74). Outros exemplos de Ur,

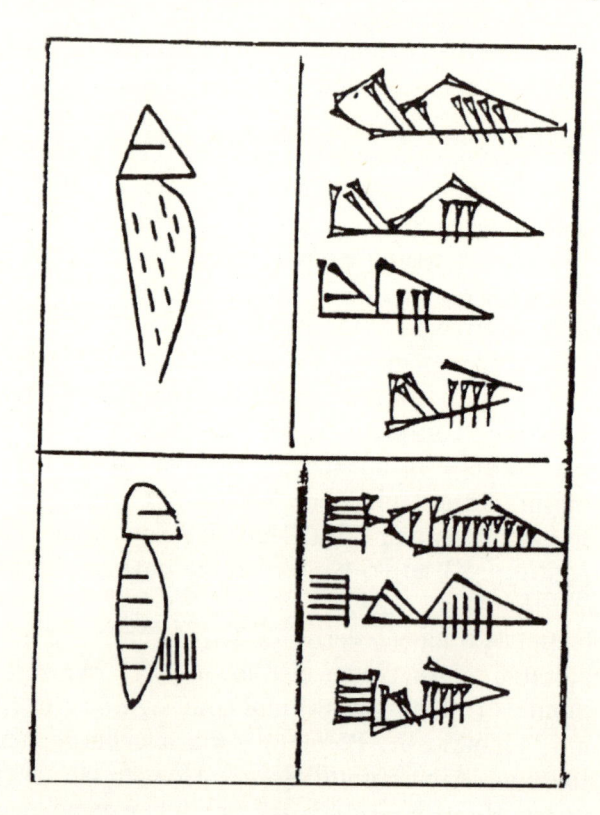

Figura 73

Figura 74

cerca de 2600 a.C., são representações feitas em uma caixa de madeira conhecidas como "O Padrão de Ur", com painéis dos dois lados, um (o "Painel da Guerra", Figura 75) mostra uma cena de soldados marchando e carruagens puxadas por cavalos, e o outro (o "Painel da Paz") apresenta atividades civis e banquetes; a pessoa que se sobressai pelo seu tamanho grande é o rei – o **Lu.gal** (Figura 76, parte do painel).

(Poderia ser relevante mencionar aqui que, quando os israelitas decidiram ter um rei, o escolhido – Saul – foi selecionado porque, "quando estava entre as pessoas, ele era o mais alto de todos a partir dos ombros e para cima". I Samuel 10:23.)

Claro, nem todos os reis da Antiguidade eram parecidos com gigantes. Um cananita grande, Og, o rei de Basan, era tão incomum que a Bíblia o evidencia. Arba – descendente dos anaquins/anunnakis – destacava-se porque era *Ish Gadol*. Embora não fosse um rei, o semideus Adapa – filho de Enki – foi descrito como grande e robusto. Se tais "Homens Grandes" semideuses herdaram essa característica genética de seus pais divinos, esperaríamos que as representações pictóricas de

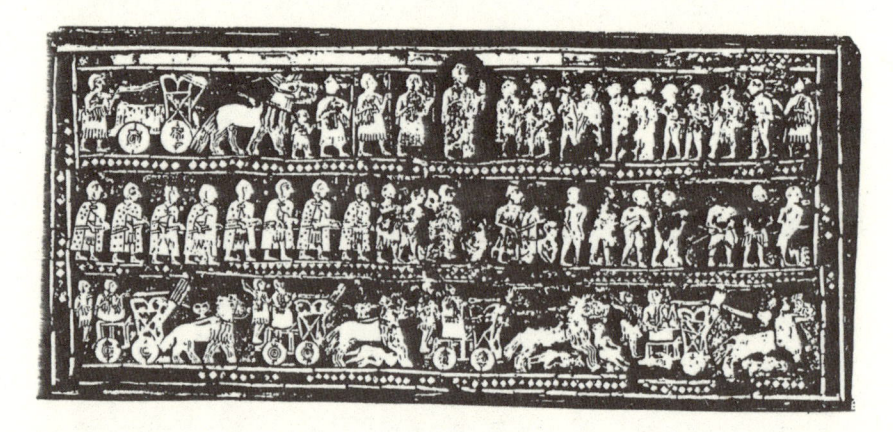

Figura 75

Figura 76

Figura 77

Figura 78

Figura 79

deuses e homens também mostrassem as divindades como relativamente parecidas com gigantes; *e esse era, de fato, o caso*.

Pode ser visto, por exemplo, em uma representação do terceiro milênio de Ur, um **Lugal** despido, maior do que as pessoas que transportam oferendas atrás dele, vertendo uma libação a uma deusa sentada ainda maior, Figura 77. Representações semelhantes foram encontradas em Elam, e a mesma "proporção" entre rei e divindade também é vista em uma imagem de um grande rei hitita oferecendo uma libação ao deus Teshub, ainda maior (Figura 78). Outra perspectiva desse tema pode ser vista na Figura 51, na qual uma divindade menor apresenta um rei a um deus sentado que – caso estivesse de pé – seria, pelo menos, um terço mais alto que os outros.

Tal grandeza, descobrimos, não era limitada aos deuses masculinos; **Ninmah/Ninharsag** (que na sua idade avançada foi apelidada de "A Vaca") era representada como sendo robusta (figura 79). Mais famo-

Figura 80

sa pelo seu tamanho, mesmo na sua juventude, era a deusa **Ba'u** (Figura 80), esposa do deus Ninurta; seu epíteto era *Gula* (= "A Grande").

Havia, de fato, gigantes na Terra nos tempos pré-diluvianos, e depois também. Por sorte, as grandes descobertas arqueológicas dos últimos dois séculos nos possibilitaram identificar e trazê-los à vida – mesmo mortos.

* * *

Apesar de sua afirmação de que os *Gibborim* – Heróis, "*Homens Poderosos*" (isto é, semideuses) – continuaram em épocas pós-diluvianas, a Bíblia não faz quase nenhuma menção a eles até o retorno israelita a Canaã. Só quando Moisés reconta quem habitara Canaã, é que a Bíblia menciona os ***anaquins*** e um subgrupo chamado ***repha'im*** (um termo que poderia significar "Curandeiros"), que, pelo Deuteronômio 2:11, "como *anaquins* são considerados". A maioria (exceto alguns "Filhos de Anaque") foi substituída por uma variedade de nações-tribos que repovoaram aquelas regiões após o Dilúvio.

De acordo com a Bíblia, foi por meio dos três filhos de Noé – ***Sem, Cam e Jafé*** – que sobreviveram ao Dilúvio com suas esposas, que a Humanidade reapareceu: "Foi com eles que toda a Terra foi coberta", declara a Bíblia, lançando uma lista de suas nações-descendentes (Gênesis, capítulo 10). E, nessa longa lista, apenas uma única figura heroica, chamada ***Nimrod***, é nomeada.

Oriundo de Kish (escrito de forma errada "Kush"), Nimrod "era um *Caçador Poderoso* pelas graças de Yahweh"; foi ele "o *Primeiro Herói* na região", segundo os versículos do Gênesis que já citamos. Mencionamos, anteriormente, a suposição acadêmica, baseada na descoberta e decodificação de tabuletas cuneiformes, que "Nimrod" (cujos domínios incluíam Ereque, na região do Sinar) era o famoso sumério Gilgamesh, rei de Ereque/Uruk – uma suposição incorreta, como já foi provado. Mas os epítetos hebraicos aplicados a Nimrod – um *Gibbor*,

Figura 81

um herói, um caçador *Poderoso* – ligam-no, de forma inconfundível, à forma plural *Gibborim*, do Gênesis 6:4, identificando-o como pertencente à linhagem continuada de semideuses. (Na iconografia suméria, **Enlil** era representado como o concedente de um arco de caça à Humanidade, Figura 81.)

A afirmação de que Nimrod foi "gerado" em *Kish* pode servir como uma pista inestimável quanto à sua identidade; ela se oculta, acredito, *irreconhecível entre os semideuses associados com o deus Ninurta.* Associa, sem dúvida alguma, esses versículos bíblicos à Lista de Reis suméria, em que é declarado em relação ao período pós-diluviano:

Após a Inundação arrebatar tudo,
quando o reinado foi trazido (outra vez) do céu,
o reinado foi para Kish.

Kish não era uma das cidades pré-diluvianas reconstruídas exatamente onde existiram quando a Mesopotâmia se tornou, outra vez, habitável; era uma cidade nova, com o objetivo de ser uma capital neutra, cujo estabelecimento seguiu a criação de regiões separadas para os clãs anunnakis em luta.

A calamidade do Dilúvio que ocorreu na Terra – um maremoto colossal causado pelo colapso da calota polar na Antártida – inevitavelmente soterrou o Abzu, com suas instalações de minério de ouro, no sudeste da África. Mas, como pretendia a natureza, a calamidade que destruiu um lado da Terra teve efeitos benéficos do outro lado: nas Terras Além dos Mares, que hoje chamamos de América do Sul, a poderosa avalanche de água expôs veias de ouro extremamente ricas nas (hoje chamadas) montanhas dos Andes, e encheu leitos de rios com pepitas de ouro fáceis de ser apanhadas. Como resultado, o ouro que Nibiru necessitava poderia ser obtido sem o trabalho de mineração. Antecipando-se a Enki, Enlil enviou seu filho Ishkur/Adad para assumir o controle do território dourado. O controle das terras antigas repovoadas tornou-se, assim, assunto de máxima urgência para o clã "privado" de Enki; a criação sugerida de regiões distintas e territórios claramente delineados foi uma tentativa pacificadora de Ninmah.

Antes que o Reinado fosse restabelecido na Terra, após o Dilúvio, um texto que trata do assunto declara: "Os grandes deuses anunnakis, os decisores dos destinos, sentaram-se em concílio, tomaram decisões referentes à Terra e estabeleceram as quatro regiões". A alocação de três regiões condiz com as três ramificações bíblicas de Estado-nação que emanavam dos três filhos de Noé; seu propósito e resultado era alocar a África (e os povos hamíticos) a Enki e seus filhos, e a Ásia e Europa (povos indo-europeus e semíticos) a Enlil e seus filhos. Uma Quarta Região, território exclusivo dos deuses, foi posta de lado para um novo porto espacial pós-diluviano; localizada na Península do Sinai, ela foi colocada sob a égide da neutra Ninmah, auferindo-lhe o epíteto **Nin.harsag** (= "Dama/Senhora do pico da Montanha"). Chamado de *Til.mun* (= "Local/Terra dos Mísseis"), aquele era o local para onde Ziusudra e sua esposa foram levados após o Dilúvio.

O intuito principal na formação das regiões – um acordo de "partilhas iguais", entre os clãs anunnakis e dentro de cada um deles – não foi prontamente obtido. A discórdia e o conflito logo surgiram entre os enkiitas; a cultura egípcia registra, em primeiro lugar, a disputa pelo domínio entre Seth e Osíris, terminando no assassinato deste último e, em seguida, uma guerra de vingança entre Hórus (nascido do sêmen de Osíris) e Seth. Marduk (**Ra**, no Egito), filho de Enki, tentou, repetidas vezes, estabelecer-se em territórios enlilitas. Terminava assim, por causa de uma rivalidade entre os filhos de Enki, Ra/Marduk e Thot/Ningishzida, uma era relativamente pacífica – negociada por Ninmah. Foi necessário outro milênio até que se restabelecessem na Terra e na Humanidade a estabilidade e a prosperidade, tornando possível a visita de estado por parte de Anu à Terra, por volta de 4000 a.C.

Com a criação das civilizações da Humanidade, o quartel-general pós-diluviano de Enlil em ***Ni.ibru*** (*Nippur*, em acadiano) – estabelecido no local preciso da cidade pré-diluviana, mas que deixara de ser o Centro de Controle da Missão – tornou-se inteiramente uma capital religiosa, um tipo de "Vaticano". Um calendário lunissolar foi então fixado: o *Calendário de Nippur*, com um ciclo de 12 períodos ***Ezen*** (= "Festival") – a origem dos "meses". Esse calendário, iniciado em 3760 a.C., ainda é seguido como Calendário Judaico até hoje.

E em seguida os deuses "planejaram a cidade de Kish, esboçaram as suas fundações". A intenção era torná-la a capital nacional, um tipo de "Washington D.C."; e foi ali que os anunnakis iniciaram a linhagem dos reis pós-diluvianos, "trazendo do céu o cetro e a coroa do reinado".

* * *

As escavações conduzidas no sítio da antiga Kish, descritas no nosso capítulo 4, corroboraram vários textos sumérios que nomeavam o deus Ninurta como a divindade titular daquela cidade, suscitando o pensamento de que, talvez, ele fosse o "Nimrod" que era o "Caçador Poderoso" de Yahweh. Mas a Lista de Reis suméria, na verdade, nomeava o primeiro governante de Kish; lamentavelmente, ainda não sabemos quem é, porque a inscrição está danificada mesmo ali, deixando legíveis apenas as sílabas *Ga.--.--.ur*. O que se pode ler com clareza é a afirmação de que ele reinou por 1.200 anos!

O nome do segundo governante de Kish está completamente danificado, mas pode-se ler que seu reinado durou 860 anos. Ele foi seguido no trono de Kish por dez nomes legíveis de reis com reinados que duraram 900, 840, 720 e 600 anos. Uma vez que surgem números divisíveis por 6 ou 60, a pergunta sem resposta é se essas são extensões de reinados factuais ou os antigos escribas que fizeram as cópias leram mal, e deveria ter sido 200 (ou 20) para Ga.--.--.ur, 15 em vez de 900 para o próximo, etc. Qual das opções?

Os 1.200 anos do reinado de Ga.--.--.ur, caso estejam corretos, colocam-no na categoria dos patriarcas bíblicos pré-diluvianos (que viveram quase mil anos cada), e seus sucessores imediatos um pouco à frente dos filhos de Noé (Sem viveu até 600 anos). Se Ga.--.--ur foi um semideus *Gibbor*, 1.200 anos, no caso dele, poderiam ser plausíveis. Como seriam os 1.560 anos atribuídos ao 13º rei de Kish, **Etana**, em relação ao qual a Lista de Reis faz a longa notação: "Um pastor, ele que ao céu ascendeu, que consolidou os países". Nesse caso, a notação real é corroborada por literatura descoberta, incluindo um texto antigo de duas tabuletas que relata *A Lenda de Etana*, pois ele fora, de fato, um rei que "ao céu ascendeu".

Um governante benevolente, Etana ficou desesperançado pela falta de um herdeiro masculino, causada pelas dificuldades de gravidez de sua esposa que apenas poderiam ser curadas com a celestial Planta do Nascimento. Por isso, ele apelou ao seu deus patrono, Utu/Shamash, para que o ajudasse a obtê-la. Shamash levou-o a um "ninho de águia"; e, após superar várias dificuldades, a Águia levou Etana para cima, para o "Portal do céu de Anu".

Conforme subiam cada vez mais alto, a Terra por baixo deles parecia cada vez menor:

Quando ele transportou Etana para cima um *beru*,
a Águia diz a Etana:
"Veja, meu amigo, como a terra parece!
Observe o mar, ao lado da casa da montanha –
A terra tornou-se uma mera colina,

o vasto oceano é apenas como uma cuba".

Subindo para o segundo *beru* (uma medida de distância, mas também de graus do arco celestial), a Águia, mais uma vez, instigou Etana a olhar para baixo:

"Meu amigo,
Dê uma olhadela em como a Terra parece!
A terra tornou-se um sulco ...
O vasto oceano é apenas como uma cesta de pão!"

"Após a Águia transportá-lo para cima, a um terceiro *beru*", a terra "transformou-se em um fosso de jardineiro". E então, à medida que continuavam a ascender, a Terra subitamente desapareceu de vista; e, como o assustado Etana disse mais tarde: "Quando olhei à minha volta, a terra desaparecera!"
De acordo com uma versão do conto, Etana e a Águia "passaram pelo portal de Anu". De acordo com outra versão, Etana ficou alarmado e gritou para a Águia: "Estou procurando a Terra, mas não consigo vê-la!". Assustado, ele gritou para a Águia: "Eu não posso ir para os céus! Pegue o caminho de volta!".
Atendendo aos gritos de Etana, que "estava agachado nas asas da Águia", a Águia voltou para a Terra; mas (de acordo com esta versão) Etana e a Águia fizeram uma segunda tentativa. Parece que dessa vez deu certo, pois o próximo rei de Kish, Balih, é identificado como sendo "filho de Etana". Ele reinou apenas 400 (ou 410) anos.
O conto de Etana foi representado por artistas antigos em selos cilíndricos (Figura 82), um que começa com a "Águia" em seu "covil", e outro que mostra Etana pairando entre a Terra (= 7 pontos) e a Lua (identificada pelo crescente). O conto é instrutivo em vários aspectos: ele descreve, de forma realista, um voo pelo espaço com a Terra sumindo de vista; também corrobora o que muitos outros textos sugerem – que idas e vindas entre a Terra e Nibiru ocorreram bem mais que uma vez em 3.600 anos. O conto realmente não menciona o *status* de mortal ou de semideus de Etana; mas podemos apenas especular que não seriam permitidos a Etana os voos espaciais, nem um reinado pretendido de um milênio e meio, caso ele não fosse um semideus.
O fato de uma inscrição mais tardia prefixar o nome de Etana com o "Dingir" determinativo reforça a conclusão de que Etana, de fato, foi gerado de maneira divina; e uma notação em outro texto de que Etana

Figura 82

possuía a mesma "Semente Pura" da qual Adapa provinha pode servir como pista para saber quem era o pai.

A possibilidade de que os 23 reis de Kish alternavam entre semideuses e seus descendentes mortais nos ocorre quando chegamos ao 16º rei, *En.me.nunna*, que governou por 1.200 anos e foi seguido por seus dois filhos com reinados igualmente mortais de 140 e 305 anos. Seguiram-se reis com reinados de 900 e 1.200 anos; e então ***En.me.bara.ge.si***, "que levou como espólios as armas de Elam, tornou-se rei e governou por 900 anos".

Embora a contagem de *Shar* já não exista, os dois nomes teofóricos soam familiares; eles colocam esses reis pós-diluvianos na mesma categoria de nomes que os pré-diluvianos (das tabuletas WB e da lista de Beroso) *que tinham deuses como pais*. Também fornecem uma dimensão histórica à lista de Kish, pois o nome Enmenbaragesi estava inscrito em um artefato arqueológico – um vaso de pedra, hoje no Museu do Iraque, em Bagdá; *Elam* (cujas armas ele levou como espólios) foi um reino do qual se tem confirmação histórica.

Aka, filho de Enmebaragesi, que governou por 629 anos, completou a lista dos 23 reis de Kish que "governaram um total de 24.510 anos, três meses e três dias e meio" – alguns quatro milênios, se divididos por 6, apenas quatro séculos se reduzidos por 60. E, então, o reinado na Suméria foi transferido para Uruk.

* * *

O lugar do Reinado central foi transferido de Kish para Uruk, em algum momento, por volta de 3000 a.C.; e não precisamos adivinhar quem reinou ali, pois isto é o que a Lista de Reis declara sobre o primeiro rei de Uruk:

Em Uruk,
Mes.kiag.gasher, *filho de dUtu*,
tornou-se alto sacerdote e rei
e governou por 324 anos.
Mes.kiag.gasher
entrou no mar
(e) saiu nas montanhas.

Embora obviamente um semideus, gerado pelo deus Utu/Shamash, não mais de 324 anos (também um número divisível por 6, como podemos notar) são designados a ele; e nenhuma explicação é dada por tão curto reinado de um semideus em pleno direito. Seu nome exprimia o significado "Habilidoso, destro". E uma vez que nenhum outro texto sobre Meskiaggasher foi encontrado, podemos apenas especular que o oceano que ele atravessou para alcançar uma região de montanhas – uma viagem digna de menção – era o Golfo Pérsico ("Mar Inferior") e a região de Elam, respectivamente.

Uruk (a Ereque da Bíblia) foi estabelecida não como uma cidade, mas como um local de descanso para Anu e Antu, quando vieram à Terra em visita de Estado, por volta de 4000 a.C. Quando partiram, Anu ofereceu-a como presente à sua bisneta **Irninni**, apelidada e mais conhecida daí em diante por **In.Anna** (= "A Amada de Anu"), ou seja, **Ishtar**. Ambiciosa e empreendedora – a Grande Lista de Deuses registra mais de cem epítetos para ela! –, Inanna, sobrepujando o conquistador de mulheres Enki, conseguiu obter dele mais de cem *Mé* ("Fórmulas Divinas") necessários para tornar Uruk na cidade principal.

A tarefa de realmente elevar Uruk à condição de cidade maior foi levada a cabo pelo rei seguinte daquela cidade, **Enmerkar**. De acordo com a Lista de Reis suméria, foi ele "quem construiu Uruk". Evidências arqueológicas sugerem que foi ele quem construiu as primeiras paredes protetoras da cidade, e expandiu o templo de *E.Anna* a um recinto sagrado digno de uma grande deusa, a deusa Inanna. Um vaso de alabastro de Uruk talhado de maneira requintada – um dos objetos mais preciosos do Museu do Iraque, em Bagdá – mostrava uma procissão de adoradores, liderados por um rei despido parecido com um gigante, trazendo oferendas para a "Senhora de Uruk".

Chamado, na Lista de Reis, de "filho de Mes.Kiag.gasher", Enmerkar reinou por 420 anos – quase um século a mais que seu pai semideus. Sabe-se muito mais dele, pois foi tema de vários contos épicos, o mais longo e mais histórico dos quais é conhecido como o conto de *Enmerkar e o Senhor de Aratta* – do qual uma das revelações declara, de forma muito clara e repetida, que ***o pai verdadeiro de Enmerkar era o deus Utu/Shamash***. Isso faz dele um parente direto, e não apenas um venerador, da irmã de Utu, Inanna; e aqui encontramos uma explicação para viagens enigmáticas a um reino distante.

O estabelecimento de Quatro Regiões tinha o objetivo de restaurar a paz entre os clãs anunnakis por meio de um acordo que "permitia a cada um agir conforme quisesse" (a Planície Tigre-Eufrates, sob o comando dos enlilitas, foi a Primeira Região; África, sob o comando dos enkiitas, foi a Segunda Região). Outra ideia foi acentuar a paz por intermédio do intercasamento; e eleita para esse propósito foi a neta de Enlil, Inanna/Ishtar, e o deus pastor **Dumuzi** – o filho mais jovem de Enki (mas apenas um meio-irmão de Marduk). Referências em vários textos sugerem que a não designada Terceira Região, o vale do Rio Indo, deveria servir como um dote para o jovem casal. (A Quarta Região, da qual a Humanidade era excluída, tratava-se do porto espacial na Península do Sinai.)

Casamentos arranjados faziam parte dos registros anunnakis, tanto em Nibiru quanto na Terra; uma das mais recentes ocorrências na Terra está registrada em um conto sobre Enki e Ninharsag: seu ato sexual resultou no nascimento de apenas mulheres e, então, ambos passaram o tempo buscando esposos para elas. Nessas circunstâncias, os jovens Inanna e Dumuzi não apenas gostaram um do outro, mas se apaixonaram. Comprometidos para casar, seu tórrido amor e suas relações sexuais são descritos em longos e detalhados poemas, a maior parte composta por Inanna, o que lhe deu a reputação de Deusa do Amor (Figura 83a). Os poemas também revelavam a ambição de Inanna de se tornar, por intermédio do casamento, Senhora do Egito, o que alarmou Marduk/

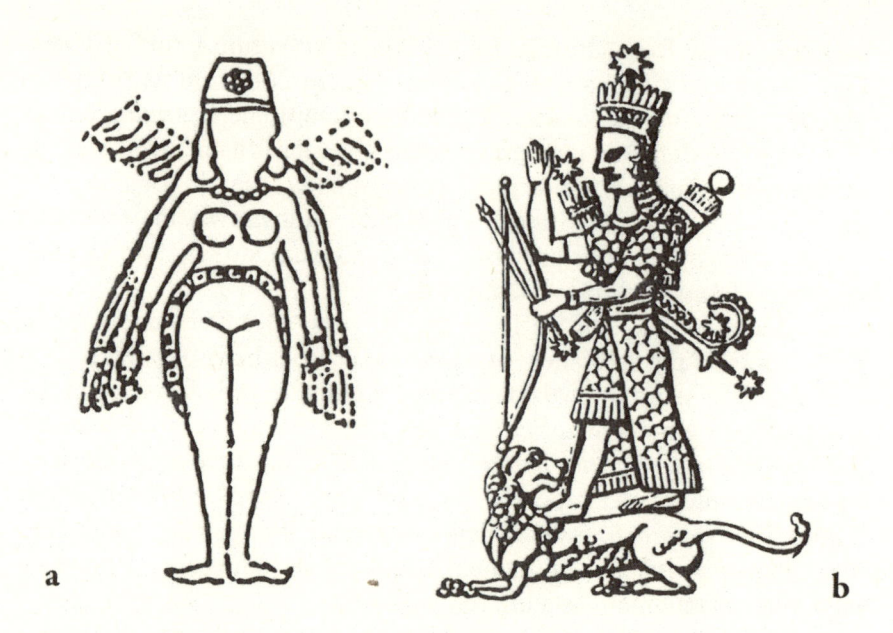

Figura 83

Ra, filho de Enki; seus esforços para interromper o casamento levaram – involuntariamente, ele afirmou – à morte, por afogamento, de Dumuzi.

Lastimando-se e furiosa, Inanna lançou batalhas violentas contra Marduk/Ra, estabelecendo o recorde de Deusa da Guerra (Figura 83b). Apelidada por nós de "As Guerras das Pirâmides", no livro *As Guerras dos Deuses e dos Homens*, elas perduraram por vários anos e terminaram apenas com a prisão e, em seguida, exílio de Marduk. Os grandes deuses tentaram consolar Inanna concedendo-lhe domínio exclusivo do distante Reino de Aratta, situado além do leste de Elam/Irã e após sete cordilheiras.

No livro *O Caminho para o Céu*, sugeri que o Reino de Aratta ficava na Terceira Região – o que hoje é descrito como a Civilização do Vale do Indo (com seu centro, chamado Harappa pelos arqueólogos, localizado no significativo 30 graus paralelo norte). Assim, ali estava o destino da viagem de Meskiaggasher e o local dos acontecimentos importantes que se seguiram.

O contexto para o relato *Enmerkar e o Senhor de Aratta* era a estranha situação de que a Cidade de Uruk e o Reino de Aratta veneravam a mesma deusa, Inanna. Além disso, o anônimo rei de Aratta é, repetidas vezes, identificado como "*semente implantada no ventre por Dumuzi*" – uma afirmação enigmática que nos faz pensar não apenas

Figura 84

em quem seria a mãe, mas também se houve uma inseminação artificial *post-mortem*. (A ocorrência de tal inseminação artificial está registrada nos contos dos deuses egípcios, quando o deus Thot extraiu sêmen do falo do morto e desmembrado Osíris e impregnou-o em Ísis, esposa deste último que, então, deu à luz o deus Hórus.)

Intitulando-se "Enlil Junior da Suméria", Enmerkar procurou estabelecer a superioridade de Uruk, renovando e ampliando o antigo templo de Anu, o E.anna, como o principal santuário de Inanna, e rebaixando Aratta ao *status* de segunda classe, obrigando que a cidade enviasse a Uruk "contribuições" de pedras preciosas, lápis-lazúli e cornalina, ouro e prata, bronze e chumbo. Quando Aratta, descrita no texto como "um local de montanhas de prata e lápis-lazúli", entregou seu tributo, o coração de Enmerkar engrandeceu-se e ele enviou seu

Figura 85

embaixador a Aratta com uma nova exigência: "Que Aratta submeta-se a Uruk!", caso contrário, haveria guerra!

Mas o rei de Aratta – que devia ser parecido com esta estátua encontrada em Harappa, Figura 84 –, falando em uma língua estranha, indicou que não compreendia o que o emissário dizia. Determinado, Enmerkar buscou a ajuda de **Nidaba**, deusa da escrita, para que escrevesse em uma tabuleta de argila uma mensagem a Aratta em uma língua que seu rei pudesse compreender, e enviou-a com outro emissário especial (o texto sugere aqui que esse emissário *voou* para Aratta: "O arauto bateu as asas" e, de imediato, atravessou as montanhas e chegou a Aratta).

A tabuleta de argila inscrita – uma novidade para o rei de Aratta – e os gestos do emissário expressaram as ameaças de Uruk. Mas o rei de Aratta depositou sua fé em Inanna: "Inanna, senhora das terras, não abandonou sua Casa em Aratta, não entregou Aratta a Uruk!", ele disse; e o embate continuou sem solução.

Durante algum tempo depois disso, Inanna dividia sua presença entre os dois lugares, viajando entre eles em seu "Barco Celestial". Às vezes, ela mesma dirigia, vestida como piloto (Figura 85), outras vezes sua aeronave era comandada por seu piloto pessoal, Nungal. Mas estiagens prolongadas que devastaram a economia de Aratta, baseada em grãos, e a centralidade da Suméria fizeram de Uruk o vencedor final.

* * *

Vários outros contos heroicos a respeito de Enmerkar destacam o rei seguinte de Uruk, **Lugal.banda**. A Lista de Reis declara, de forma lacônica, "O Divino Lugalbanda, um pastor, reinou por 1.200 anos". Porém, mais informações a respeito dele são fornecidas em textos como *Lugalbanda e Enmerkar*, *Lugalbanda e o Monte Hurum* e *Lugalbanda na Montanha da Escuridão* – textos que descrevem diferentes episódios heroicos que poderiam ser segmentos de um texto amplo, um Épico de Lugalbanda, nos moldes do Épico de Gilgamesh.

Em um dos relatos, Lugalbanda é um dos vários comandantes que acompanham Enmerkar em uma campanha militar contra Aratta. Quando chegam ao Monte Hurum, que fica no caminho, Lugalbanda adoece. Os esforços de seus companheiros para ajudá-lo fracassam, e eles o abandonam para morrer, planejando buscar seu corpo na volta. Mas os deuses de Uruk, liderados por Inanna, ouvem as preces de Lugalbanda; utilizando "pedras que emitem luzes" e "pedras que fortalecem", Inanna restabelece sua vitalidade e não morre. Ele vagueia sozinho pelo deserto, afastando animais selvagens que uivam, pítons e escorpiões. Por fim (supostamente, pois a tabuleta está danificada aqui) ele encontra o caminho de volta para Uruk.

Em outro conto, ele está em uma missão atribuída por Enmerkar, em Uruk, de encontrar Inanna, em Aratta, buscando a ajuda dela para resolver a escassez de água em Uruk. Entretanto, no segmento mais interessante da versão, Lugalbanda é representado como um emissário especial de Enmerkar para o rei de Aratta. Enviado sozinho em uma missão secreta e com uma mensagem confidencial que ele teve de memorizar, seu caminho é bloqueado em uma passagem de montanha vital pelo *"**Anzu Mushen**"*, um pássaro monstro cujos "dentes são como os de um tubarão e suas presas como as de um leão", e que pode matar e carregar um touro. Definido no texto pelo determinativo **mushen**, que significa "Pássaro", o "Pássaro Anzu" afirma que Enlil o instalou ali como Guardião, e ele desafia Lugalbanda a verificar sua identidade:

> Se você for um deus,
> a (contra) senha a você eu direi,
> em amizade o deixarei entrar.
> Se você for um *Lul.lu*,
> seu destino eu determinarei – (pois)
> nenhum adversário é permitido na Região das Montanhas.

Estupefato, talvez, pelo uso de um termo pré-diluviano, Lu.lu, para "Homem", Lugalbanda respondeu com seu próprio jogo de palavras. Referindo-se ao recinto sagrado de Uruk, ele disse:

> *Mushen*, no *Lal.u* eu nasci;
> *Anzu*, no "Grande Recinto" eu nasci.

Em seguida, "Lugalbanda, ele da amada semente, estendeu sua mão" e disse:

> Como o divino Shara eu sou,
> ***o amado filho de Inanna.***

Figura 86

O deus **Shara** é mencionado em vários textos como filho de Inanna, embora nunca com nenhuma indicação de quem fora seu pai. Há um palpite de que ele fora concebido durante a visita de Anu à Terra; o Conto de Zu identifica Shara como "o *primogênito* de Isthar" – admitindo a existência de outros, sem citação de nomes. Não há menção de que as sessões amorosas de Inanna com Dumuzi tenham produzido um filho, e é sabido que após a morte de Dumuzi, Inanna introduziu o ritual do "Sagrado Matrimônio", no qual um homem de sua escolha (em geral, o rei) passaria uma "noite de bodas" com ela no aniversário da morte de Dumuzi; mas nenhum descendente foi registrado. O que deixa desconhecida a identidade do pai de Lugalbanda, embora a inclusão do termo *lugal*, como parte do seu nome, sugira uma linhagem real.

É digno de atenção o fato de que o significado do nome **Lugal.banda** seja mais bem definido pelo apelido "Baixinho", pois é isso que seu nome significava, literalmente: **Lugal** = Rei, **banda** = "De menor/baixa [estatura]". Não possuindo o grande porte dos outros semideuses, ele parece ter sido mais como sua mãe nesse aspecto: quando uma estátua de tamanho natural de Inanna foi descoberta em um sítio chamado Mari, os arqueólogos tiraram uma fotografia deles mesmos com a estátua (Figura 86); e, de fato, Inanna parecia a mais baixa do grupo.

Quem quer que fosse o pai de Lugalbanda, o fato de uma deusa – Inanna – ser sua mãe auferiu-lhe o determinativo **Dingir** antes de seu nome, e qualificou-o a **ser escolhido para se tornar o consorte de uma deusa chamada Ninsun**. Seu nome, com o determinativo **Dingir**, conclui a lista de Inanna na Tabuleta IV, da Grande Lista de Deuses, e lhe é concedida a honra de iniciar a Tabuleta V, seguido pela *d*Ninsun *dam bi sal* – "divina Ninsun, mulher, sua esposa" – e pelos nomes de seus filhos e vários criados da corte.

O que nos leva ao maior de todos os contos épicos de semideuses e à Busca pela Imortalidade – e à existência de evidências físicas que podem provar isso tudo.

A CONFUSÃO DAS LÍNGUAS

De acordo com a Bíblia, quando as pessoas começaram a reassentar a Terra, após o Dilúvio, toda a Humanidade falava uma língua (Gênesis II:I):

Toda a Terra possuía a mesma língua
e um tipo de palavras.

Foi então que as pessoas "vieram do leste, encontraram uma planície na terra do Sinar e se estabeleceram ali". Mas elas começaram a "construir uma cidade e uma torre cujo ápice alcançará o céu". Foi com o intuito de deter tais ambições por parte da Humanidade que Yahweh, tendo "descido para ver a cidade e a Torre", preocupou-se e disse: "Vamos descer e confundir, ali, a língua deles, para que não compreendam o discurso um do outro". Foi a edificação da "Torre de Babel" que fez com que Yahweh "confundisse as línguas da Humanidade", e "espalhasse-as, a partir dali, por toda a face da Terra".

Então, utilizando um jogo de palavras – a semelhança do verbo hebraico *BLL* (= "confundir, misturar") com o nome da cidade (*"Babel"* = Babilônia) a Bíblia explica: "Assim, seu nome é Babel, pois foi ali que Yahweh *BLL* (= "confundiu") a língua da Terra". O historiador grego Alexandre Polímata, citando Beroso e outras fontes, também afirma que, antes de construir uma grande e elevada torre, a Humanidade "possuía uma língua".

Que toda a Humanidade – derivada dos três filhos de Noé – falasse uma língua, logo a seguir ao Dilúvio, é uma afirmação plausível. De fato, isso pode explicar por que os primeiros termos e nomes em egípcio soam como hebraico: a palavra para "deus" era *Neteru*, "guardiões", o que condiz com o hebraico *NTR* (= "Guardar, observar"). O nome da divindade principal, *Ptah*, que significa "Ele que desenvolve/cria", é parecido com o verbo hebraico *PTH* e possui um significado semelhante. O mesmo acontece com *Nut* (= "Céu") do *NTH* – abrir um toldo; *Geb* ("Ele que amontoa") vem de *GBB* ("amontoar"), etc.

A Bíblia, então, afirma que a Confusão das Línguas foi *um ato divino deliberado*. **Imagine encontrar corroboração para isso nos textos de Enmerkar!**

Relatando a incapacidade dos emissários de Enmerkar e do rei de Aratta em se compreender, o texto sumério observou que "era uma vez –

Toda a Terra, todos os povos em uníssono.
A Enlil, em uma língua, dedicavam louvores.

Mas **Enki**, colocando rei contra rei, príncipe contra príncipe, "colocou em suas bocas uma língua confusa, e a língua da Humanidade foi confundida".

De acordo com os épicos de Enmerkar, Enki assim fez...

XII

Imortalidade: a Grande Ilusão

Houve um tempo em que toda a Humanidade viveu no Paraíso – saciada ao comer o Fruto do Conhecimento, mas proibida de se aproximar do fruto da Árvore da Vida. Então, Deus, desconfiando da sua própria criação, disse a colegas anônimos: O Adão, ao comer da Árvore do Conhecimento, "tornou-se um de nós; e se ele estender a mão e tirar, também, da Árvore da Vida e comer, e viver para sempre"? E para evitar que isso acontecesse, Deus expulsou Adão e Eva do Jardim do Éden.

Desde então, o Homem tem buscado essa imortalidade recusada por Deus. Mas, durante os milênios, passou despercebido o fato de que, quando se tratava da Árvore do Conhecimento, *Yahweh Elohim* declarou que, ao comer dela, "O Adão se tornou um de nós" – mas a expressão "um de nós" não é usada quando se trata do "viver para sempre" por meio do fruto da Árvore da Vida.

Seria por que a "Imortalidade", que oscilava perante a Humanidade como um atributo distintivo dos deuses, era nada mais do que uma Grande Ilusão?

Se alguém realmente tentou encontrá-la foi Gilgamesh, rei de Uruk, filho de Ninsun e Lugalbanda.

Por mais encantadoras e reveladoras que sejam as histórias de Enmerkar e Lugalbanda, sem dúvida o *Lugal* pós-diluviano e semideus de quem temos mais longos e registros mais detalhados é *Gilgamesh*, que governou em Uruk desde cerca de 2750 até cerca de 2600 a.C. O extenso *Épico de Gilgamesh* relata sua busca pela imortalidade – por que "dois terços dele são divinos, um terço dele é humano", e ele acreditava que, por isso mesmo, não deveria "espreitar por cima do muro" como um mortal.

A linhagem genealógica que o tornava mais do que um semideus, mais do que 50% deus, era impressionante. Seu pai, Lugalbanda, rei e sumo sacerdote em Uruk, era filho de Inanna e dotado com o determinativo "divino". Sua mãe, *Nin.sun* (= "Senhora que Irriga"), era filha das grandes divindades **Ninurta** e sua esposa **Ba'u**, o que explica por que Gilgamesh era descrito como sendo da "essência de Ninurta" (o primeiro filho de Enlil). A própria Bau não era de nenhuma linhagem medíocre: era a filha mais nova de Anu.

O legado de Gilgamesh não parava por aí. Ele nasceu na presença, e sob a égide, do deus **Utu** (irmão gêmeo de Inanna e neto de Enlil) – um aspecto que leva os estudiosos a chamarem Utu/Shamash de "padrinho" de Gilgamesh. E também era "visto com bons olhos" pelo lado enkiita, pois seu nome teofórico completo, **Gish.bil.ga.mesh**, ligava-o a **dGibil**, um filho de Enki e o deus das fundições de metal.

De acordo com a versão hitita do Épico de Gilgamesh, ele era *"altivo, dotado com um porte sobre-humano"* – atributos, sem dúvida, herdados não de seu pai ("Rei Baixinho"), mas do lado de sua mãe, pois a mãe de Ninsun, a deusa Bau, fazia jus ao seu apelido **Gula** – modesta e simples, "A Grande".

Dotado com talentos e destrezas por vários deuses, alto, musculoso e bem constituído (Figura 87), Gilgamesh era comparado a um touro selvagem; com espírito audacioso e indômito, ele vivia desafiando os jovens da cidade a competições de luta (que ele sempre ganhava). "Desenfreado em arrogância", ele "não deixava uma donzela em paz". Por fim, os anciões da cidade apelaram aos deuses para que interrompessem Gilgamesh quando ele começou a exigir "primeiros direitos" com noivas em sua noite de núpcias.

Respondendo, os deuses moldaram na estepe um homem selvagem como um duplo de Gilgamesh – "Como Gilgamesh em porte, embora mais baixo em estatura". Chamado *Enki.du* (= "Por Enki criado"), sua tarefa constituía em seguir Gilgamesh e forçá-lo a mudar seus modos. Ao descobrir que tinham em mãos um Primitivo tosco que desconhecia comida preparada e fazia amizade com animais, os anciões colocaram-no do lado de fora da cidade, com uma prostituta, para aprender "os modos do Homem". Ela também limpou e vestiu-o, e fez cachos em seu cabelo; quando, por fim, ele adentrou a cidade, era uma cópia de Gilgamesh!

Desafiado a uma competição de luta por um incrédulo Gilgamesh, Enkidu venceu-o e incutiu humildade nele; e os dois tornaram-se companheiros inseparáveis.

Privado de sua soberba e perdendo sua bravura, Gilgamesh começou a ponderar as questões da idade, da vida e da morte. "Na minha cidade, os homens morrem, oprimido está meu coração; o homem perece, pesado está meu coração", Gilgamesh disse a seu "padrinho" Utu. "Também eu espreitarei por cima do muro, serei desse modo condenado?", perguntou. A resposta que obteve de seu mentor não era encorajadora:

Figura 87

Por que, Gilgamesh, você perambula por aí?
A Vida que você procura, não encontrará!
Quando os deuses criaram a Humanidade,
Morte para a Humanidade eles destinaram;
Vida duradoura eles retiveram em seu próprio domínio.

Viva e desfrute a vida dia após dia, Utu/Shamash aconselhou Gilgamesh; mas uma série de sonhos e presságios, incluindo a colisão de um objeto celestial, convenceram Gilgamesh de que ele poderia evitar um fim mortal caso se juntasse aos deuses em sua morada celestial. Enkidu, ele soube, conhecia o caminho para o "Local de Aterrissagem dos Anunnakis", na Floresta dos Cedros – uma grande plataforma com uma torre de lançamento, tudo construído com colossais blocos de pedra, que servia como um terminal terrestre para os igigis e seu ônibus espacial (veja Figura 60). Era um local de onde ele podia ser levado para o alto pelos igigis; e Gilgamesh pediu conselho e ajuda à sua mãe. Disse-lhe que "apenas os deuses podem escalar o céu, apenas os deuses vivem para sempre sob o sol"; e, advertido por Enkidu sobre o monstro Huwawa que protege o lugar, Gilgamesh respondeu com palavras que ressoam até hoje:

Quanto à Humanidade, contados estão os seus dias;
Qualquer coisa que conquistem, será apenas vento ...
Deixe-me ir diante de você,
Que a sua boca exclame, "Avance! Não tema!"
E, caso eu tombe,
Terei construído meu nome:
"Gilgamesh", eles dirão,
"contra o feroz Huwawa tombou".

Ao perceber que Gilgamesh não seria dissuadido, Ninsun, sua mãe, apelou a Utu/Shamash para que concedesse proteção extra a Gilgamesh. "Sábia e versada em todos os conhecimentos", Ninsun também era prática. Levando Enkidu para um canto, ela o fez jurar que protegeria Gilgamesh fisicamente. Para assegurar sua fidelidade, ela ofereceu-lhe uma recompensa que ultrapassava o sonho de qualquer um: *uma jovem deusa como esposa*. (As linhas parcialmente danificadas, no final da Tabuleta IV do Épico, sugerem que Ninsun discutira com **Aya**, esposa de Utu/Shamash, sobre qual de suas filhas deveria ser a noiva.)

Então, o próprio Utu/Shamash ofereceu a Gilgamesh e Enkidu sandálias divinas que lhes permitiam alcançar as Montanhas dos

Cedros em uma fração de segundo, e os companheiros seguiram em sua aventura pela Floresta de Cedros.

Embora nenhum mapa tenha sido descoberto junto ao texto antigo, não há nenhuma incerteza quanto ao destino dos companheiros: em todo o Oriente Próximo – em toda a Ásia –, há apenas uma Floresta de Cedros: nas montanhas onde hoje fica o Líbano; e era ali que se encontrava o "Local de Aterrissagem" dos deuses.

Ao chegar à cordilheira, os companheiros ficaram espantados com a visão das majestosas árvores de cedro e pararam para passar a noite ao pé da floresta. Mas, durante a noite, Gilgamesh foi despertado por um tremor de terra; ele conseguiu vislumbrar uma "câmara celeste" erguendo-se. "A visão que Gilgamesh teve foi absolutamente impressionante":

> Os céus guincharam, a terra rebentou;
> Embora o dia estivesse nascendo, a escuridão surgiu.
> Raios cintilaram, uma labareda disparou.
> As nuvens dilataram-se, choveu morte!
> Então, o brilho desapareceu; o fogo sumiu;
> E tudo que caíra se tornara cinzas.

Figura 88

A visão e os ruídos do lançamento de um foguete espacial foi, de fato, impressionante; mas, quanto à Gilgamesh, os acontecimentos da noite confirmaram que eles haviam chegado ao "Local de Aterrissagem" dos deuses. (Uma moeda fenícia, de uma época muito posterior, ainda mostrava o sítio com um foguete aprumado em sua plataforma, Figura 88.) Ao romper do dia, os companheiros começaram a buscar a entrada, cautelosos, evitando "árvores-armas que matam". Enkidu encontrou o portão; mas, quando tentou abri-lo, foi lançado para trás por uma força invisível. Durante 12 dias, ele ficou paralisado.

Quando foi capaz de se mover e falar outra vez, ele suplicou a Gilgamesh que desistisse da tentativa de abrir o portão. Mas Gilgamesh tinha boas notícias: enquanto Enkidu estivera imobilizado, ele (Gilgamesh) encontrara um túnel; o que poderia levá-los diretamente ao centro de comando dos anunnakis! Ele persuadiu Enkidu de que o túnel seria a melhor forma de entrada.

A entrada do túnel estava bloqueada por árvores e arbustos, terra e rochas. Conforme os companheiros começaram a limpar tudo, "Huwawa ouviu o ruído e irritou-se". Guardião do local, Huwawa era tão monstruoso quanto Enkidu o havia descrito: "Poderoso, seus dentes como os dentes de um dragão, sua face, a face de um leão, sua chegada como a avalanche de uma inundação". Mais feroz era o seu "raio de luz cintilante": emanando de sua testa, "ele devorava árvores e arbustos: ninguém podia escapar de sua fúria assassina (...) Como um terror para os mortais, Enlil o designara".

Com "o caminho para a morada secreta dos anunnakis aberto", os companheiros aproveitaram para relaxar e saborear a vitória. Eles pararam para descansar às margens de um riacho; e Gilgamesh despiu-se para se banhar e refrescar. Sem que eles soubessem, a deusa Inanna observava-os de sua câmara celestial. Atraída pela constituição física impressionante do rei, a sempre jovem Inanna deixou seu desejo bem claro quando se dirigiu a ele:

Venha, Gilgamesh, seja meu amante!
Conceda-me o fruto do seu amor,
Seja meu homem,
Eu serei sua mulher!

Prometendo-lhe uma carruagem dourada, um palácio magnífico e soberania sobre outros reis e príncipes, Inanna estava certa de ter aliciado Gilgamesh; mas, ao responder, ele salientou que não tinha nada para oferecer a ela, uma deusa, em troca; e, quanto ao "amor" que ela prometia – quanto tempo durara seu amor anterior? Citando cinco deles, Gilgamesh descreveu como Inanna os jogava fora "como um sapato que machuca o pé de seu dono", um após o outro, não se interessando por eles quando perdiam o vigor.

A rejeição enfureceu Inanna. Ao reclamar a Anu, "Gilgamesh insultou-me!", ela lhe pediu que soltasse contra Gilgamesh o **Gud.anna** – o "Touro de Anu", ou o "Touro do Céu" – que vagava pela Montanha de Cedro. E, embora advertida por Anu de que a soltura da fera traria sete anos de fome, Inanna insistiu para que Anu a liberasse.

Esquecendo o túnel e o Local de Aterrissagem, Gilgamesh e Enkidu correram para se salvar.

As sandálias mágicas oferecidas por Utu possibilitou-lhes atingir "a distância de um mês e 15 dias em três dias de viagem". Gilgamesh apressou-se para a cidade com o objetivo de mobilizar seus combatentes; Enkidu fez frente ao monstro do lado de fora das muralhas de Uruk. Cada resfolego do Touro do Céu criava um buraco onde caíam cem guerreiros. Mas, conforme o Touro do Céu se virou, Enkidu atacou-o por trás e matou-o.

Sem palavras de início, "Inanna ergueu um grito a Anu", exigindo que os assassinos de Huwawa e do Touro do Céu fossem levados a

Figura 89

julgamento. Um artista antigo representou em um selo cilíndrico (Figura 89) um soberbo Enkidu com o Touro do Céu morto, e Inanna dirigindo-se a Gilgamesh por baixo do Disco Alado.

Reunidos para discutir, o ponto de vista dos deuses diferia. Tendo assassinado tanto Huwawa quanto o Touro do Céu, Enkidu e Gilgamesh deveriam morrer, disse Anu. Gilgamesh não cometeu nenhum assassinato, apenas Enkidu deve morrer, disse Enlil. Os companheiros foram atacados pelos monstros, por isso ninguém deveria morrer, disse Utu. No fim, Gilgamesh foi poupado; Enkidu foi sentenciado a trabalhar na Terra das Minas.

* * *

Ainda fervendo com a tentativa frustrada na Floresta de Cedros, Gilgamesh não desistiu da busca de se juntar aos deuses em sua Morada Celestial. Além do Local de Aterrissagem a norte, havia o porto espacial, "aonde os deuses ascendiam e desciam". Ponto central das novas instalações anunnakis para decolagem e aterrissagem, esse porto tinha o objetivo de substituir os anteriores, destruídos pelo Dilúvio; o porto espacial ficava na sagrada Quarta Região de **Tilmun** (= "Local/Terra dos Mísseis"), na Península do Sinai. O grande modelo incorporava a plataforma de aterrissagem pré-diluviana nas montanhas do Líbano ("A" no mapa, Figura 90), necessitava da construção de duas grandes pirâmides como farol de orientação no Egito ("B" no mapa, Figura 90) e estabelecia um novo Centro de Controle da Missão ("C" no mapa, Figura 90) no local que chamamos Jerusalém.

Tilmun era uma zona proibida para os mortais; mas Gilgamesh – "dois terços dele divinos" – deduziu que poderia ser dispensado desta proibição; afinal de contas, foi ali que Utnapishtim/Ziusudra, pela fama do Dilúvio, fora levado para viver! E assim foi concebido um plano por Gilgamesh para uma segunda tentativa de encontrar a Imortalidade. Com ódio por ver Enkidu partir, Gilgamesh teve uma ideia: a Terra das Minas ficava no trajeto de navegação para Tilmun; caso os deuses o permitissem passar ali de navio – ele deixaria Enkidu no caminho. Mais uma vez, Ninsun teve de fazer apelos; mais uma vez, Utu mostrou-se relutante em ajudar.

E foi assim que os companheiros ainda estavam vivos e juntos conforme seu navio passava pelo apertado estreito que os levaria para fora do Golfo Pérsico (como é hoje chamado). No estreito, à margem, eles notaram uma torre de observação. Um vigia, armado com um raio

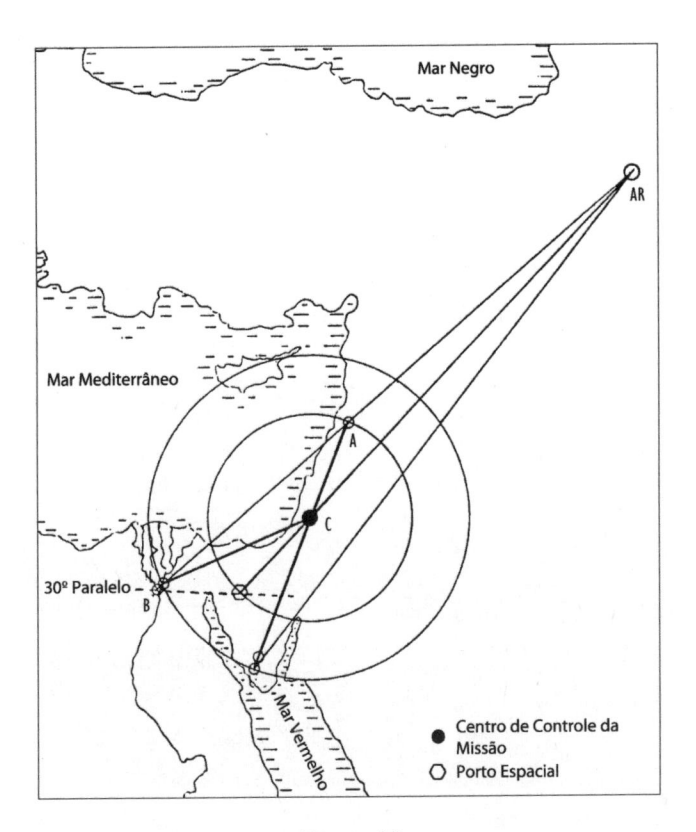

Figura 90

de luz como o de Huwawa, questionou-os. Incomodado, "Deixe-nos voltar!", Enkidu disse. "Nós continuamos!", disse Gilgamesh. Um vento repentino, como que lançado pelo raio do vigia, rasgou a vela e virou o navio. Na escuridão silenciosa das profundezas, Gilgamesh avistou o corpo flutuante de Enkidu e arrastou-o para a costa, esperando um milagre. Ele sentou-se ao lado do companheiro e lamentou-o dia e noite, até que um verme saiu das narinas de Enkidu.

Sozinho, perdido e desesperançado, Gilgamesh, de início, vagou pelo deserto: "Quando morrer, não serei como Enkidu?", ele pensou. Então, sua autoconfiança voltou, e "para Utnapishtim, filho de Ubar-Tutu, ele se dirigiu". Guiado pelo Sol – ele continuou na direção do Ocidente. À noite, ele orava para Nannar/Sin, o deus da Lua, para orientação. Uma noite, ele encontrou uma passagem em uma montanha; era o habitat dos leões do deserto, e Gilgamesh derrotou dois deles com as próprias mãos. Comeu-lhes a carne crua e, com sua pele, vestiu-se.

Figura 91

Para Gilgamesh, aquilo era um presságio de que superaria todos os obstáculos; também foi um episódio do Épico de Gilgamesh que artistas de todo o mundo antigo, inclusive das Américas, gostavam de ilustrar conforme relatavam o conto (Figura 91).

* * *

Atravessando aquela cordilheira, Gilgamesh via a distância e abaixo um leito de água cintilante. Na planície adjacente, ele viu uma cidade "fechada à volta" – cercada por uma muralha. Era uma cidade "cujos templos eram dedicados a Nannar/Sin" – a cidade conhecida da Bíblia por *Yeriho* (= "cidade da Lua"), Jericó. Ele chegou, o texto explica mais tarde, ao Mar Salgado (o "Mar Morto", na linguagem atual; *Yam Hamelah*, "O Mar de Sal", na Bíblia).

Do lado de fora da cidade, "próximo ao mar baixo", havia uma taberna, e Gilgamesh dirigiu seus passos para lá. A Mulher-Cervejeira,

Siduri, viu-o aproximando-se e preparou uma tigela de mingau; mas, conforme chegava mais perto, ela sentiu medo, pois ele vestia peles e tinha a barriga encolhida. Levou algum tempo até ela acreditar na história de que Gilgamesh era um rei conhecido, em busca de seus ancestrais que vivem bastante tempo. "Agora, Mulher-Cervejeira", Gilgamesh disse, "qual é o caminho que leva a Utnapishtim"? É um local que fica além do Mar Salgado, Siduri disse, acrescentando que:

> Nunca, Ó Gilgamesh, houve uma travessia!
> Desde o Começo dos Dias
> ninguém que veio pôde atravessar o mar –
> Apenas o valente Shamash atravessa o mar!
> Cansativa é a travessia,
> desolado é o caminho, além do mais,
> estéreis são as Águas da Morte
> que ele abrange.
> Como, então, Gilgamesh, você atravessará o mar?

Sem resposta, Gilgamesh permaneceu em silêncio. Então, Siduri falou outra vez. Há, afinal, uma forma de atravessar o Mar das Águas da Morte: Utnapishtim tem um barqueiro que surge do outro lado, de vez em quando, para pegar suprimentos; *Urshanabi* é seu nome; vá, deixe que ele veja seu rosto – ele poderá atravessá-lo em uma jangada feita de troncos.

Quando o barqueiro, Urshanabi, chegou, ele também (como a Mulher-Cervejeira antes dele) achou difícil de acreditar que Gilgamesh fosse o rei de Uruk, e Gilgamesh teve de contar-lhe o relato completo de sua busca pela imortalidade, as aventuras no Local de Aterrissagem, a morte de Enkidu e suas digressões pelo deserto, que culminaram com o encontro com a Mulher-Cervejeira, sem omitir nada. "Eu vaguei por todas as regiões, atravessei montanhas difíceis, cruzei todos os mares", ele disse, para que "agora pudesse vir e contemplar Utnapishtim, a quem eles chamam O Distante".

Finalmente persuadido, o barqueiro atravessou e aconselhou-o a prosseguir na direção do "Grande Mar, que fica no Distante". Mas ele teve de fazer uma curva quando chegou a dois marcadores de pedra, passar por uma cidade (chamada *Ulluyah*, em interpretação hitita) e obter, ali, permissão para continuar em direção ao Monte *Mashu*.

Seguindo as direções, mas interrompendo a estada em Ulluyah, Gilgamesh avançou em direção ao Monte Mashu apenas para descobrir que se tratava de algo além de uma mera montanha:

Figura 92

Homens-foguetes protegem sua entrada;
seu terror é impressionante, seu olhar é morte.
Seu raio resplandecente varre as montanhas;
Eles vigiam Shamash,
conforme ele ascende e descende.

"Quando Gilgamesh avistou-os, seu rosto escureceu-se de medo e terror" – e não é de admirar, julgando pela forma como os ilustradores antigos os representavam (Figura 92). Os vigias ficaram igualmente surpresos; quando o raio de um dos homens-foguete passou por Gilgamesh, sem nenhum resultado aparente, ele chamou seu companheiro vigia: "Ele, que se aproxima de nós: seu corpo é a carne dos deuses! Dois terços dele são divinos, um terço é humano!"

"Por que você veio até aqui"?, eles desafiaram Gilgamesh, "o propósito de sua vinda nós precisamos saber". Recuperando a compostura, ele se aproximou. "Por causa de Utnapishtim, meu antepassado, que se juntou à Assembleia dos deuses, eu vim; sobre a Vida e Morte desejo lhe perguntar", respondeu Gilgamesh.

"Nunca houve um mortal que conseguiu alcançar isso!" o homem-foguete disse, contando-lhe sobre o Monte Mashu e a passagem subterrânea que levava até ele. "A trilha da montanha ninguém percorreu; pois seu interior se estende por 60 quilômetros; densa é a escuridão, nenhuma luz ela tem!" Mas Gilgamesh não foi dissuadido, e o homem-foguete "o portão da montanha abriu para ele".

Durante 12 horas duplas, Gilgamesh avançou pelo túnel, na escuridão, sentindo uma leve brisa apenas na nona hora; uma luz tênue surgiu na 11ª hora dupla. Então, ele saiu em direção a um brilho e a uma visão incrível: um "recinto dos deuses" onde crescia um "jardim" feito inteiramente de pedras preciosas –

>   Como seu fruto ele carrega cornalinas,
>   suas vinhas, belas demais para contemplar.
>   A folhagem de seu lápis-lazúli;
>   as uvas, muito suculentas para vislumbrar,
>   de [...] pedras são feitas.
>   suas [...] de pedras brancas [...],
>   Em suas águas, juncos puros [...] de pedras *Sasu*
>   Como uma Árvore da Vida e uma Árvore de [...]
>   com as pedras de *An.gug* são feitos.

Conforme a descrição prossegue, torna-se claro que Gilgamesh se encontrava em um Jardim do Éden artificial, feito de pedras preciosas. Gilgamesh maravilhava-se com a visão quando, de repente, viu o homem que ele buscava, "Aquele do Distante". Pondo-se frente a frente com um antepassado de milênios atrás, era isto que Gilgamesh tinha a dizer:

>   Uma vez, os anunnakis, os grandes deuses, convocaram;
>   *Mammetum*, fazedor do Destino,
>   com eles, os destinos determinaram-se ...
>   Shuruppak, uma cidade que você conhece,
>   uma cidade na qual fica o Eufrates,
>   aquela cidade era antiga, como eram os deuses dentro dela.
>   Quando seus corações conduziram os deuses ao Dilúvio,
>   o Senhor da Pura Previdência, Ea, estava com eles.
>   Suas palavras ele repetiu (a mim) por meio da parede de junco:
>   "Homem de Shuruppak, filho de Ubar-Tutu,
>   Derruba a casa, constrói um navio!
>   Desiste das posses, busca a Vida!
>   A bordo do navio leva a semente de todas as coisas vivas".

Descrevendo o navio e suas medidas, Utnapishtim prosseguiu e disse a Gilgamesh que os cidadãos de Shuruppak ajudaram a construir o navio, pois lhes foi dito que iriam, desse modo, livrar-se de Utnapishtim, cujo deus estava em querela com Enlil. Contando toda a história do Dilúvio, Utnapishtim relatou como Enlil descobriu a duplicidade de Ea/Enki, como mudou de opinião e abençoou Utnapishtim e sua esposa para que vivessem, dali em diante, "a vida dos deuses":

> Colocando-se entre nós,
> ele tocou nossas testas para nos abençoar:
> "Até então, Utnapishtim fora humano;
> de agora em diante, Utnapishtim e sua esposa
> como deuses deverão ser para nós.
> Distante deverá o homem Utnapishtim residir,
> na foz dos riachos".

"Mas agora", Utnapishtim prosseguiu e disse a Gilgamesh, "quem, em consideração a você, convocará os deuses em Assembleia, para que a Vida que busca possa encontrar?"

Ao ouvir isso, e percebendo que sua busca fora em vão, pois apenas os deuses, em Assembleia, podem conceder Vida Eterna – Gilgamesh desmaiou, perdeu a consciência e tombou.

* * *

Durante seis dias e sete noites, Utnapishtim e sua esposa fizeram vigília enquanto Gilgamesh dormia ininterruptamente. Quando, afinal, ele despertou, com a ajuda de Urshanabi eles banharam Gilgamesh e vestiram-no com roupas limpas, como convém a um rei que retorna à sua cidade. Foi no último momento que Utnapishtim, com pena de Gilgamesh por ele partir de mãos vazias, de repente, lhe disse: "O que deverei dar-te, para que retornes à tua terra"? Ele tinha um presente de despedida para ele, um "segredo dos deuses":

> Para ti, Ó Gilgamesh,
> Uma coisa oculta, revelarei –
> Um segredo dos deuses eu te direi:
> Há uma planta, cuja cáscara-sagrada é a raiz.
> Seus espinhos são como as roseiras bravas de uma parreira,
> tuas mãos eles picarão.
> (Mas) se tuas mãos obtiverem a planta,
> Vida Nova tu encontrarás!

A planta rejuvenescedora, Utnapishtim disse, cresce no fundo de um buraco aquoso (ou poço) – e mostrou a Gilgamesh onde. "Assim que Gilgamesh ouviu isso, abriu o condutor de água. Atou pedras pesadas aos pés; elas o impulsionaram para as profundezas, e ele avistou a planta. Agarrou-a, embora ela picasse as mãos, soltou as pedras pesadas de seus pés; o poço arremessou-o para cima, para a sua margem."

Agarrando a planta rejuvenescedora – uma cena possivelmente representada em um monumento assírio, Figura 93 –, o extasiado Gilgamesh contou a Urshanabi, o barqueiro, seus planos seguintes:

Figura 93

Urshanabi, esta planta é diferente de todas,
Por meio dela um homem pode restabelecer o sopro da vida!
Eu a levarei para dentro das muralhas de Uruk,
Farei [...] comer a planta [...],
"O Homem torna-se Jovem na Velhice"
será seu nome.
Eu mesmo comerei (dela),
e para meu estado jovem retornarei!

Certo de que finalmente conquistara o sonho de sua vida, Gilgamesh iniciou o caminho de volta para Uruk, acompanhado por Urshanabi. Após cem quilômetros, Gilgamesh e Urshanabi "pararam para comer um pouco". Após outros 150 quilômetros, "eles avistaram um poço e passaram a noite ali". Cheio de visões de rejuvenescimento, Gilgamesh pousou a bolsa com a planta ímpar para nadar e se refrescar; e, enquanto não estava observando,

Uma serpente detectou a fragrância da planta;
Ela saiu da água e levou a planta.
E Gilgamesh sentou e chorou,
Suas lágrimas corriam-lhe pelo rosto.

Gilgamesh, o semideus, chorou, pois mais uma vez o Destino arrebatou e desviou-lhe do sucesso. A Humanidade, acreditamos, chorou desde então – pois essa era a maior ironia de todas: foi a Serpente que encorajou a Humanidade a comer do Fruto Proibido, sem medo de morrer – e foi a Serpente que roubou o Homem do Fruto de Não Morrer ...
Seria, mais uma vez, uma metáfora para Enki?

* * *

Gilgamesh, segundo a Lista de Reis suméria, reinou por 126 anos e foi seguido no trono por seu filho **Ur.lugal**. Sua morte, assim como todo o seu trágico relato, deixa sem resposta a questão que é o tema central: pode o homem – mesmo sendo parcialmente divino – evitar a mortalidade? E se a vida de Gilgamesh foi um enigma sem resposta, mais ainda o foi sua morte, se levarmos em conta seu sepultamento.
De Gilgamesh, no terceiro milênio a.C., a Alexandre, no quarto século a.C., a Ponce de Leon (em busca da Fonte da Juventude), no século XVI d.C., o Homem buscou uma forma de evitar, ou pelo menos adiar, a morte. Mas será essa busca universal e atual o oposto do que

os criadores do Homem planejaram? Será que os textos cuneiformes e a Bíblia sugerem que os deuses, *de forma deliberada*, esconderam a Imortalidade do Homem?

No Épico de Gilgamesh, a resposta é uma afirmação que é dada como fato, equivalendo a um Sim:

> Quando os deuses criaram a Humanidade,
> Morte para o Homem eles destinaram –
> "Vida Eterna"
> eles retiveram para si mesmos.

Gilgamesh ouviu-o de seu padrinho Utu/Shamash, quando despertou seu interesse pelos assuntos da Vida e da Morte, e, mais uma vez, de Utnapishtim (após Gilgamesh contar-lhe o propósito de suas viagens). A resposta é: será um esforço inútil – o Homem não pode evitar a mortalidade, e todo o longo conto de Gilgamesh parece confirmar isso.

Mas, se relermos o conto, a ironia nessa resposta evidente emerge: a forma de obter a longevidade dos deuses, a mãe de Gilgamesh lhe disse, é *juntar-se a eles em seu planeta*. Isso explica por que o mesmo Utu/Shamash, que, no início, disse "Esqueça", ofereceu, então, ajuda a Gilgamesh em suas duas tentativas de chegar aonde os foguetes ascendiam e descendiam. Ao fracassar, um "segredo dos deuses" fora revelado a Gilgamesh: a existência de uma Planta rejuvenescedora da Vida, aqui mesmo, na Terra. E isso levanta a questão sobre os próprios deuses: a "vida eterna" *deles* também dependia de tal nutriente – não fossem eles os habituais "Imortais"?

Uma luz interessante se volta para o tema do antigo Egito, onde os faraós tinham a crença de que a vida eterna os esperava na vida após a morte, caso pudessem se juntar aos deuses no "Planeta de Milhões de Anos". Para alcançá-la, preparações elaboradas eram feitas com antecipação a fim de facilitar a jornada do faraó, após sua morte. Começando pela saída do *Ka* do faraó (um tipo de Alter Ego da vida após a morte) de sua tumba por intermédio de uma porta simulada, o rei viajava até o *Duat*, na Península do Sinai, para ser levado em uma viagem espacial. (A existência de tal instalação no Sinai foi comprovada por uma representação pictórica de uma tumba que mostra um foguete multifásico [parecido com o símbolo do sumério ***Din.gir***!], em um silo subterrâneo, Figura 94.) Desenhos e textos detalhados do *Livro dos Mortos* descrevem, então, as instalações subterrâneas, os pilotos dos foguetes e a impressionante decolagem.

Mas o objetivo da viagem espacial não era apenas residir no planeta dos deuses. "Leve esse rei consigo, que ele coma daquilo que você comer, que ele beba daquilo que você beber, que ele possa viver daquilo que você vive", um encantamento egípcio antigo apelava aos deuses. Na pirâmide do rei Pepi, um apelo foi feito aos deuses cuja morada ficava no "Planeta de milhões de anos" para que "concedessem a Pepi a Planta da Vida com a qual eles mesmos são sustentados". Um desenho colorido nas paredes da pirâmide mostrava o rei (aqui, acompanhado por sua esposa) chegando, na vida após a morte, ao Paraíso Celestial e bebendo a Água da Vida de onde nascia a Árvore do Fruto da Vida (Figura 95).

As interpretações egípcias em relação à Água da Vida e Alimento/Fruto da Vida dos deuses condiziam com as representações pictóricas mesopotâmicas dos Deuses Alados ("Homens-águias") flanqueando a Árvore da Vida enquanto seguravam, em uma mão, o Fruto da Vida e, na outra, um balde com a Água da Vida. As noções implícitas nessas representações não são diferentes dos contos hindus da *Soma* – uma

Figura 94

planta que os deuses trouxeram dos céus à Terra –, cujo suco de suas folhas conferia inspiração, vitalidade e imortalidade.

Enquanto tudo parece estar de acordo com a interpretação bíblica do assunto, que é mais bem conhecida pelo conto das duas árvores especiais do Jardim do Éden – a Árvore do Conhecimento e a Árvore da Vida, cujo fruto podia fazer com que Adão "vivesse para sempre" –, o conto bíblico também relata *um esforço divino para evitar que o Homem partilhasse aquele fruto*. O Homem foi expulso do Éden "para que não tentasse", e Deus estava tão determinado a evitar que os terráqueos recuperassem o acesso à Árvore da Vida que ele "colocou a leste do Jardim do Éden o *querubim* e a espada flamejante que girava, para vigiar o caminho que levava à Árvore da Vida".

O elemento essencial do conto – o Criador do Homem tentando evitar que este tivesse alimentos divinos – é encontrado no conto sumério de Adapa. Nele, encontramos o próprio Criador do Homem, Enki, tratando o "perfeito modelo do Homem", seu próprio filho terráqueo Adapa, assim:

> Amplo entendimento ele aperfeiçoou para ele;
> Sabedoria ele lhe concedeu;
> A ele, foi dado o Conhecimento –
> ***Vida Eterna*** ele não lhe concedeu.

Figura 95

Então, a própria obra de Enki é posta à prova: a Adapa, seu filho com uma terráquea – uma estranha convidada por Anu para ir a Nibiru – é oferecida a "Comida da Vida" e a "Água da Vida", mas ele é advertido por Enki a evitar ambas, pois causariam sua morte. Isso se mostrou-se inverídico – assim como a advertência de Deus a Adão e Eva de que comer o fruto da Árvore do Conhecimento causaria sua morte. O que preocupa Deus (no conto do Jardim do Éden) não é o risco de morte do casal, mas o oposto – "E se Adão estender a mão e tirar, também, da Árvore da Vida, e comer dela, e *viver para sempre?*"

(As palavras hebraicas na Bíblia são *Ve'akhal ve Chai* **Le'Olam** – "e ele comeu e viveu *para OLAM*". O termo *Olam*, em geral traduzido como "para sempre, eterno", etc., também pode se referir a um local físico e, nesse caso, *Olam* é traduzido como "Mundo". Ele também pode derivar, eu sugeri, do verbo que significa "desaparecer, tornar-se oculto"; portanto, **Olam** poderia ser **o nome hebraico para Nibiru** e, nesse contexto, o local da longevidade. Veja o texto adicional "Palavras e Seu Significado" na página 201).

Deus, então, estava preocupado com o fato de que se O Adão comesse da Árvore da Vida, ganharia o tempo de vida "*de* Olam", o ciclo de vida de Nibiru. No texto sumério, Enki engana Adapa para que não comesse os alimentos divinos simplesmente porque, quando o Homem foi criado, a Vida Eterna não lhe foi conferida. Enquanto a existência de um Alimento da Vida é confirmada, *não é a Imortalidade* – é a "Vida Duradoura", **Longevidade** – que lhe foi deliberadamente negada. As duas podem ter o mesmo resultado, em curto prazo, mas não são a mesma coisa.

O que seria aquela "Vida de Olam", vida em Nibiru – uma imortalidade infinita ou, simplesmente, uma grande longevidade que, em Nibiru, é contada em unidades *Shar* – 3.600 vezes mais longas do que os ciclos de vida na Terra? A noção de deuses (ou mesmo semideuses) imortais chegou até nós pela Grécia; a descoberta, no final dos anos 1920, dos "mitos" canaanitas em sua capital Ugarit (na costa mediterrânica da Síria) mostrava de onde os gregos tiraram a ideia: dos canaanitas, por via da ilha de Creta.

Mas, na Mesopotâmia, os deuses anunnakis nunca reivindicaram uma Não Morte absoluta – Imortalidade – para si. A mesma listagem de gerações prévias em Nibiru praticamente afirma: aqueles eram os antepassados que morreram. O conto de **Dumuzi** foi uma revelação pública de sua morte, uma morte registrada e lamentada (até em Jerusalém, na época do profeta Ezequiel) no mês de aniversário de *Tamuz*. **Alalu** foi condenado a morrer no exílio; **An.Zu** foi executado por seu crime; *Osíris* foi morto e desmembrado por Seth; o deus *Hórus* morreu com uma picada de escorpião (mas foi ressuscitado por Thot). A própria Inanna foi capturada e assassinada quando adentrou o Mundo Inferior sem permissão (mas foi ressuscitada pelos esforços de Enki).

Não havia imortalidade, nem uma reivindicação de imortalidade por parte dos anunnakis. *Havia uma ilusão de imortalidade*, causada por uma *extrema Longevidade*.

Essa longevidade dependia, de certo modo, de se viver em Nibiru e não apenas ser sustentado por alguns dos alimentos únicos de Nibiru, pois, caso contrário, que propósito teria Ninsun de encorajar Gilgamesh a ir até lá e obter a "Vida de um deus"?

Uma questão interessante para a ciência moderna refletir é esta: Seria a longevidade do ciclo de vida (em Nibiru ou em qualquer outro lugar do Universo) um atributo adquirido ou um ajustamento genético evolucionário? A afirmação associada a Adapa sugere uma decisão genética tomada por Enki – que o *"Gene da Longevidade"* (ou genes), *conhecido por Enki*, foi deliberadamente excluído do genoma humano quando a "combinação" de genes ocorreu. Poderíamos, em algum momento, encontrá-la?

Nossa pista de deuses e semideuses está nos levando até a chave para desvendar esses segredos genéticos.

SOLETRANDO "VIDA"

Os tradutores da Bíblia hebraica do rei James, e praticamente todos que os seguiram, fizeram o melhor que podiam para incutir um sentido de Espírito Divino, uma veneração majestosa de um Criador de Tudo, nos estágios de criação descritos no Gênesis. Os "ventos" – satélites – de Nibiru/Marduk, **Ru'ah** em hebraico, tornam-se o espírito (de Deus) pairando sobre o caos da escuridão; os *Elohim*, moldando O Adão "à nossa imagem e semelhança", sopram o "fôlego da vida" (**Neshamah**) dentro de suas narinas e dão-lhe uma *"alma"*.

Em nosso percurso, paramos aqui e ali ao longo deste livro para (a) assinalar conceitos errôneos derivados de traduções incorretas e (b) destacar casos em que o hebraico é uma interpretação literal de um termo sumério, identificando a fonte, palavra por palavra, e tornando mais claro o entendimento do verso.

Foi o notável sumeriólogo Samuel Noah Kramer que apontou que, no conto da moldagem de Eva por meio da *costela* de Adão – **Tsela**, em hebraico –, o redator hebraico deve ter tomado a palavra suméria **Ti** para significar "costela" – de forma correta, com a exceção de que uma palavra **Ti** com semelhante pronúncia em sumério significava "Vida", como em **Nin.ti** (= "Senhora da Vida"): o que foi feito foi tirar aquilo que é "Vida" – DNA – de Adão e manipulá-la para obter um cromossoma genético feminino.

Esses casos vêm à mente quando lemos as verdadeiras letras sumérias usadas por Ziusudra para contar a Gilgamesh como Enlil lhe concedeu a "Vida de um deus":

Ti Dingir.dim Mu.un.na Ab.e.de
Zi Da.ri Dingir.dim Mu.un.na Ab.e.de

Dois termos sumérios, **Ti** e **Zi**, ambos em geral traduzidos como "Vida", foram usados aqui; portanto, qual era a diferença? O melhor que podemos determinar é que **Ti** era usado para indicar os aspectos divinos *físicos*; **Zi** expressava o *funcionamento* da Vida, como a vida é desempenhada.

Para tornar seu significado ainda mais claro, o autor sumério acrescentou o termo *Da.ri* (= "Duração") a *Zi*; foram concedidos a Ziusudra tanto os aspectos físicos da vida divina como os aspectos da *durabilidade* dela.

As duas linhas costumam ser traduzidas como "Vida como a de um deus ele lhe concede, uma *alma eterna* como a de um deus ele cria para ele".

Uma tradução magistral, com certeza, mas não com o mesmo significado do jogo de palavras irrepreensível do escritor sumério, que utiliza *Ti* uma vez e *Zi* (como em Ziusudra) na linha seguinte. **Não uma "alma", mas durabilidade, foi acrescentada à Vida de Ziusudra.**

XIII
O Surgimento da Deusa

"**V**enha, Gilgamesh, seja meu amante!"

Dificilmente haveria outras palavras, como estas ditas por Inanna, que resumam as consequências indesejadas da relação pós-diluviana entre deuses e terráqueos.

Na verdade, após os anunnakis perceberem que poderiam ter todo o ouro que necessitavam apenas o coletando nos Andes, não havia razão para permanecerem nas Regiões Antigas. Enlil, de acordo com Ziusudra, mudou de ideia em relação ao imperativo de varrer o Homem da face da Terra após sentir o aroma de carne assada – o sacrifício de um carneiro oferecido em agradecimento a Ziusudra; mas, de fato, a mudança de ideia entre a liderança dos anunnakis começou assim que o tamanho da calamidade se tornou claro.

Enquanto lá embaixo a avalanche de águas arrebatava tudo, os deuses orbitavam a Terra em suas naves e aeronaves. Comprimidos lá dentro, "os deuses se acovardavam como cães, agachados contra as paredes (...) os anunnakis sentavam com sede, com fome (...) Ishtar gritava como uma mulher com dores de parto; os deuses anunnakis choravam com ela: "Ai, os velhos tempos tornaram-se barro"'. A mais perturbada foi Ninma*h*:

A grande deusa viu e chorou ...
Seus lábios estavam cobertos de febre.
"Minhas criaturas tornaram-se como moscas –
elas povoam os rios como libélulas,
sua paternidade foi levada pelo mar bravio".

Quando o maremoto recuou, os dois picos do Monte Ararat emergiram do mar infinito e os anunnakis começaram a baixar sua nave. Enlil ficou chocado ao descobrir a sobrevivência de "Noé". Longos versos detalham as acusações proferidas contra Enki, quando sua duplicidade veio à tona e sua justificativa para o que fizera. Mas, da mesma forma, longos versos registram a repreensão veemente que Ninma_h_ dirigiu a Enlil por sua política de "Vamos varrê-los". Nós os criamos, agora somos responsáveis por eles! Em suma, foi o que ela disse. Isso, somado à realidade da situação, convenceu Enlil a mudar de ideia.

Ninma_h_ – uma mulher de dimensões "shakespearianas", caso este tivesse vivido em sua época – tivera papéis importantes nos assuntos dos deuses e dos homens, antes do Dilúvio; e também os tivera, de formas diferentes, depois. Filha de Anu, ela foi apanhada em um triângulo amoroso com seus dois meios-irmãos, tendo uma criança fora do matrimônio (Ninurta) com Enlil, após ser impedida de casar com Enki, que ela amava. Considerada importante o suficiente para que lhe fosse concedida uma das cinco primeiras cidades pré-diluvianas (Shuruppak), ela veio à Terra como Médica Chefe Oficial dos anunnakis (veja Figura 65), mas acabou criando os *Ameluti* – operários – para eles (recebendo os epítetos **Ninti**, **Mammi**, **Nintur** e muitos outros). Agora, ela via suas criaturas transformadas em barro, e levantou a voz contra Enlil.

Daí em diante, ela se tornou o árbitro entre os rivais meios-irmãos e seus clãs. Respeitada por ambos os lados, negociou os termos de paz que terminaram com as Guerras das Pirâmides e foi-lhe concedida a Quarta Região (a Península do Sinai), com seu porto espacial, como território neutro. Um longo texto descreve como seu filho, Ninurta, criou-lhe uma morada confortável entre as montanhas da Península do Sinai, resultando em seu nome sumério **Nin_h_arsag** (= "Dama/Senhora do pico da Montanha") e o epíteto egípcio *Ntr Mafqat* (= "Deusa/Senhora da Turquesa"). Ela era venerada no Egito como a deusa Hathor (literalmente, *_H_at-_H_or*, "Morada de Hórus") e, na velhice, foi apelidada de "A Vaca", tanto na Suméria quanto no Egito, pelo seu papel declarado de amamentar semideuses. Mas, em todas as ocasiões, sempre que o título "Grande Deusa" era utilizado, reservava-se a ela.

Nunca casada – a original "Donzela" da constelação zodiacal que chamamos de Virgem –, ela tinha, além de um filho com Enlil, várias filhas de Enki nascidas na Terra como resultado de encontros amorosos às margens do Nilo. A história com o título errado de *A Paradise Myth* [*Um Mito do Paraíso*] termina com Ninharsag e Enki entretidos em arranjar casamentos, acasalando jovens deusas com homens enkiitas; proeminentes entre eles eram as esposas escolhidas para **Ningishzida** (o filho de Enki conhecedor de ciência) e para **Nabu** (filho de Marduk) – façanhas casamenteiras poderosas, é certo. Porém, como veremos, não será a última ligação poderosa e manipuladora por meio de nascimentos e casamentos perpetrados por Ninharsag, atividade em que foi acompanhada por sua irmã mais jovem, a deusa **Ba'u**, e pela filha desta, **Ninsun**.

Bau, que também viera de Nibiru, era uma das "grandes divindades" femininas dos anunnakis. Ela era a esposa de Ninurta, o que a tornava nora de Ninharsag. Mas a própria Bau era a filha mais jovem de Anu, o que fazia dela irmã de Ninharsag... De ambos os lados, essas relações serviram como um elo especial entre as duas deusas, principalmente uma vez que Bau também ganhara a reputação de doutora em medicina, sendo mencionada, em vários textos, por trazer os mortos de volta à vida.

Quando ela e Ninurta se estabeleceram em um novo recinto sagrado que um rei de Lagash, Gudea, construíra para elas, o local se tornou um tipo de campo hospitalar para o povo (em vez de servir aos deuses) – um aspecto ímpar do amor pela humanidade que Bau adquiriu de Ninharsag. Carinhosamente apelidada de *Gula* (= "A Grande"), ela era invocada em orações como "Gula, a grande médica" – e em maldições era chamada para "estabelecer a doença e abrir feridas" em um adversário. O apelido invocava, de forma correta, seu porte robusto (veja Figura 80).

Se Ninmah/Ninharsag foi a primeira "a ser sempre dama de honra, mas nunca a noiva", Ninsun, sua neta (via Ninurta) tornada sobrinha (via Bau), era "sempre a noiva" (de certa maneira), pois uma linhagem de renomados reis afirmava descender dela – entre eles, o grande Gilgamesh. Começando por seu pai e continuando pela Terceira Dinastia de Ur e por aí além, ela sobrevivia a um esposo atrás do outro. Seu álbum de família (caso tivesse um) transbordaria com filhos e netos – começando com seus próprios 11 filhos com o semideus divinizado Lugalbanda.

As três – Ninharsag, Bau e Ninsu – formavam um trio de deusas que mudou o sentido da realeza da Suméria tanto em vida como na morte (incluindo *o mais desafiador dos mistérios femininos*). Uma quarta ativista feminina principal – Inanna/Ishtar – tinha, como veremos, planos diferentes.

* * *

Resignados a dividir a Terra com a Humanidade, os anunnakis partiram para tornar a Terra habitável outra vez, após o Dilúvio. No Vale do Nilo, Enki – *Ptah* para os egípcios – construiu barragens com comportas (veja Figura 12) para drenar as águas da inundação e, segundo um papiro, "erguer a terra debaixo das águas". Na planície Tigre-Eufrates, Ninurta criou áreas habitáveis represando passagens nas montanhas e drenando o excesso de água. Em uma "Câmara da Criação" – provavelmente situada na grande plataforma de pedra que os igigis usaram como "Local de Aterrissagem" –, Enki e Enlil supervisionavam as façanhas de "domesticação" genética de plantas e animais. O zelo com que tudo isso era feito sugere que os líderes anunnakis estavam fascinados com sua própria visão de se tornar Benfeitores Interplanetários. Certos ou errados, eles realmente criaram os terráqueos, que lhes serviram muito bem como trabalhadores nas minas e nos campos; por isso, a viagem oficial de Anu para a Terra, por volta de 4000 a.C., colocou em andamento uma decisão de que era certo conceder à Humanidade o "Reinado" – Civilização – por meio da reconstrução das cidades pré-diluvianas (exatamente onde ficavam) e estabelecimento de várias outras novas cidades.

Muito se escreveu, baseado em descobertas arqueológicas, a respeito de como as cidades se tornaram "centros de culto" para essa ou aquela divindade em particular, com um "*E*" ("Morada" = Templo) em um "recinto sagrado", onde sacerdotes forneciam às divindades residentes a vida fácil de soberanos privilegiados. Mas nunca se escreveu o suficiente sobre a função "geral" das divindades que eram o suporte principal para os avanços da civilização: uma divindade, **Nidaba**, encarregada da Escrita, supervisionava escolas de escrita regulares e especializadas; ou **Nin.kashi**, que controlava a fermentação de cerveja, uma das atividades pioneiras da Suméria e parte de sua vida social; ou **Nin.a**, que supervisionava os recursos hídricos da região.

Essas divindades eram *deusas*; assim como **Nisaba**, também conhecida como *Nin.mul.mula* (= "Senhora de muitos planetas" ou "Senhora do Sistema Solar"), uma astrônoma cujas tarefas incluíam fornecer orientação celestial para a construção de novos templos –

não apenas na Suméria, mas também no Egito (onde era reverenciada como *Sesheta*). Outra divindade feminina, a deusa **Nanshe**, era senhora do calendário que determinava o dia do Ano-Novo. Adicionadas aos serviços médicos "tradicionais" fornecidos pelo grupo de *Suds* (= "Aquele que fornece auxílio") que chegaram com Ninmah, as especialidades supervisionadas pelas deusas abrangiam todos os aspectos de uma vida civilizada.

O papel acrescido e mais assertivo das deusas nos assuntos e hierarquia dos anunnakis foi expresso, de forma gráfica, em um sítio sagrado hitita chamado Yazilikaya, no centro da Turquia, onde o panteão de 12 divindades principais, talhadas na face das rochas, é representado como sendo composto de dois grupos iguais de deuses e deusas marchando em direção uns aos outros com seus séquitos (Figura 96, vista parcial).

Nas relações entre os anunnakis e os terráqueos, a crescente "feminização" foi acentuada pelo poder e autoridade reais exercidos pelas segunda e terceira gerações de anunnakis na Terra. Nos Velhos

Figura 96

Tempos, a enfermeira **Sud** foi renomeada **Nin.lil** quando se tornou esposa de Enlil, mas seu título (= "Senhora do Comando") não a tornava um líder no comando anunnaki. A esposa de Ea, Damkina, foi renomeada **Nin.ki** (= "Senhora [da] Terra") quando ele foi renomeado **En.ki**, mas ela nunca se tornou Senhora da Terra. Mesmo **Nin.gal**, esposa de um filho de Enlil nascido na Terra, **Nannar/Sin**, que em "retratos" oficiais (Figura 97) partilhava o mesmo *status* dele, não possuía nenhum poder/autoridade próprios conhecidos.

As coisas eram diferentes quando se tratava de deusas nascidas na Terra, como vemos com as filhas de Nannar/Sin e Ningal, **Ereshigal** e **Inanna**. Quando Uruk foi concedido a Inanna, ela transformou a cidade em uma poderosa capital da Suméria; quando Marduk causou a morte de seu noivo Dumuzi, ela lançou e liderou uma guerra intercontinental; quando foi constituída chefe divina de Arata, insistiu para que lhe fosse concedido o *status* completo de Terceira Região. Ela podia e, de fato, escolhia reis (e lhe dava ordens).

Quando Ereshkigal (= "Dama Perfumada da Grande Região") ficou menos do que entusiasmada com o casamento do filho de Enki, Nergal, que era calvo e coxeava desde a nascimento, prometeu-lhe torná-la Senhora do domínio africano que ele possuía; chamado de "Mundo Inferior", tratava-se da ponta ao sul do continente. Ereshkigal o converteu em local para observações científicas cruciais que envol-

Figura 97

viam o Dilúvio e (em épocas subsequentes) para determinar as eras zodiacais. Texto após texto descreve a impiedosa determinação com que Ereshkigal exerceu os poderes resultantes.

E uma área-chave em que todas essas mudanças se destacaram foi a questão dos semideuses.

Com a instituição do Reinado, surgem a função e imagem pública do "Rei" – um *Lu.gal* – "Grande Homem". Residindo em seu próprio *E.gal*, o palácio, ele tratava da administração, promulgava leis, distribuía justiça, construía estradas e canais, mantinha relações com outros centros e possibilitava que a sociedade funcionasse – tudo em nome dos deuses. Tratava-se, em geral, de uma fórmula para o crescimento, conquistas na tecnologia e nas artes, prosperidade. O seu início na Suméria, há alguns 6 mil anos, estabeleceu os alicerces para o que chamamos, até hoje, de Civilização.

Era apenas natural que alguém surgisse com a ideia de que o melhor *Lu.gal* seria semelhante aos semideuses que estavam por ali antes do Dilúvio, "e também depois". Dotados (de fato ou por presunção) de mais inteligência, tamanho, força física e longevidade do que um terráqueo normal, os "semideuses" eram a melhor escolha para servir como elo entre os deuses e os mortais – para serem reis, especialmente quando o rei também servia com o sumo sacerdote autorizado a se aproximar da divindade.

Mas de onde viriam todos aqueles semideuses pós-diluvianos? A resposta, extraída de vários textos, é esta: eles eram feitos sob encomenda...

* * *

Com poucas exceções, a Lista de Reis suméria não fornece nenhuma informação direta sobre o *status* de semideus dos reis que constavam da primeira dinastia de Kish, que iniciou o Reinado pós-diluviano sob a égide de Ninurta.

Como fizemos com a Lista de Reis, debruçamos-nos sobre o *Etana* e suas lendárias viagens espaciais, concluindo que a extensão de seu reinado (1.560 anos) e a elegibilidade para visitas espaciais a Nibiru indicam seu *status* de semideus, que é ainda corroborado por uma notação em outro texto que cita Etana como sendo da mesma "Semente Pura" de Adapa. Também destacamos que alguns dos nomes dos subsequentes reis de Kish, como *En.me.nunna* (660 anos) e *En.me.bara.ge.si* (900 anos), sugeriam a presença de semideuses entre seus sucessores não divinos. Na Tabuleta I da Grande Lista de Deuses, seguindo o grupo de Enlil e as listagens de Ninurta, surgem 14 nomes que começam com d̰.Lugal – *divino* Lugal.gishda, *divino* Lugal.zaru, etc. De outra forma desconhecidos, eles representam semideuses – com direito ao *dingir* determinativo! – que, ou não reinaram em Kish, ou eram conhecidos por outros nomes-epítetos.

Quando dados são fornecidos, encontramos uma mudança importante na "semidivindade". Em épocas pré-diluvianas, e por algum tempo depois, a "semidivindade" derivava da "Semente Pura" do progenitor: fulano era filho de d̰Utu, etc. Foi, portanto, uma grande mudança quando um rei nomeado ***Mes.Alim*** (também escrito "Mesilim") – um nome cuja importância explicaremos em breve – ascendeu ao trono de Kish. Um dos artefatos descobertos (um vaso de prata) ostenta esta inscrição reveladora:

> Mes-Alim
> rei de Kish
> ***filho amado***
> ***de d̰Nin<u>h</u>arsag***

Uma vez que não havia a probabilidade de um rei – algo que se provou correto em todas as suas outras inscrições – se atrever a presentear uma deusa com um vaso que não fosse verdadeiro, era preciso considerar um nascimento tendo Nin<u>h</u>arsag como a mãe, apesar de sua idade avançada; isso poderia incluir *inseminação artificial*, algo que realmente foi feito em outra ocasião envolvendo Nin<u>h</u>arsag.

Que essa pré-garantia das "qualificações de semideus" a um futuro rei era praticada pelos anunnakis é fato documentado em uma dedicatória longa e bem escrita a um rei chamado ***Eannatum***, na cidade de Lagash (cujo deus patrono era Ninurta aqui renomeado **Nin.Girsu**, como se chamava o recinto sagrado da cidade). Reinando por volta de 2450 a.C. (segundo uma cronologia), Eannatum conquistou fama como um guerreiro feroz cujas façanhas foram registradas tanto em textos como em monumentos, não deixando nenhuma dúvida quanto à sua historicidade. Em uma estela, hoje em exibição no Museu do Louvre (Figura 98), ele alegava ***ancestralidade divina por meio de inseminação artificial*** e um nascimento que envolveu várias divindades. Eis o que dizia a inscrição:

> O divino Ningirsu, guerreiro de Enlil,
> implantou o sêmen de Enlil para Eannatum

no ventre de [?].
[?] regozijou com Eannatum.

Inanna acompanhou e nomeou-o
"Digno do tempo de Inanna em Ibgal",
e sentou-o no colo sagrado de Nin{h}arsag.
Nin{h}arsag ofereceu-lhe seu peito especial.
Ningirsu regozijou com Eannatum,
sêmen implantado no ventre por Ningirsu.

Como respondendo a uma pergunta futura, a dedicatória continua e descreve o tamanho digno de um gigante de Eannatum:

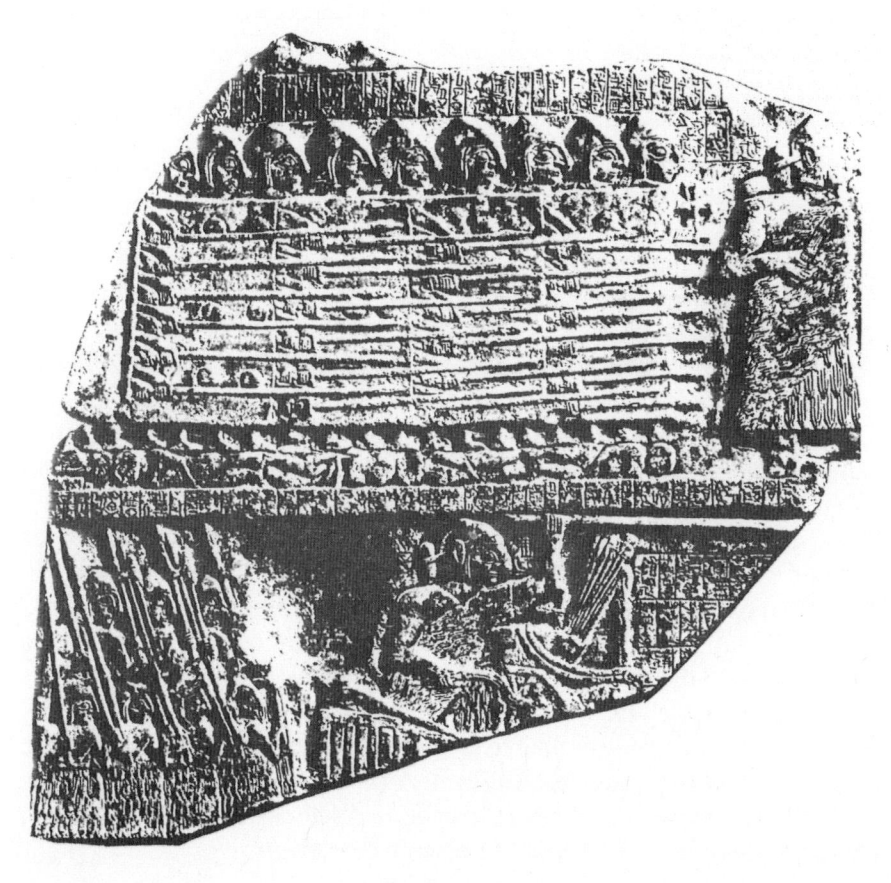

Figura 98

Figura 99

Ningirsu depositou sua grandeza nele:
Em um espaço de cinco antebraços
ele colocou seu antebraço nele –
Um espaço de cinco antebraços para ele foi medido.
Ningirsu, com grande alegria,
concedeu-lhe o reinado de Lagash.

(O termo "antebraço", em geral traduzido como "cúbito", representa a distância do cotovelo até a extremidade do dedo médio, uma proporção de quase 60 centímetros. O "espaço" de Eannatum de cinco antebraços significa que ele possuía 254 centímetros, ou acima de 2,44 metros de altura.)

Uma ocorrência de inseminação artificial também é registrada nos contos dos deuses egípcios, quando o deus **Thot** (**Ningishzidda**, em sumério) extrai sêmen de Osíris, morto (e desmembrado), e impregna-o em Ísis, mulher de Osíris (que, então, deu à luz o deus Hórus); uma representação pictórica do conto (Figura 99) mostra Thot juntando duas fitas separadas de DNA para obter o intento. No caso de Eannatum, temos uma ocorrência semelhante claramente descrita – na Suméria – que envolvia o filho primogênito de Enlil. A frase inicial que fala do "sêmen de Enlil" é entendida como referência ao sêmen do próprio Ninurta, transportando, como o fizera, a Semente de Enlil.

Eannatum foi seguido no trono de Lagash pelo rei *Entemena*; e, embora se tenha afirmado em inscrições que era "filho de Eannatum", ele também foi descrito, repetidas vezes, como "dotado com poderes por Enlil, alimentado com o leite do peito de Ninḫarsag". Os dois reis pertenceram à primeira dinastia de Lagash, a ser instalada por Ninurta como reação à transferência do Reinado de Kish (que estava sob sua égide) para Uruk (sob o patrocínio de Inanna); e há razões para se acreditar que os nove reis da primeira dinastia de Lagash eram semideuses, de alguma forma.

A maneira como foi gerado, Eannatum afirmou, permitia-lhe assumir o título de "Rei de Kish", ligando-o – genealogicamente? – à venerada dinastia de Kish e seu deus patrono, Ninurta. Enquanto podemos apenas adivinhar como outros deuses de Kish se qualificavam como semideuses, nenhuma suposição é necessária quanto à mudança da capital da Suméria de Kish para Uruk; lá, **Utu é nomeado pai** do primeiro rei de todos, *Mes.kiag.gasher*.

Devemos nos lembrar que **Utu** (mais tarde conhecido como *Shamash*, o "deus Sol") pertencia à segunda geração dos grandes anunnakis nascidos na Terra, e era pai do chefe de uma nova dinastia, constituindo assim um marco importante – uma mudança de paternidade dos Deuses Antigos que vieram de Nibiru para uma divindade masculina nascida e criada na Terra.

Essa mudança geracional, com suas implicações genéticas, foi seguida pelo lado feminino com **Lugalbanda**, o terceiro rei a governar em Uruk: no seu caso, foi *uma deusa* – **Inanna** – *a ser identificada como a mãe*; irmã gêmea de Utu, ela também pertencia a uma segunda geração de "Bebês da Terra" anunnakis. Isso continuou em Uruk, por meio de um segundo envolvimento *maternal* divino: a nomeação da deusa **Ninsun** como mulher de Lugalbanda *e sua clara identificação como mãe do filho* **Gilgamesh**. E Ninsun – filha de Ninurta e sua esposa, Bau – também era um "Bebê da Terra".

Um retrato de pedra de Ninsun encontrado em Lagash com o seu nome, **Nin.Sun**, nome claramente inscrito (Figura 100) mostra-a digna e serena; de fato, ela era uma grande mestra em intrigas da corte – em parte, talvez, por necessidade, sendo mãe dos 11 filhos de Lugalbanda. Uma cena de seus arranjos casamenteiros é revelada em um segmento do Épico de Gilgamesh, no qual ela discute com **Aya** (esposa de Utu) a seleção de uma jovem deusa para ser esposa de Enkidu (como recompensa por colocar sua vida em risco para proteger Gilgamesh). Conservando muito da longevidade de seus pais (e os genes de sua estatura heroica), Ninsun viveu o suficiente para gerar vários reis subsequentes. Seu provável papel no drama de vida e morte da primeira dinastia de Ur será um destaque em nosso conto.

A capital da Suméria permaneceu em Ur por pouco mais de um século após a morte de Gilgamesh e, então, mudou para várias outras cidades. Por volta de 2400 a.C., Ur serviu de novo, pela terceira vez, como capital nacional sob domínio de um importante rei chamado **Lugal.zagesi**. Suas variadas inscrições incluíam a afirmação de que a deusa **Nisaba** era sua mãe:

Dumu tu da d̪Nisaba,
Filho nascido de/pela divina Nisaba,
Pa.zi ku.a d̪Ninḫarsag
Alimentado [com] o leite sagrado da divina Ninḫarsag

Figura 100

Nisaba, será lembrado, era a deusa da astronomia. Em alguns textos, ela é chamada de "irmã de Ninurta", partilhando com ele Enlil como pai. Mas, na Grande Lista dos Deuses, ela era descrita como "divina Nisaba, uma mulher do puro/sagrado ventre da divina Ninlil". Em outras palavras, ela era filha de Ninlil e Enlil nascida na Terra, irmã de Nannar/Sin, mas apenas meia-irmã de Ninurta (cuja mãe era Ninmah).

Aqui, então, em ordem cronológica provável, está a imagem que emerge dos nove reis de Kish, Lagash e Uruk cuja ascendência de semideuses foi verificada:

Etana: da mesma semente de Adapa (= de Enki)
Meskiaggasher: o deus Utu é o pai
Enmerkar: o deus Utu é o pai
Eannatum: semente de Ninurta, Inanna colocou-o no colo de Ninharsag para que fosse amamentado.
Entemena: criado pelo leite do peito de Ninharsag
Mesalim: "filho amado" de Ninharsag
Lugalbanda: a deusa Inanna é sua mãe
Gilgamesh: a deusa Inanna é sua mãe
Lugalzagesi: a deusa Nisaba é sua mãe

Esse golpe triplo revela a significante mudança dupla pós-diluviana nos assuntos dos deuses e semideuses: primeiro, os progenitores "Pais Fundadores", que vieram de Nibiru, são substituídos pelas gerações nascidas na Terra. Em seguida, por meio de um estágio que envolve o "*Sagrado Leite Materno*", ocorre a mudança final: o *"Ventre Divino" feminino* **substitui as masculinas anteriores,** "Semente Fértil" e "Sêmen Puro".

É importante compreender essas mudanças, pois elas tiveram consequências de longo prazo. Quando o papel da ascendência dos semideuses foi assumido pelos deuses e deusas *nascidos na Terra*, terá sido apenas uma manifestação da natureza (ou seja, envelhecer) tomando seu curso ou a sucessão genealógica – por intermédio dos semideuses – se tornou mais vital para aqueles nascidos na Terra *porque os seus ciclos de vida foram diminuídos* pela Terra, e não por Nibiru, que era seu planeta de origem?

Os registros mostram que os anunnakis, de fato, perceberam que aqueles que vieram e se estabeleceram na Terra (Enki, Enlil e Ninmah) envelheciam mais rapidamente que aqueles que ficaram em Nibiru; e os nascidos na Terra envelheciam de forma ainda mais rápida. As mudanças da vida em Nibiru para a vida na Terra afetaram, aparentemente, não apenas a longevidade dos deuses (e semideuses), mas também o seu físico, tornando-os cada vez menos parecidos com gigantes conforme o tempo passava. E então – hoje sabemos pelos avanços genéticos – a mudança da paternidade da Semente "Fértil" dos homens para o "Ventre Divino" feminino significava que os semideuses, dali em diante, herdariam tanto o DNA geral quanto o DNA mitocondrial específico da deusa.

Essas eram mudanças cuja importância aparecerá se seguirmos a saga dos deuses e semideuses até o seu mistério conclusivo.

No contexto bíblico, a mudança crucial no domínio dos semideuses das épocas pré-diluvianas pode ser resumida em uma simples afirmação: antes, *os filhos dos deuses* "escolhiam quem quisessem dentre as filhas do Homem". Agora, *as filhas dos deuses* escolhiam quem quisessem dentre os filhos dos Homens. O papel das deusas em tudo isso foi condensado pelas seis palavras de Sitar. Quando a mãe era a divindade, descrevê-la como "esposa" do homem não era mais tido como verdadeiro: *era o pai quem era escolhido para ser o companheiro da deusa*. Foi Inanna quem disse, "Venha, Gilgamesh, seja meu amante"; e com isso nascia a Era da Deusa.

* * *

A época heroica de Enmerkar em Uruk, Lugalbanda e Gilgamesh acabou após a morte deste último. Seu filho Ur.lugal e, em seguida, seu neto Utu.kalamma reinaram, ao todo, 45 anos, e foram seguidos por mais cinco reis com um total de 95 anos no trono. A Lista de Reis considerava apenas um deles, **Mes.he**, digno de uma palavra extra – notando que se tratava de "um ferreiro". No geral, de acordo com a Lista de Reis, "12 reis governaram (em Uruk) por 2.310 anos; seu reinado foi transferido para Ur".

Os extensos reinados das dinastias do que é hoje chamado pelos acadêmicos de "Kish I" e "Uruk I" são relembrados por seu progresso e estabilidade, mas não necessariamente como tempos pacíficos. Na arena nacional, conforme as cidades se expandiam à grandeza de cidades-estados, disputas por fronteiras, terras aráveis e recursos hídricos irrompiam em conflitos armados. No palco internacional, as esperanças depositadas na união Inanna/Dumuzi foram laceradas pela morte de Dumuzi, e a guerra feroz foi lançada por Inanna contra o acusado Marduk. Entre todos os deuses envolvidos, a morte de Dumuzi colocou um peso emocional tremendo sobre Inanna; tanto que os eventos subsequentes provocaram a morte dela!

O relato é contado em um texto chamado *Inanna's Descent to the Lower World* [*A Descida de Inanna ao Mundo Inferior*] (intitulado de forma errônea pelos estudiosos de *Inanna's Descent to the Netherworld* [*A Descida de Inanna ao Mundo das Trevas*]). Ele relata como Inanna, depois da morte de Dumuzi, parte para os domínios do "Mundo Inferior" de sua irmã Ereshkigal. A visita levantou suspeita por parte de Ereshkigal, pois Inanna não só apareceu sem ser convidada, mas também veio para encontrar o deus Nergal, marido de sua irmã. Assim, sob as ordens de Ereshkigal, Inanna foi capturada, assassinada com raios mortais e seu cadáver foi pendurado como uma carcaça...

Quando a criada de Inanna, que ficara em Uruk, soou o alarme, o único que podia ajudar era Enki. Ele moldou dois androides de argila que podiam resistir aos raios mortais e ativou-os oferecendo a Comida da Vida a um e a Água da Vida ao outro. Quando recuperaram o corpo sem vida de Inanna, "sobre o cadáver eles dirigiram o Vibrador e o Emissor"; aspergiram sobre seu corpo a Água da Vida e deram-lhe a Planta da Vida, "e Inanna despertou".

Estudiosos especulam se Inanna foi para o Mundo Inferior para encontrar o corpo de Dumuzi; mas, de fato, Inanna sabia onde estava o corpo, pois pedira que ele fosse mumificado e preservado. Ela foi, como sugeri no livro *Encontros Divinos*, pedir a Nergal a realização de um costume conhecido da Bíblia que exigia que um irmão (como Nergal era de Dumuzi) dormisse com a viúva com o objetivo de obter um filho que carregaria o nome do homem morto; e Ereshkigal não aprovaria nada disso.

Sem dúvida, essas experiências afetaram profundamente o comportamento de Inanna e suas ações futuras; uma das notórias alterações foi a introdução, feita por Inanna, do ritual do "Sagrado Matrimônio", no qual um homem de sua escolha (quase sempre o rei) tinha de passar com ela a noite de aniversário do seu casamento não realizado com Dumuzi; em geral, o homem era encontrado morto na manhã seguinte.

Desse modo, a transferência da capital central para Ur foi uma tentativa de conseguir uma trégua, passando as responsabilidades para Nannar/Sin – irmão mais novo de Ninurta e pai de Inanna.

* * *

Ur era uma nova cidade pós-diluviana estabelecida como um "centro de culto" pelo filho de Enlil, Nanna/Nannar (= "O Brilhante", uma alusão ao seu correspondente celestial, a Lua). A cidade estava destinada a desempenhar um papel importante nos assuntos de deuses e homens, e sua história atravessou os caminhos do Abraão bíblico; mas isso ainda estava para acontecer quando Ur serviria como a capital nacional da Suméria pela terceira vez. No curto período do que foi chamado de período "Ur I", imediatamente depois de "Uruk I", Ur – de acordo com a Lista de Reis – tivera quatro reis que governaram um total de 177 anos; dois deles são distinguidos por seus nomes – *Mes.Anne.pada* e *Mes.Kiag.nanna*.

Embora Ur tenha atingido sua mais gloriosa – e trágica – época mais tarde, no que foi chamado de período "Ur III", a evidência arqueológica mostra que os quase dois séculos de "Ur I" também foram tempos de alta cultura e grandes avanços artísticos e tecnológicos. Não sabemos se ele foi interrompido por crescentes pressões nas fronteiras da Suméria causadas por migrantes cada vez mais agressivos, ou por problemas internos; a própria Lista de Reis sugere que alguns acontecimentos turbulentos ocorreram, fazendo com que os responsáveis pelos registros fornecessem cinco (não quatro) nomes reais, emendassem um e confundissem extensões de reinados.

Quaisquer que fossem os acontecimentos inoportunos, o registro mostra que a capital nacional foi transferida, de forma abrupta, de Ur para uma cidade menor chamada Awan e, em seguida, em rápida sucessão para cidades chamadas Hamazi e Adab, de volta (por uma segunda vez) a Kish, Uruk e Ur; mudou para cidades chamadas Mari e Akshak e de volta, outra vez, para Kish (III e IV) – tudo dentro de um espaço de mais ou menos dois séculos.

Então, pela terceira vez, os deuses levaram o reinado central de volta a Uruk, apontando como seu rei um homem forte chamado **Lugal.zagesi**. Sua mãe, devemos nos lembrar, era a deusa Nisaba, tia de Inanna, o que (supostamente) seria o suficiente para garantir a bênção de Inanna. Sua primeira prioridade era restaurar a ordem entre as cidades-estados em disputa e guerra, não deixando de utilizar suas próprias tropas para remover governantes incômodos. Uma das cidades sujeita a ação punitiva por parte de Lugal.zagesi foi Umma – cidade que servia como "centro de culto" de **Shara**, filho de Inanna... Assim, Lugalzagesi partiu logo em seguida, e o próximo Rei dos Reis era um homem da escolha pessoal de Inanna – um homem que respondeu ao seu chamado, "Venha, seja meu amante!".

Após todos os milênios de deuses no comando, uma *deusa* possuía agora o comando total.

"HERÓI" EM QUALQUER NOME

Dois dos nomes de Ur I – **Mes.anne.pada** e **Mes.kiag.nanna** – são notáveis porque, como o **Mes.he** de Uruk (**He** = "Plenitude/Fartura"), eles têm como prefixo a palavra-sílaba **Mes**, que já encontramos antes – em **Mes.kiag.gasher,** o primeiro rei de Kish cujo pai era o deus Utu, e em um posterior rei de Kish, **Mes.Alim** (**Alim** = "Ram"), que afirmava ter sido o "filho amado" de Ninharsag.

Isso levanta a questão: **Mes**, como um prefixo (ou **Mesh**, um sufixo, como em Gilgamesh) identificava a pessoa como um semideus? Aparentemente sim, porque o termo **Mes**, na verdade, significava "Herói" em sumério – o mesmo significado do termo hebraico *Gibbor* usado em Gênesis 6 para definir os semideuses!

Tal conclusão é apoiada pelo fato de que um texto acadiano catalogado como BM 56488, que trata de um certo templo, contém a afirmação:

Bit sha dMesannepada ipushu
Templo que o divino Mesannepada construiu
Nanna laquit ziri ultalpit
Nannar, o doador de semente, destruído

– uma afirmação que designa o determinativo "divino" a Mesannepada e, ao referir-se ao deus Nannar/Sin como o "doador de semente", indica qual deus foi o procriador deste semideus.

Também devemos nos perguntar, em vista de outros significados semelhantes que já mencionamos, se o sumério **Mes** e o egípcio *Mes/Mses*, como em Thot*mes* ou Ra*mses* (que significa "questão de" em reivindicações faraônicas de linhagem divina) não derivam da mesma fonte prévia comum.

Nossa conclusão de que nomes reais sumérios começando (ou terminando) com **Mes** indicam estatuto de semideus servirá como pista para desvendar vários enigmas.

XIV
Glória do Império, Ventos de Destruição

Um dia, minha rainha,
 Após atravessar o céu, atravessar a Terra –
Inanna –
Após atravessar o céu, atravessar a Terra –
Após atravessar Elam e Shubur,
Após atravessar [...],
A hieródula aproximou-se cansada, adormeceu.
Eu avistei-a do canto do meu jardim.
Beijei-a, copulei com ela.

Foi assim que um jardineiro, mais tarde conhecido como Sharru-kin ("Sargão"), descreveu seu encontro casual com a deusa Inanna. Uma vez que a deusa, cansada de voar por todo lado, estava com sono, não podemos dizer se foi um caso de "amor à primeira vista"; mas, pelo que se seguiu, fica óbvio que Inanna gostou do homem e de sua forma de fazer amor. O convite de Inanna para que ele entrasse em sua cama, com o trono da Suméria incluído, durou 54 anos: "Enquanto eu fui jardineiro, Ishtar concedeu-me seu amor; por 54 anos exerci o reinado; o Povo de Cabeça Negra eu dominei e governei", Sargão escreveu em sua autobiografia.

Como Inanna persuadiu a liderança anunnaki a confiar a Suméria e seu povo – aqui chamados pelo seu apelido *Sag.ge.ga*, os Cabeças Negras – ao homem cujo beijo alterou a história, não fica claro em lugar algum. Seu nome-título, *Sharru-kin* (= "Governante Sincero"), não era sumério; pertencia à língua "semítica" dos **amurros**, os "ocidentais", de uma região de língua semítica a noroeste da Suméria; e seus traços, preservados em uma escultura de bronze (Figura 101), confirmam sua origem não suméria. A nova cidade capital construída para ele, **Agade**, era mais conhecida pelo nome "semítico", *Acádia* – de onde deriva o termo *acadiano* para se referir à língua.

Figura 101

A Lista de Reis suméria, reconhecendo a importância desse rei, fornece a informação de que, de Uruk, sob Lugal.zagesi, "o reinado para Agade fora transferido" e nota que Sharru.kin, "um cultivador de tâmaras e copeiro de Ur.zababa", construiu Agade e reinou ali durante 56 anos.

A posição de Copeiro era um posto de alto escalão e de grande confiança, geralmente ocupado por um príncipe nas cortes reais não apenas da Mesopotâmia e Egito, mas em outras partes do mundo antigo – era assim mesmo em Nibiru (onde Anu servia como copeiro de Alalu). De fato, algumas das primeiras representações pictóricas sumérias, que os estudiosos chamaram de "Cenas de Libação", poderiam ser representações de um deus (apresentado nu para mostrar total subserviência) atuando como copeiro para uma divindade (ver Figura 77).

Urzababa era rei em Kish, e a afirmação implica que Sargão era príncipe real ali. No entanto, o próprio Sargão, no texto autobiográfico conhecido como *The Legend of Sargon* [*A Lenda de Sargão*], optou por envolver sua origem em mistério:

> Sargão, o poderoso rei de Agade, eu sou.
> Minha mãe era uma alta sacerdotisa;
> Eu não conheci meu pai.
> Minha mãe, a alta sacerdotisa que me concebeu,
> gerou-me em segredo.

Então, como na história do nascimento de Moisés, no Egito, mil anos mais tarde, Sargão continuou:

> Ela me assentou em uma cesta de junco,
> com betume selou a tampa.
> Ela me colocou no rio, e o cesto não me afundou.
> O rio me carregou, levou-me até Akki, o jardineiro.
> Akki, o irrigador, levantou-me quando puxou água.
> Akki, o irrigador, tomou-me como filho e me criou.
> Akki, o irrigador, nomeou-me seu jardineiro.

A explicação para a estranha esquiva de Sargão em reivindicar o *status* de príncipe pode estar no fato de que, na época, a própria filha de Sargão, Enheduanna, servia como alta sacerdotisa e hieródula no templo do deus Nannar/Sin, em Ur – uma posição considerada de grande honra. Ao reivindicar a mesma posição para sua mãe, Sargão deixou aberta a possibilidade de que seu "pai desconhecido" poderia ter sido um deus – o que faria dele, Sargão, um semideus.

É muito possível que a ascendência amorita de Sargão fosse um ponto favorável, em vista das pressões na Suméria por parte dos migrantes vindos do oeste e do noroeste. O mesmo raciocínio, de tornar adversários parte da família, levou, provavelmente, à decisão de estabelecer uma capital nacional nova e neutra cujo nome significaria "União"; sua localização marcaria o acréscimo dos territórios chamados Acádia, ao norte da antiga Suméria, com o objetivo de criar uma nova entidade geopolítica denominada "Suméria e Acádia"; e, dali em diante, Inanna passou a ser amplamente conhecida por seu nome acadiano, *Ishtar*.

Por volta de 2360 a.C., Sargão partiu daquela nova capital para estabelecer a lei e a ordem, começando com a derrota de Lugal.zagesi (que, o leitor se lembrará, atreveu-se a atacar a cidade do filho de Ishtar, o deus Shara). Subjugando uma cidade atrás da outra, ele voltou sua bravura contra regiões vizinhas. Para citar um texto conhecido como *The Sargon Chronicle* [*As Crônicas de Sargão*], "Sharru-kin, rei de Agade, subiu ao poder na era de Ishtar. Não tinha nem rival nem oponente. Ele espalhou seu olhar, que inspirava terror, por todos os países. Atravessou o oceano a leste; conquistou o país a ocidente, em sua máxima extensão".

Pela primeira vez, desde o início milênios antes, toda a Primeira Região era governada com firmeza a partir de uma capital nacional, desde o Mar Superior (o Mediterrâneo) até o Mar Inferior (o "Mar do Leste", o Golfo Pérsico); ali, estabeleceu-se o primeiro império conhecido historicamente – e que império era aquele: inscrições e evidências arqueológicas confirmam que o domínio de Sargão se estendia da costa do Mediterrâneo, a ocidente, atingia o rio Khabur, na Ásia Menor ao norte, regiões a nordeste que mais tarde se tornariam na Assíria, e sítios na costa leste do Golfo Pérsico. E, embora Sargão reconhecesse (quando necessário) a autoridade de Enlil, Ninurta, Adad, Nannar e Utu, suas conquistas eram desempenhadas com cuidado "pela ordem de minha senhora, a divina Ishtar". Tratava-se de fato, como as inscrições diziam, da ***Era de Ishtar***.

Como capital imperial, Agade era uma grandeza digna de se ver. "Naqueles dias", relatava um texto sumério, Agade estava repleta de riquezas de metais preciosos, de cobre, chumbo e pranchas de lápis-lazúli. "Seus celeiros estavam lotados, seus anciões eram dotados com sabedoria, suas anciãs eram dotadas com eloquência, seus rapazes eram dotados com a força das armas. Suas crianças eram dotadas com corações alegres (...) A cidade estava repleta de música." Um novo e grandioso templo para Sitar deixava claro qual divindade reinava sobre tudo aquilo: "Em Agade", um texto sumério historiográfico declarava, "a sagrada Inanna erigiu um templo como sua morada; no Templo Resplandecente ela colocou um trono". Era a joia da coroa dos santuários dedicados a ela que tinham de ser erigidos em quase todas as cidades sumérias, excedendo em brilho até o sagrado Eanna, em Uruk; e isso foi um erro.

Sargão também, tornando-se arrogante e demasiado ambicioso, começou a cometer graves erros, incluindo o de enviar suas tropas para cidades controladas por Ninurta e Adad. E, então, cometeu um equívoco fatal: profanar a Babilônia. O território designado "Acádia", ao norte da antiga Suméria, incluía o sítio da Babilônia, o mesmo lugar onde Marduk, buscando supremacia, tentara construir sua própria torre de lançamento (o incidente da Torre de Babel). Agora, Sargão "tirava o solo das fundações da Babilônia e construía, sobre o solo, outra *Bab-ili*, perto de Agade".

Para compreender a severidade do seu ato não autorizado, precisamos relembrar que *Bab-ili* (como a "Babilônia" era chamada em acadiano) significava "Portal dos Deuses", um lugar santificado; e que Marduk foi persuadido a desistir da tentativa sob a condição de que o local seria deixado intacto, como "solo sagrado". Agora, Sargão "removia solo das fundações da Babilônia" para usar como solo de fundação para outro Portal dos Deuses, vizinho a Agade. O sacrilégio naturalmente enfureceu Marduk, e reacendeu os conflitos entre os clãs. Mas Sargão não apenas quebrara o tabu em relação à Babilônia – ele também planejava criar em Agade o seu (ou de Inanna?) próprio "Portal dos Deuses"; e isso enfureceu Enlil.

* * *

O resultado, a remoção imediata (e morte) de Sargão, não terminou com a "Era de Ishtar". Com o consentimento de Enlil, ela colocou o filho de Sargão, Rimush, no trono em Agade; mas ele foi substituído, nove anos depois, por seu irmão, Manishtushu, que permaneceu 15 anos no poder. Então, **Naram-Sin**, filho de Manishtushu, ascendeu ao trono – e, mais uma vez, Inanna/Ishtar tinha como rei um homem de sua escolha.

Naram-Sin, cujo nome teofórico significava "Aquele que [o deus] Sol ama", usava o nome acadiano *Sin* do pai de Inanna, em vez do sumério **Nannar**. Construindo com competência sobre as fundações conquistadas por seu avô, ele uniu expedições militares à expansão do comércio, patrocinando postos comerciais de negociantes sumérios em locais remotos e criando rotas comerciais em escala internacional, alcançando, a norte, as fronteiras do domínio hitita de **Ishkur**/Adad, irmão de Nannar.

A política ambígua de Naram-Sin de oferecer a cenoura em uma vareta, no entanto, não conseguiu contrapor o crescente número de cidades, em especial a oeste, que se colocavam ao lado das renovadas ambições de supremacia de Marduk. Destacando o fato de que sua esposa, *Sarpanit*, era uma terráquea e que seu filho nascido na Terra, Nabu, também se casou com uma (chamada *Tashmetum*), Marduk ganhava partidários entre as massas. No Egito, onde Marduk/Ra era reverenciado como o oculto Amen/Amon, as expectativas para a sua vitória definitiva alcançavam um fervor messiânico, e os faraós egípcios iniciaram o ataque na direção norte, com o objetivo de tomar o controle das regiões litorâneas do Mediterrâneo.

Figura 102

Figura 103

Foi assim que, com a bênção e orientação de Inanna/Ishtar, Naram-Sin lançou-se contra as "cidades pecadoras" a oeste, no que foi, àquela época, a maior expedição militar de sempre. Capturando o que mais tarde se tornou conhecido como Canaã, ele continuou avançando na direção sul, para Magan (Egito antigo). Ali, suas inscrições declaram, "ele, pessoalmente, capturou o rei de Magan". Seu impiedoso avanço e captura de reis adversários foi comemorado em uma placa de pedra que mostrava uma Ishtar radiante oferecendo-lhe uma guirlanda da vitória (Figura 102). Tendo entrado e atravessado a proibida Quarta Região, com seu porto espacial, Naram-Sin, de forma arrogante, representou a si mesmo em uma estela dedicada à vitória (Figura 103), onde surge como um deus, com uma perna de cada lado de um foguete apontado para os céus. Em seguida, ele foi a Nippur, para exigir que Enlil o apoiasse como "Rei das Quatro Regiões". Enlil não estava lá; assim, "Como um herói habituado a altas destrezas, ele pôs uma mão sobre o Ekur", o recinto sagrado de Enlil.

Estes eram atos sem precedentes de desobediência e sacrilégio; a reação de Enlil é detalhada em um texto conhecido como *The Curse of Agade* [*A Maldição de Agade*]. Ele convocou a liderança anunnaki para uma Assembleia; todos os grandes deuses, incluindo Enki, compareceram – mas Inanna não apareceu. Escondida no venerado templo de Eanna, em Uruk, ela enviou palavras desafiadoras, exigindo que os deuses a declarassem "Grande Rainha das Rainhas" – a suprema divindade feminina.

"O Reinado celestial foi arrebatado *por uma mulher!*", o texto antigo notou com admiração; "Inanna alterou as regras do Sagrado Anu!".

Em Assembleia, a decisão dos deuses foi tomada – pôr um fim em tudo aquilo varrendo Agade da face da Terra. Tropas de Gutium leais a Ninurta, uma região para além das montanhas de Zagros, foram trazidas e, de maneira sistemática, destruíram Agade para que fosse esquecida. Os deuses decretaram que seus restos nunca deveriam ser encontrados; e, de fato, até hoje, ninguém sabe ao certo onde Agade ficava localizada. Com a morte da cidade, Naram-Sin também despareceu dos registros.

Quanto a Inanna/Ishtar, seu pai, Nannar/Sin, levou-a de Uruk para Ur. Sua mãe, Ningal, recebeu-a de volta na entrada do templo: "Chega, chega de inovações para Inanna", ela disse, de acordo com os textos; sua casa seria com a família de Nannar, no recinto sagrado de Ur.

Por volta de 2255 a.C., a "Era de Ishtar" chegou ao fim. Mas o império que ela originara – assim como os desafios a autoridades antigas – deixou uma marca permanente no antigo Oriente Próximo.

* * *

Por cerca de um século depois disso, não houve reinado em nenhuma capital nacional da Suméria e Acádia. "Quem foi rei? Quem não foi rei?", a própria Lista de Reis suméria notou, como forma de descrever a situação. De fato, o país era administrado por Ninurta a partir do seu "centro de culto" em Lagash – uma cidade cujos registros escritos, artefatos e esculturas serviram como fonte importante de informação sobre a Suméria, os sumérios e sua civilização.

Evidências arqueológicas e documentárias do local (hoje chamado Tello) mostram que, por volta de 2600/2500 a.C. – uns três séculos antes de Sargão da Acádia – o domínio dinástico começou em Lagash com um governante chamado Lugal.shu.engur; essa primeira dinastia incluía heróis semideuses famosos como Eannatum (com reputação de inseminação artificial). O domínio dinástico prosseguiu em Lagash, de forma ininterrupta, por mais de meio milênio, indicando impressionante estabilidade em tempos turbulentos; a lista de seus reis percorre 43 nomes!

Os reis de Lagash, que preferiam o título *Patesi* (= "Governador"), em vez de *Lugal*, deixaram incontáveis inscrições votivas e outras representações pictóricas. A julgar pelas evidências textuais, aqueles eram reis iluminados que se esforçaram para moldar a vida das pessoas de acordo com os altos padrões de justiça e moralidade de seus deuses; a maior honra que um rei podia conquistar seria a concessão, por Ninurta, do epíteto de "Pastor Justo". Um rei chamado *Urukagina* instituiu, há cerca de 4.500 anos, um código de leis que proibia o abuso de poderes oficiais, a "retirada" do burro de uma viúva ou o atraso, causado por um supervisor, nos salários de trabalhadores diários. Obras públicas, como canais para irrigação e transporte e prédios públicos, eram consideradas deveres pessoais do rei. Festivais que envolviam toda a população, como o Festival das Primeiras Frutas, foram introduzidos; a alfabetização, evidenciada por algumas das mais perfeitas escrituras cuneiformes, era encorajada; e algumas das mais requintadas esculturas sumérias – 2 mil anos antes da Grécia clássica! – vêm de Lagash (veja Figuras 31 e 33).

No entanto, nenhum dos governantes de Lagash é mencionado na Lista de Reis suméria, e Lagash nunca serviu como capital nacional. Uma vez que o trono do Reinado nacional fora transferido de Kish para Uruk – em termos político-religiosos, da égide de Ninurta para o domínio de Inanna –, o que Ninurta fez foi estabelecer seu próprio reduto, protegido por aquelas que eram na época as melhores tropas treinadas da região, fora do alcance dos caprichos e ambições de Inanna. Assim, foi a partir de Lagash que Ninurta restaurou a autoridade enlilita e trouxe um século de trégua para Suméria e Acádia, sujeitas a implacáveis pressões enquanto Marduk continuava a buscar a supremacia na Terra.

Foi para contrapor-se a essas ambições que, por volta de 2160 a.C., Enlil autorizou Ninurta a erigir, em Lagash, um único e impressionante novo templo que declararia a reivindicação de Ninurta à supremacia. Para deixar isso claro, o templo se chamaria **E.Ninnu** – "Casa/Templo do 50", confirmando Ninurta como o "próximo Enlil" com a Classificação de 50, logo abaixo dos 60 de Anu.

Algumas das inscrições mais extensas encontradas nos restos escavados de Lagash – com detalhes impressionantes que poderiam ter saído de um episódio da série de TV *The Twilight Zone* (*Além da Imaginação*) – tratavam da construção de um novo templo no Girsu (o recinto sagrado de Lagash) por um rei chamado **Gudea** (= "O Ungido"). A história, que está registrada em cilindros de argila hoje em exposição no Museu do Louvre, em Paris, começa com um sonho que Gudea teve. Nele, "um homem, brilhante e resplandecente como o céu (...) que usava o enfeite de cabeça de um deus", apareceu e mandou Gudea construir-lhe um templo. Uma mulher, "transportando a estrutura de um templo em sua cabeça", surgiu em seguida; segurando uma tabuleta que continha um mapa celestial, ela apontou para uma estrela específica. Depois, uma segunda divindade masculina apareceu, segurando, em uma mão, uma tabuleta com um desenho e, na outra, um tijolo para construção.

Despertado, Gudea ficou espantado ao descobrir a tabuleta com o desenho reclinada em seu colo, e o tijolo para construção em uma cesta ao seu lado! Completamente perplexo com a experiência (comemorada por ele em uma de suas estátuas, Figura 104), Gudea viajou até a "Casa de Resolução dos Destinos", morada da deusa **Nina** em seu centro de culto, Sirara, e pediu-lhe que solucionasse o sonho e o significado dos objetos que surgiram do nada.

O primeiro deus, Nina disse, era **Nin.girsu** (= "Senhor do Girsu", pseudônimo de Ninurta); "que tu construas um novo templo, ele ordena". A deusa é **Nisaba**; "para construir o templo em conformidade com o Planeta Sagrado, ela te instrui". O outro deus é **Ningishzidda**; o tijolo sagrado que ele lhe ofereceu deverá ser usado como molde; a cesta significa que você foi designado para a tarefa da construção; a tabuleta com o desenho é o projeto arquitetônico do templo de sete andares; seu nome, ela disse, deverá ser *E.Ninnu*.

Enquanto a maioria dos outros reis se orgulhava em reparar templos existentes, a escolha de Gudea para construir um templo totalmente novo, a começar pela fundação, era uma honra incomum. Com prazer, ele partiu para construí-lo, mobilizando toda a população para o projeto. Os requisitos arquitetônicos, ele descobriu, não eram nada

Figura 104

simples; deveria haver no topo uma *cúpula para observação* – "moldada como a abóbada do céu" – para determinar as posições planetárias e das estrelas após o anoitecer e, no átrio, dois círculos de pedra deveriam ser erguidos para determinar as constelações *no momento do nascer do Sol no Dia do Equinócio*. Também havia necessidade de construir dois recintos rebaixados, um para a aeronave de Ninurta, o "Pássaro Negro Divino", e outro para a sua "Arma Impressionante". Em suas inscrições claramente escritas e em sumério perfeito (exemplo, Figura 105), Gudea afirma que teve de procurar as divindades repetidas vezes para orientação, e "não dormiu bem até que a obra estivesse acabada". Em dado momento ele estava prestes a desistir, mas em uma "visão" foi-lhe ordenado "que terminasse a edificação da Casa do Senhor, o Eninnu".

Os acontecimentos e detalhes preliminares da construção do complexo estão inscritos naquele que se chama *Cilindro Gudea A*. O "Cilindro B" é dedicado à elaboração dos rituais ligados à inauguração do templo – precisamente no Dia do Ano-Novo – e às cerimônias que

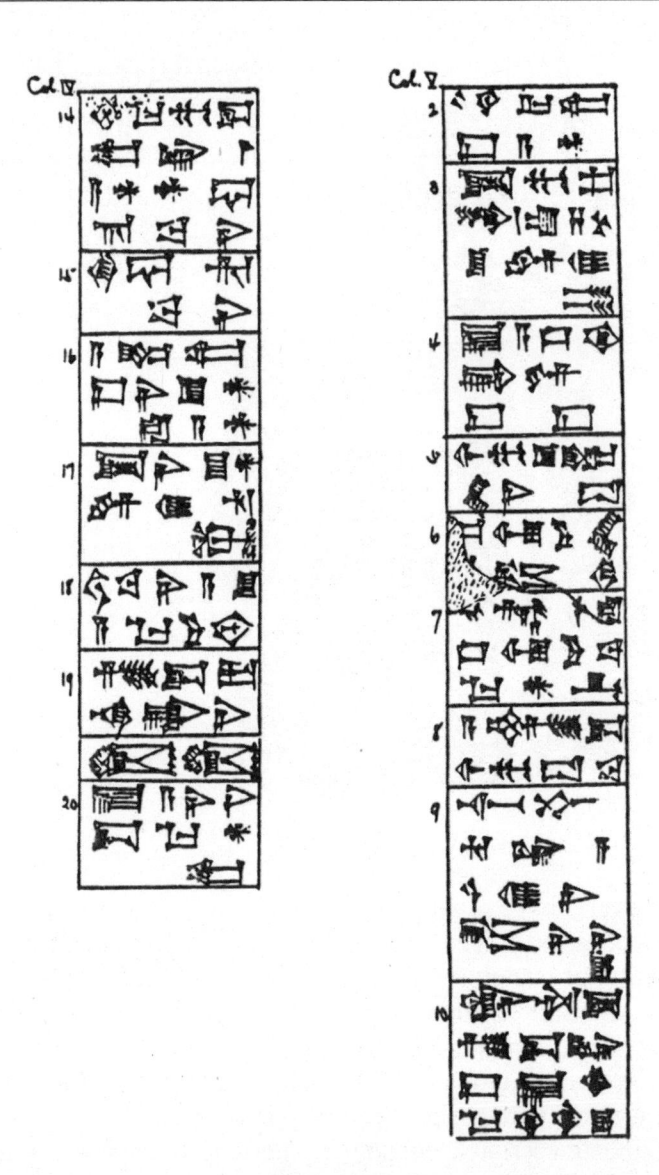

Figura 105

acompanhavam a chegada de Ningirsu e Bau ao Girsu, e sua entrada no novo templo-morada. O texto termina com o registro de uma bênção de Gudea para Bau, em gratidão pelos seus esforços na construção; sua recompensa era o ***Nam.ti muna.sud*** – "Seu Tempo de Vida Permanente/ Prolongado" (sem uma explicação de como fora concedido).

Apresentando-se no Cilindro A, Gudea afirma que a deusa **Nina** – filha de Enlil e Ninlil, meia-irmã de Ninurta – era sua mãe, chamando-a repetidas vezes de "minha mãe"; e, na bênção de Bau, no final do Cilindro B, ela se referiu a ele duas vezes como "filho de Nina". Esses textos também esclareceram seu nascimento: a deusa Nina gerou-o por meio da *semente implantada em seu ventre pela deusa Bau*: "O meu germe recebeste dentro de ti, em um local sagrado tu me geraste", ele disse a Nina; ele era "uma criança por Bau gerada".

Gudea, em outras palavras, afirmou que era um semideus, gerado por Bau e Nina, do clã de Enlil/Ninurta.

* * *

O desafio colocado a Marduk pelo templo de Eninnu foi agravado pelos papéis das divindades Ningishzidda e Nisaba – ambas conhecidas e veneradas no Egito: a primeira como o deus Thot, e a última como a deusa Sesheta. A participação ativa de Ningishzidda/Thot no projeto foi de singular importância, uma vez que ele era filho de Enki/Ptah e meio-irmão de Marduk/Ra, com quem brigara repetidas vezes. Essa não era a única divergência interna com Marduk: seu outro meio-irmão, Nergal (marido da neta de Enlil, Ereshkigal), também se colocou, com frequência, do lado dos enlilitas.

No entanto, nada disso evitou que Marduk e Nabu ganhassem partidários e controle territorial. O problema crescente para os enlilitas era o fato de que Ninurta, o presumível herdeiro de Enlil e Anu, viera de Nibiru – ao passo que Marduk e Nabu possuíam afinidades terráqueas. Em desespero, os enlilitas abandonaram a "Estratégia Ninurta" e voltaram-se para a "Tática Sin", transferindo o trono do Reinado nacional para Ur – o "centro de culto" de Nannar, *um filho de Enlil nascido na Terra* que, ao contrário de Ninurta, também possuía um nome acadiano: *Sin*.

Ur, situada entre Eridu a sul e Uruk a norte, ao longo do Rio Eufrates, era, então, o próspero centro comercial e industrial da Suméria; seu próprio nome, que significava "lugar urbano, domesticado", veio a significar não apenas "cidade", mas "*A* Cidade" e representava prosperidade e bem-estar. Seus deuses (veja Figura 97) Nannar/Sin e sua esposa **Ningal** (Nikkal, em acadiano) eram muito amados pelo povo da Suméria; ao contrário de outros enlilitas, Nannar/Sin não era um combatente na guerra dos deuses. Sua escolha tinha o objetivo de acenar às pessoas em todos os lugares, mesmo nas "regiões rebeldes", as quais sob sua liderança começariam uma era de paz e prosperidade.

Em Ur, o templo-morada das divindades era um grande zigurate que se erguia em andares dentro de um recinto sagrado murado, onde uma variedade de estruturas abrigava sacerdotes, oficiais e empregados. Um dos edifícios dentro da parte murada era o *Gipar* (= "Morada Noturna"), onde ficava o *Gigunu*, a "Câmara dos prazeres noturnos" do deus; pois, embora Nannar/Sin fosse monógamo e tivesse apenas uma esposa (Ningal), ele podia desfrutar (e desfrutava), no Gipar, a companhia de hieródulas ("Sacerdotisas do Prazer"), assim como concubinas (com as quais podia ter filhos).

Além daquelas muralhas, estendia-se uma cidade magnífica com dois portos e canais ligando-a ao Rio Eufrates (Figura 106), uma grande cidade que continha o palácio do rei, edifícios administrativos,

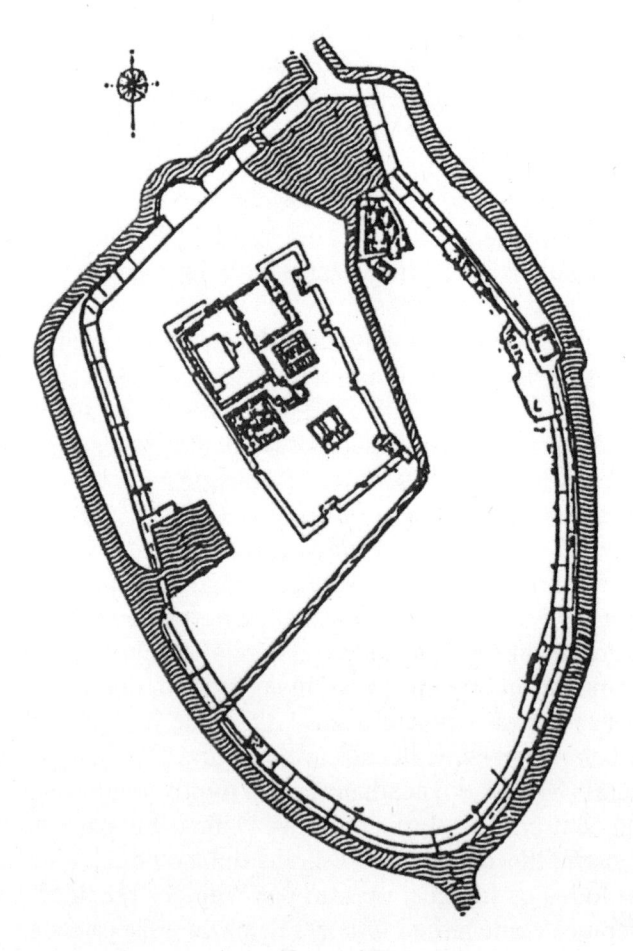

Figura 106

portões altos, avenidas para passear, uma praça pública para festivais, um mercado, moradias privativas de vários andares (muitas de dois andares), escolas, ateliês, galpões de mercadores e estábulos para animais. O zigurate imponente, com sua escada monumental (veja Figura 35), embora há muito tempo em ruínas, domina a paisagem até hoje, mesmo depois de mais de 4 mil anos.

(Devemos observar que Ur era a "Ur dos caldeus", onde começou a história bíblica de Abraão, o hebreu, o ponto de partida de sua migração para Harran e, de lá, para Canaã. Nascido em Nippur, *Abrão* cresceu em Ur, onde seu pai trabalhava como *Tirhu*, um Sacerdote Profeta com habilidades em astronomia. Como sua história e missão se entrelaçaram com os acontecimentos e o destino da Suméria foi relatado por nós, em detalhe, no livro *As Guerras dos Deuses e dos Homens*.)

Para reiniciar o Reinado na Suméria e a partir dela, a escolha de um novo rei também foi feita com cautela. O novo rei, chamado **Ur-Nammu** (= "A alegria de Ur"), foi selecionado por Enlil e aprovado por Anu; e não se tratava de um mero terráqueo – *ele era um semideus*. Nascido em Uruk, ele era filho – "o filho amado" – da deusa **Ninsun** (mãe de Gilgamesh) – um nascimento (segundo as inscrições) aprovado por Anu e Enlil e testemunhado por Nannar/Sin. Uma vez que essa genealogia divina (incluindo a alegação de que Ninharsag ajudaria a criá-lo) foi reafirmada em várias representações pictóricas durante o reinado de Ur-Nammu, na presença de Nannar e outros deuses, devemos presumir que a alegação era factual. Era uma reivindicação que deixava Ur-Nammu no mesmo *status* que Gilgamesh, cujas façanhas foram bem lembradas e cujo nome foi reverenciado. A escolha era, assim, um sinal, tanto para amigos como para inimigos, de que os dias gloriosos de incontestada autoridade de Enlil e seu clã estavam de volta.

As inscrições, os monumentos e a evidência arqueológica atestam que o reinado de Ur-Nammu foi um período de obras públicas extensas, restauração da navegação em rios e a reconstrução e proteção das estradas do país. Houve uma explosão nas artes, artesanato, escolas e outros melhoramentos na vida social e econômica. Enlil e Ninlil eram honrados com templos renovados e magníficos; e, pela primeira vez na história da Suméria, o sacerdócio de Nippur se juntara ao de Ur, conduzindo a um renascimento da religião. (Foi nessa época, segundo nossos cálculos, que o sacerdote profeta **Terah**, pai de Abraão, fora transferido de Nippur para Ur.)

Alianças com governantes vizinhos a leste e a nordeste propagaram a prosperidade e o bem-estar; mas a inimizade incitada por

Marduk e Nabu, a oeste, crescia. A situação nas "regiões rebeldes" e "cidades pecadoras" às margens do Mar Mediterrâneo exigia ação e, em 2096 a.C., Ur-Nammu lançou uma campanha militar contra eles. Embora fosse um grande "pastor" da construção e da economia, ele pecava como líder militar: em meio a uma batalha, sua carruagem ficou presa na lama; Ur-Nammu caiu e foi "esmagado como um jarro". A tragédia se agravou quando o barco que trazia o corpo de Ur-Nammu de volta à Suméria "naufragou em um local desconhecido; as ondas afundaram-no, com ele a bordo".

Quando notícias da derrota e da trágica morte de Ur-Nammu chegaram a Ur, um grande lamento se ergueu. As pessoas não conseguiam compreender como um rei com devoção religiosa, um pastor justo – um semideus! – poderia perecer de forma tão indigna. "Por que o Senhor Nana não o segurou pela mão?", perguntaram. "Por que Inanna, Senhora do Céu, não depositou seu nobre braço à volta da cabeça de Ur-Nammu? Por que o valente Utu não o ajudou?" Só poderia haver uma explicação plausível, os povos de Ur e da Suméria concluíram: "Enlil, de forma enganadora, alterou seu decreto" – esses grandes deuses voltaram atrás com sua palavra; e a fé neles depositada foi profundamente abalada.

Provavelmente não foi por acaso que, no momento exato da morte chocante de Ur-Nammu, em 2096 a.C., o pai de Abrão mudou a família de Ur para **Harran** (= "A Caravana"), uma cidade importante na área que se ligava à terra dos hititas. Situada na nascente do Rio Eufrates, e localizada no ponto de encontro entre as rotas de comércio internacional, terras militares e rotas fluviais, Harran estava cercada de pradarias férteis, perfeitas para o pastoreio. Ela foi fundada e estabelecida por comerciantes de Ur que iam ali em busca de lã de ovelha local, peles, couro, metais importados e pedras raras, e levavam para a troca as famosas vestimentas e tapetes de Ur. A cidade também se gabava de possuir o segundo maior templo dedicado a Nannar/Sin depois de Ur, e era, com frequência, chamada de "a segunda Ur".

A subida de Ur-Nammu ao trono de Ur, em 2113 a.C., conduziu a um período conhecido como "Ur III". *Foi o período mais glorioso da Suméria, e o intervalo de tempo em que o Monoteísmo – a crença em um Deus criador universal – criou suas raízes.*

Também foi o período mais trágico da Suméria, pois, antes de aquele século chegar ao fim, a Suméria deixou de existir.

* * *

Após a morte trágica de Ur-Nammu, o trono de Ur foi ocupado por seu filho Shulgi. Ansioso para reivindicar o *status* de semideus, como o de seu pai, ele afirmou em suas inscrições que nascera sob auspícios divinos: o próprio deus Nannar arranjou para que a criança fosse concebida no templo de Enlil, em Nippur, por meio da união entre Ur-Nammu e a alta sacerdotisa de Enlil, com o objetivo de que "um Pequeno Enlil, uma criança adequada para reinado e trono, fosse concebida". Ele adquiriu o hábito de chamar a deusa Ningal, esposa de Nannar, "minha mãe", e Utu/Shamash (seu filho), "meu irmão". Em seguida, afirmou em hinos autolaudatórios que "um filho nascido de Ninsun eu sou" (embora, em outro hino, ele fosse seu filho apenas por adoção). Essas versões diferentes e contraditórias questionam a validade de suas reivindicações a semideus.

Os anais reais indicam que, tão logo ascendeu ao trono, Shulgi enviou uma expedição nas províncias distantes, incluindo as "regiões rebeldes"; mas suas "armas" eram propostas de negócio, paz e suas filhas para casamento. Sua rota abrangia os dois destinos do ainda reverenciado Gilgamesh: a Península do Sinai (onde ficava o porto espacial), ao sul, e o Local de Aterrissagem, ao norte, respeitando, no entanto, a santidade da Quarta Região, sem penetrá-la. No caminho, ele parou para venerar no "Local dos Oráculos Sagrados" – o lugar que conhecemos como Jerusalém. Tendo, assim, venerado os três sítios localizados em espaços próximos, ele seguiu o "Crescente Fértil" – a rota arqueada, leste-oeste, de migração e comércio imposta pela geografia e pelas fontes de água – e retornou à Suméria.

Quando Shulgi chegou a Ur, foi-lhe concedido, pelos deuses, o título de "Sumo Sacerdote de Anu, Sacerdote de Nannar". Ele tornou-se amigo de Utu/Shamash e, então, foi-lhe dada a "atenção pessoal" de Ianna/Ishtar (cuja morada era em Ur, desde o falecimento de Naram-Sin). A "Ofensiva Pacífica" de Shulgi surtiu efeito por algum tempo, fazendo com que ele deixasse de lado os assuntos do Estado para se tornar amante de Inanna. Em inúmeras canções de amor encontradas nas ruínas de Ur, ele gabava-se de que Inanna "concedeu-me sua vulva, em seu templo".

Mas, enquanto Shulgi negligenciava os assuntos do Estado para entregar-se a prazeres pessoais, a agitação nas "regiões rebeldes" crescia novamente. Despreparado para uma ação militar, Shulgi contou com as tropas elamitas para o combate, e pôs-se a construir um muro fortificado para proteger a Suméria de incursões estrangeiras. Foi chamado de "Grande Muro Ocidental", e os estudiosos acreditam que se estendia do Rio Eufrates ao Rio Tigre, ao norte de onde fica Bagdá hoje em dia. Um

Figura 107

resultado não intencional disso foi que o coração da Suméria se separou das províncias ao norte. Em 2048 a.C., os deuses, liderados por Enlil, cansaram-se dos fracassos estatais e da *dolce vita* pessoal de Shulgi e decretaram-lhe "a morte de um pecador". De maneira significativa, foi exatamente nesse momento que, por ordem divina, Abraão trocou Harran por Canaã...

Também no mesmo ano, 2048 a.C., Marduk chegou a Harran, tornando-a seu quartel-general pelos próximos 24 anos. Sua chegada ali, registrada em uma tabuleta de argila bem preservada (Figura 107), representava um desafio novo e direto para a hegemonia enlilita. Além de significado militar, a mudança privou a Suméria de seus laços comerciais vitais para a economia. Uma suméria encolhida, agora estava ameaçada.

A jogada de xadrez de Marduk para estabelecer seu posto de comando em Harran permitiu a Nabu "mobilizar suas cidades, em direção ao Grande Mar, para seguir seu curso". Nomes de sítios individuais revelam que aqueles lugares incluíam os de suma importância: o Local de Aterrissagem, no Líbano, e o Controle da Missão, na cidade de Shalem

Figura 108

(ou melhor, Jerusalém). E, em seguida, Marduk alegou que a região do porto espacial deixava de ser neutra – deveria ser considerada domínio de Marduk e Nabu. Com o Egito como seu domínio original, Marduk, agora, controlava todas as instalações relacionadas com o espaço.

Os enlilitas, de forma compreensível, não podiam aceitar tal situação. O sucessor de Shulgi, seu filho **Amar-Sin**, não perdeu tempo em lançar uma expedição militar atrás da outra, culminando em uma notável e ambiciosa expedição para punir as "Regiões Rebeldes do Oeste" (a bíblica Canaã). E foi assim que no sétimo ano de seu reinado, em 2041 a.C., Amar-Sin liderou uma grande aliança militar contra as "cidades pecadoras" no oeste (incluindo Sodoma e Gomorra), na esperança de reconquistar o controle do porto espacial; ele era, como sugeri no livros *As Guerras dos Deuses e dos Homens*,* o "Anrafel" do Gênesis 14.

O conflito foi registrado pela Bíblia como a Guerra dos Reis do Leste contra os Reis do Oeste. Naquela que foi a primeira Grande Guerra Internacional da Antiguidade, Abraão era um participante: comandando uma cavalaria de montadores de camelos chamada *Ish Nar* – uma interpretação hebraica literal do sumério *Lu.nar* (= "Cavaleiro"), ele evitou que os invasores chegassem ao porto espacial (mapa, Figura 108). Em seguida, perseguiu os invasores, que recuaram até Damasco (hoje, a Síria), para resgatar seu sobrinho Lot, que haviam levado como prisioneiro em Sodoma. O conflito entre os deuses estava se tornando, claramente, uma guerra entre várias nações.

Amar-Sin morreu em 2039 a.C. – abatido não apenas por uma lança inimiga, mas pela picada de um escorpião. Ele foi substituído por seu irmão, Shu-Sin; os dados dos seus nove anos de reinado registram duas incursões militares na direção norte, mas nenhuma a oeste; eles citam mais suas medidas defensivas. Ele contou, principalmente, com a construção de novas seções do Muro do Oeste; as defesas, no entanto, eram levadas cada vez mais próximas da região central da Suméria, enquanto o território controlado por Ur continuava encolhendo.

Quando o próximo (e último) rei do período "Ur III", Ibbi-Sin, ascendeu ao trono, em 2029 a.C., invasores vindos do oeste abriram caminho através da Parede protetora e combateram com a "Legião Estrangeira" de Ur, tropas elamitas, no território da Suméria. Conduzindo e incitando os habitantes do Oeste, estava Nabu. Seu pai divino, o próprio Marduk, esperava em Harran pela recaptura da Babilônia.

---

*N.E.: Obra publicada pela Madras Editora.

Às antigas razões para buscar a Supremacia (começando com seu pai, Enki, sendo privado dos direitos de sucessão), Marduk acrescentava, agora, um argumento "Celestial", afirmando que seu momento de Supremacia chegara porque a Era zodiacal de Touro, de Enlil, estava acabando, e a sua, a Era de Ram ("Áries"), estava nascendo. De forma irônica, foram seus próprios dois irmãos que mostraram que a constelação zodiacal de Ram ainda não havia começado astronomicamente: Ningishzidda assim o afirmou de seu observatório em Lagash, e Nergal também, a partir da estação científica do Mundo Inferior. Mas a descoberta de seus irmãos apenas enfureceu Marduk e intensificou o recrutamento de guerreiros feito por Nabu, para Marduk.

Frustrado e desesperado, Enlil convocou os grandes deuses para uma assembleia de emergência; ***ela aprovou medidas extraordinárias que mudaram, para sempre, o futuro.***

* * *

De forma surpreendente, vários registros escritos da Antiguidade sobreviveram, fornecendo-nos não apenas um esboço dos acontecimentos, mas grandes detalhes sobre as batalhas, as estratégias, as discussões, os argumentos, os participantes e suas jogadas, e as decisões cruciais que resultaram na mais profunda reviravolta na Terra desde o Dilúvio.

Expandidas pelas Fórmulas das Datas e várias outras referências, as fontes principais para a reconstrução desses acontecimentos dramáticos são os capítulos relevantes do Gênesis; as afirmações de Marduk em um texto conhecido como *A Profecia de Marduk*; um grupo de tabuletas da "Coleção Spartoli" do Museu Britânico, conhecidas como *Os Textos Khedorla'omer*; e um longo texto histórico/autobiográfico ditado pelo deus Nergal ao seu confiável escriba, um texto conhecido como *Erra Epos*. Como em um filme – em geral um suspense com morte – no qual as várias testemunhas oculares, e principais, descrevem o mesmo acontecimento não exatamente da mesma maneira, mas de onde a verdadeira história emerge, somos capazes de recuperar os fatos reais desse caso.

Marduk, sabemos por meio dessas fontes, não compareceu em pessoa ao conselho de emergência convocado por Enlil, mas enviou-lhes um apelo no qual perguntava repetidas vezes: "Até quando?". O ano, 2024 a.C., marcava o 72º aniversário de sua vida em fuga – o tempo que o ciclo zodiacal leva para se mover um grau. Passaram-se 24 anos desde que ele iniciara a espera em Harran; e ele perguntava: "Até quando? Quando terminarão meus dias de divagação?".

Chamado para tratar do caso enlilita, Ninurta depositou toda a culpa em Marduk, acusando até seus seguidores de denegrir o templo de Enlil, em Nippur. As acusações de Nannar/Sin eram, sobretudo, contra Nabu. Nabu foi convocado, e "Perante os deuses o filho de seu pai surgiu". Falando por seu pai, ele culpou Ninurta; levantando acusações contra Nergal, ele entrou em discussão aclamada com este (que estava presente); e, "mostrando desrespeito, a Enlil ele falou mal", acusando o Senhor do Comando de injustiça e de consentir com a destruição. Enki disse: "De que são, Marduk e Nabu, de fato acusados"? – ele perguntou. Sua ira era direcionada, em especial, a seu filho, Nergal: "Por que você prossegue com a oposição"? – ele indagou. Os dois discutiram tanto que, no final, Enki gritou para que Nergal se retirasse de sua presença.

Foi então que Nergal – difamado por Marduk e Nabu, mandado por seu pai, Enki –, "consultando a si mesmo", teve a ideia de recorrer às "*Armas Extraordinárias*".

Ele não sabia onde estavam escondidas, mas tinha conhecimento de que elas existiam na Terra, trancadas em algum local secreto subterrâneo (segundo um texto catalogado como linhas CT-xvi 44-46) em algum lugar na África, domínio de seu irmão Gibil. Com base em nossos atuais níveis de tecnologia, essas armas podem ser descritas como **sete dispositivos nucleares**: "Cobertas de terror, com um brilho elas avançavam". Foram trazidas para a Terra, de forma não intencional, de Nibiru, pelo fugitivo Alalu, e escondidas em algum local secreto, há muito tempo; Enki sabia onde, e Enlil também.

Reunindo-se outra vez para um Conselho de Guerra, os deuses, indeferindo Enki, votaram a favor de seguir a sugestão de Nergal e desferir em Marduk um golpe punitivo. Havia comunicação constante com Anu: "Anu, para a Terra, dirigia as palavras; a Terra, para Anu, as palavras pronunciava". Ele deixou claro que sua aprovação para a ação sem precedentes de utilizar as "Armas Extraordinárias" limitava-se a desapropriar Marduk do porto espacial no Sinai, mas que nem deuses nem pessoas deveriam ser feridos: "Anu, senhor dos deuses, teve pena da Terra", os registros antigos afirmam. Escolhendo Nergal e Ninurta para cumprir a missão, os deuses deixaram absolutamente claro o âmbito limitado e condicional que ela possuía.

Em 2024 a.C., Ninurta (chamado no Épico de **Ishum**, *"O Abrasador") e Nergal (chamado no Épico de* **Erra**, *"O Destruidor" ativaram armas nucleares que obliteraram o porto espacial e as "cidades pecadoras" adjacentes, na planície a sul do Mar Morto.*

Abraão, segundo a Bíblia, que estava acampado nas montanhas com vista para o Mar Morto, foi visitado, um pouco mais cedo naquele dia, por três *Malaquins* (traduzido como "anjos", mas significando, literalmente, "emissários") e foi advertido por seu líder do que estava prestes a acontecer. Os outros dois seguiram para Gomorra, onde o sobrinho de Abraão, Lot, vivia. Nessa noite, sabemos por meio do *Erra Epos*, Ishum/Ninurta "para o Monte Mais Supremo pôs-se a caminho", no seu Pássaro Preto Divino.

Ele ergueu a mão (e)

Figura 109

o monte foi esmagado.
A planície próxima ao Monte Mais Supremo
ele, então, obliterou;
em suas florestas, nem um tronco de árvore foi deixado de pé.

Com dois ataques nucleares localizados, o porto espacial foi obliterado por Ninurta – primeiro, o "Monte Mais Supremo" (o "Monte Mashu" do Épico de Gilgamesh) com seus túneis interiores e instalações secretas; em seguida, a planície adjacente que servia para aterrissagem e decolagem. A cicatriz na Península do Sinai é visível até hoje, como mostra uma fotografia aérea da NASA (Figura 109); a planície – cercada por montanhas de calcário – ainda está coberta por rochas esmagadas, totalmente queimadas e enegrecidas.

A obliteração das "cidades pecadoras" foi uma questão confusa. Segundo os textos sumérios, Ninurta tentou dissuadir Nergal de pôr aquilo em prática. De acordo com a Bíblia, foi Abraão quem pleiteou com um dos três Anjos que lhe tinham visitado para poupar as cidades se no mínimo dez "cidades justas" fossem encontradas em Sodoma. Nessa noite, em Sodoma, dois Anjos enviados para verificar se as cidades deveriam ser poupadas foram atacados por uma multidão que queria sodomizá-los. Uma "insurreição" tornou-se inevitável; mas eles concordaram em adiá-la com o intuito de dar a Lot (sobrinho de Abraão) e sua família tempo suficiente para escapar pelas montanhas. Então, ao romper do dia,

Erra, emulando Ishum,
as cidades terminou,
para desolação, ele sublevou-as.

Sodoma e Gomorra, e três outras cidades na "região desobediente, ele obliterou". A Bíblia, em palavras quase idênticas, relatou que "conforme o Sol se erguia sobre a Terra, dos céus aquelas cidades foram sublevadas, com enxofre e fogo enviados por Yahweh".

E Abraão levantou-se cedo pela manhã,
e dirigiu-se para onde encontrara o Senhor,
e olhou para a direção de Sodoma e Gomorra,
em direção ao local da Planície;
e contemplou e observou –
havia fumo erguendo-se do solo
como a fumaça de uma fornalha.

GÊNESIS 19:27-28

Foi assim que aconteceu, a Bíblia afirma, "quando os **Elohim** aniquilaram as Cidades da Planície". Cinco dispositivos nucleares, lançados pelo "Destruidor" Nergal, acabaram com tudo.

E, então, a Lei das Consequências Não Intencionais provou-se verdadeira em escala catastrófica; pois uma consequência inesperada proveniente do holocausto nuclear foi a morte da própria Suméria: uma nuvem nuclear venenosa, levada para o leste por ventos inesperados, arrebatou toda a vida da Suméria (Figura 110).

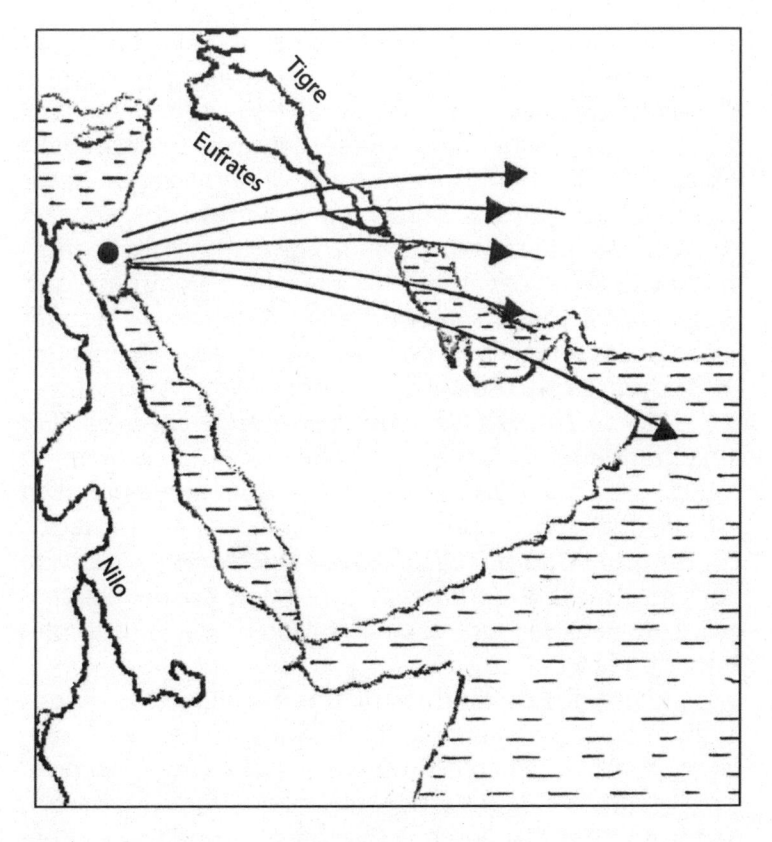

Figura 110

O "VENTO MALIGNO"

"Uma tempestade, um Vento Maligno, varreu os céus, tornando as cidades desoladas, tornando as casas desoladas, esvaziando os currais, tornando amargas as águas da Suméria, seus campos cultivados geraram ervas daninhas" – é assim que um texto após o outro, daquela época, descrevem o que aconteceu.

"Na região da Suméria caiu uma calamidade desconhecida ao homem, uma que nunca fora vista antes, uma que não poderia ser resistida", dizem os textos. Uma "morte oculta vagava pelas ruas, instalava-se pela estrada (...) Ninguém pode vê-la quando adentra a casa (...) Não há defesa contra esse mal que ataca como um fantasma; o muro mais alto, a parede mais grossa, ele ultrapassa como uma inundação (...) pela porta, como uma serpente ele desliza, como um vento pela dobradiça ele sopra (...) Aqueles que se esconderam por trás das portas foram derrubados, aqueles que correram para os telhados, ali morreram". Foi uma morte terrível, abominável: aonde quer que o Vento Maligno chegasse, "as pessoas, aterrorizadas, não podiam respirar (...) as bocas encharcadas de sangue, as cabeças envoltas em sangue, o rosto empalidecido pelo Vento Maligno".

Não se tratava de uma calamidade natural: "Foi uma grande tempestade decretada por Anu, ela viera do coração de Enlil". *Foi o resultado de uma explosão*: "Um estouro maligno foi precursor da dolorosa tempestade". *Ela foi motivada por dispositivos nucleares* – "causada por sete armas extraordinárias no lampejo de um relâmpago"; *e ela veio da Planície do Mar Morto*: "da Planície Sem Piedade, ela viera".

Advertidos da direção do Vento Maligno, os deuses fugiram da Suméria em pânico. Longos Textos de Lamentação, como a *Lamentação sobre a Destruição da Suméria e Ur*, listam as cidades e os templos que foram "abandonados ao Vento" e descrevem a pressa, o pânico e o pesar com que cada divindade partia, incapaz de ajudar as pessoas. ("Do meu templo, como um pássaro tive de fugir",

Inanna lamentou.) Por trás dos templos, casas, estábulos, todos os edifícios permaneceram de pé; mas tudo que tinha vida – pessoas, animais, vegetação – morreu. Textos escritos mesmo em séculos posteriores relembram aquele dia, quando uma nuvem de poeira radioativa atingiu a Suméria. "O Dia em que os céus foram esmagados e a Terra foi afetada, sua face obliterada pelo turbilhão."

"Ur tornou-se uma cidade estranha, seu templo tornou-se um Templo de Lágrimas", escreveu Ningal, choroso, em *Uma Lamentação sobre a Destruição de Ur*; "Ur e seu povo foram lançados ao Vento".

XV
Sepultado com Grandeza

Quatro mil anos depois da calamidade nuclear, em 1922 d.C., um arqueólogo britânico chamado Leonard Woolley foi ao Iraque escavar a antiga Mesopotâmia. Atraído pelos imponentes resquícios de um zigurate que se sobressaía na planície desértica (Figura 111), ele optou por iniciar as escavações em um sítio adjacente conhecido localmente como Tell el-Muqayyar. À medida que paredes antigas, artefatos e tabuletas de argila com representações pictóricas eram descobertos, ele percebeu que desenterrava a antiga Ur – Ur dos Caldeus.

Seus esforços, que duraram 12 anos, foram realizados como uma Expedição Conjunta entre o Museu Britânico de Londres e o Museu da Universidade da Pensilvânia, na Filadélfia. Algumas das exposições mais dramáticas dessas instituições consistem em objetos, artefatos e escultura encontrados por *sir* Leonard Woolley, em Ur. Mas o que ele descobriu pode muito bem transcender qualquer coisa que já posta em exposição.

À medida que a árdua tarefa de remover camadas de solo que as areias do deserto, os elementos e o tempo acumularam sobre a ruína

Figura 111

progredia, os contornos da antiga cidade começavam a emergir – aqui estavam as muralhas, ali estavam o porto e os canais, os bairros residenciais, o palácio e o ***Tummal*** – uma área do recinto sagrado erguida de forma artificial. Escavando em suas extremidades, Woolley fez a descoberta do século: um cemitério, com milhares de anos, que incluía *tumbas "reais" únicas*.

As escavações nas seções residenciais da cidade revelaram que os habitantes de Ur seguiam o costume sumério de enterrar seus mortos por baixo do chão de suas casas, onde as famílias continuavam a viver. Foi, portanto, bastante incomum encontrar um cemitério com 1.800 sepulturas. Elas estavam concentradas dentro da área do recinto sagrado e variavam, em idade, de épocas pré-dinásticas (antes do início do Reinado) até os tempos selêucidas. Havia sepultamentos sobre sepultamentos, intrusões de sepulturas em outras, até ocorrências de aparentes enterros na mesma sepultura. Em algumas ocasiões, os trabalhadores de Woolley escavavam trincheiras enormes que desciam por quase 16 metros, com o intuito de atravessar as camadas e datar melhor as sepulturas.

Muitas eram buracos no chão, onde os corpos eram colocados deitados de costas. Woolley presumiu que essas "inumações" eram feitas com base em algum estatuto social ou religioso. Mas, em seguida, na extremidade sudeste do recinto sagrado – dentro da área murada –, Woolley descobriu um grupo de sepultamentos totalmente distintos, cerca de 660. Neles, *com 16 exceções*, os corpos estavam enrolados em tapetes de junco, como um tipo de sudário, ou depositados em caixões de madeira – uma distinção ainda maior, pois a madeira era escassa e bastante cara na Suméria. Cada um daqueles defuntos era, então, posto para descansar no fundo de um poço retangular profundo, grande o suficiente para abrigá-los. As pessoas enterradas assim, tanto homens quanto mulheres, eram, inevitavelmente, colocadas de lado – não de costas como nos sepultamentos comuns; seus braços e mãos eram flexionados à frente do peito, as pernas eram ligeiramente curvadas (Figura 112). Depositados ao lado dos corpos, ou sobre eles, estavam vários objetos pessoais – joias, um selo cilíndrico, um cálice ou tigela; esses objetos possibilitaram datar essas sepulturas como sendo do Período Dinástico Inicial, mais ou menos cerca de 2650 a 2350 a.C. Foi o período em que

Figura 112

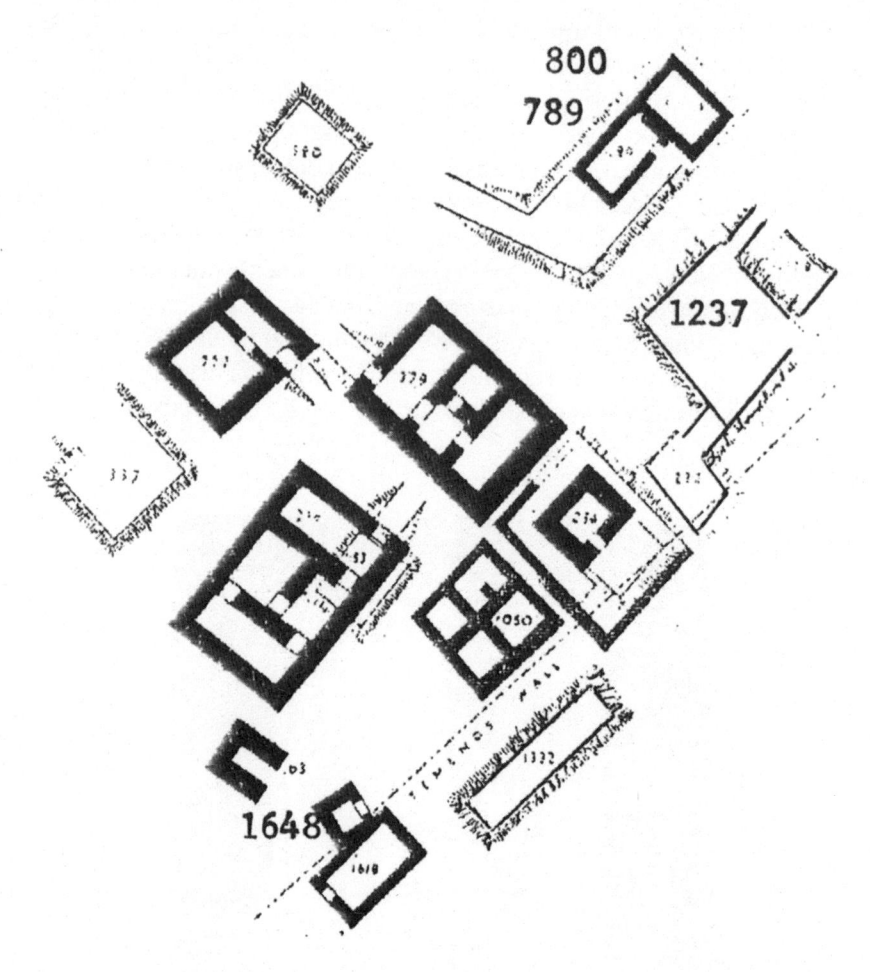

Figura 113

o reinado central estava em Ur, começando com a Primeira Dinastia de Ur ("Ur I"), quando o Reinado foi transferido de Uruk.

Sensatamente, Woolley concluiu que a elite reinante da cidade estava enterrada nessas 660 sepulturas específicas. Mas, em seguida, Woolley desenterrou as 16 tumbas especiais agrupadas no mesmo espaço (Figura 113), o que constituiu uma descoberta sem precedentes. Elas eram únicas – únicas não apenas na Suméria, mas por toda a Mesopotâmia, por todo o antigo Oriente Próximo; únicas não apenas em seu período, mas em todos os períodos. Woolley supôs que apenas alguém da mais alta importância poderia ser enterrado em sepulturas tão especiais e em inumações tão exclusivas; e quem era mais importante que o rei ou sua consorte, a rainha? Selos cilíndricos em que os nomes eram combinados com os títulos *Nin* e **Lugal** convenceram Woolley de que ele havia descoberto as ***Tumbas Reais de Ur***.

Sua maior descoberta única fora a tumba designada PG-800. Desenterrar e adentrá-la foi um acontecimento nos anais da arqueologia mesopotâmica comparável à descoberta e ingresso na tumba de Tutankamon, no Vale dos Reis do Egito, por Howard Carter, em 1922. Para proteger sua descoberta exclusiva dos ladrões modernos, Woolley notificou seus patrocinadores do achado em um telegrama escrito em latim; a data era 4 de janeiro de 1928.

Estudiosos subsequentes aceitaram essa lógica e continuaram a se referir a esse grupo único de tumbas como as tumbas *Reais* de Ur, embora alguns se perguntassem – por causa do conteúdo das tumbas – quem, de fato, estava enterrado em várias delas. Uma vez que para tais estudiosos os "deuses" eram um mito, seu espanto para ali. Porém, se aceitarmos a realidade dos deuses, deusas e semideuses – estamos preparados para uma aventura emocionante.

* * *

Para começar, as 16 tumbas especiais, muito mais que simples covas grandes o suficiente para suportar um corpo, eram *câmaras construídas com pedras* e exigiam amplas escavações; elas eram depositadas bem fundo no solo e possuíam *tetos com cúpulas ou abóbadas* cuja construção exigia habilidades de engenharia extraordinárias para a época. Àquelas estruturas com características únicas era acrescentada mais uma: algumas tumbas eram acessadas por *rampas* bem definidas que levavam a uma grande área, um tipo de átrio, por trás do qual a verdadeira câmara mortuária se localizava.

Além das características arquitetônicas excepcionais, as tumbas eram únicas pelo fato de que o corpo que abrigavam, colocado de lado, estava, às vezes, não apenas em um caixão, mas em um *anexo construído separadamente*. A tudo isso se acrescentava o fato de que o corpo estava cercado por *objetos de opulência e excelência extraordinárias* – em muitas ocasiões, *únicos* no gênero em qualquer lugar, em qualquer época.

Woolley assinalava as tumbas de Ur com um código e número "PG" ("Personal Grave", ou "Jazigo Pessoal"); e na tumba designada ***PG-755***, por exemplo, (Figura 114), havia mais de uma dúzia de objetos ao lado do corpo no caixão e mais de 60 artefatos espalhados

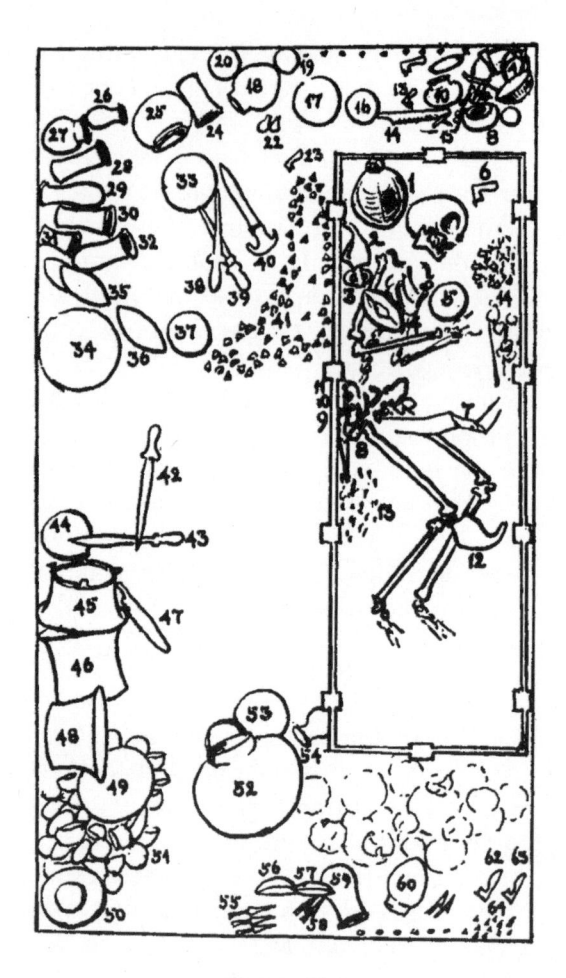

Figura 114

pela tumba. Os objetos incluíam um esplêndido *capacete dourado* (Figura 115), uma soberba *adaga dourada* em uma bainha de prata decorada de forma magnífica (Figura 116), um cinto de prata, um anel de ouro, tigelas e outros utensílios feitos de ouro ou prata, joias de ouro, decoradas ou não, com lápis-lazúli (a pedra preciosa azul apreciada na Suméria) e uma "desconcertante variedade" (nas palavras de Woolley) de outros artefatos de metal feitos com electro (uma liga de ouro e prata), cobre, ou ligas de cobre.

Tudo isso era completamente surpreendente para a época, quando a astúcia metalúrgica do Homem estava apenas avançando do uso do cobre (que não necessitava fundição), para a liga de estanho-cobre (ou

Figura 115

Figura 116

Figura 117

cobre-arsênico), que chamamos bronze. Objetos com tais técnicas artísticas ou de metalurgia, como a adaga ou o capacete, eram totalmente desconhecidos em qualquer outra parte. Se essas observações trazem à mente a opulenta máscara mortuária dourada e os magníficos artefatos e esculturas encontrados na tumba do faraó egípcio Tutankamon (Figura 117), devemos nos lembrar que ele governou por volta de 1350 a.C. – alguns 12 séculos mais tarde.

Outras tumbas continham objetos semelhantes e diferentes feitos de ouro ou electro, todos realizados com uma habilidade manual extraordinária. Entre eles constavam utensílios de uso diário, como cálices ou taças – até um copo alto usado para beber cerveja –, e *todos eram constituídos de ouro puro*; outros cálices, tigelas, jarras e vasilhas de libação eram trabalhados em prata pura; aqui e ali,

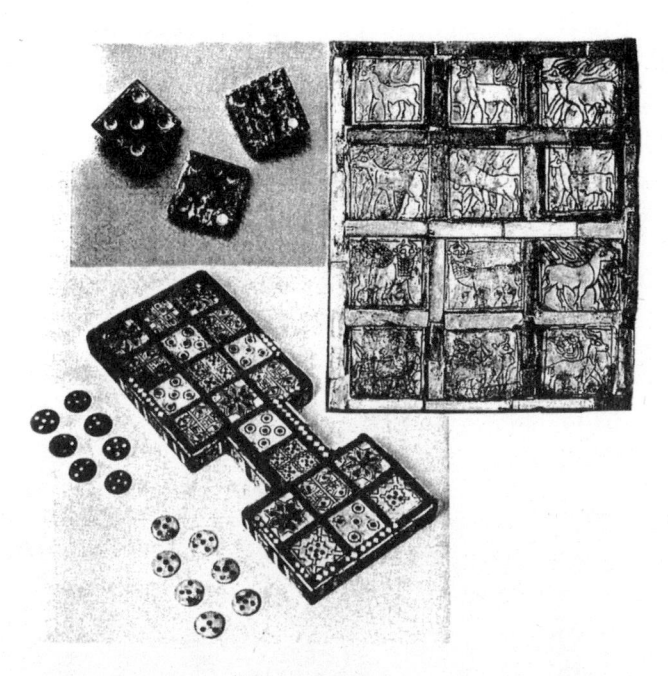

Figura 118

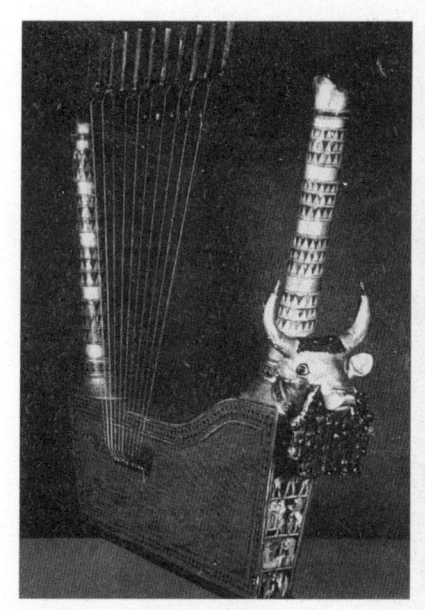

Figura 119

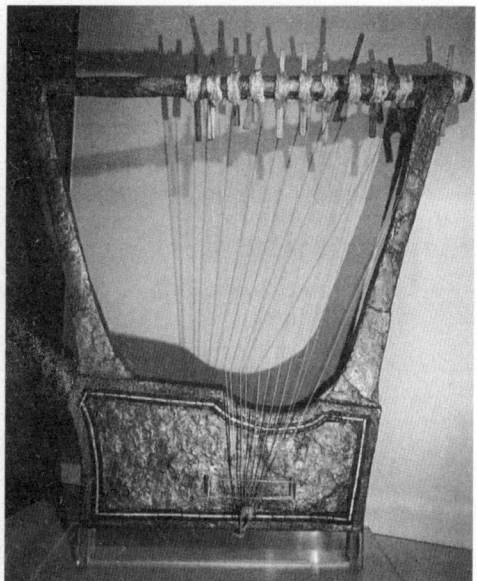

Figura 120

algumas vasilhas eram feitas com a rara pedra de alabastro. Havia armas – lanças, adagas – e ferramentas, incluindo enxadas e cinzéis, também *feitos de ouro*; uma vez que o ouro, sendo um metal mole, desprovia esses utensílios de qualquer uso prático, os outros instrumentos (em geral feitos de bronze ou outras ligas de cobre) devem ter servido apenas a propósitos cerimoniais, ou eram um símbolo de *status*.

Havia uma variedade de jogos de tabuleiro (Figura 118) e numerosos instrumentos musicais feitos com madeiras raras e decorados com impressionante habilidade artística, utilizando ouro e lápis-lazúli de forma extravagante para as decorações (Figura 119); entre eles constava uma lira única feita inteiramente de prata pura (Figura 120). Havia outras descobertas, como uma escultura complexa (apelidada de "O Carneiro no Matagal", Figura 121) que não emulava nenhum objeto

Figura 121

ou ferramenta, e era arte pelo propósito da arte. Para essas peças, os artesões, mais uma vez, foram pródigos no uso do ouro e combinações de ouro com pedras preciosas.

Também era espantoso o conjunto de joalheria, que ia de elaborados diademas e "toucados" (um termo empregado pelos arqueólogos, na falta de uma palavra melhor) até gargantilhas, braceletes, colares, anéis, brincos e outros ornamentos; todos feitos de ouro, pedras semipreciosas ou combinações deles. Em todos esses objetos, como naqueles mencionados anteriormente, a habilidade artística e as técnicas utilizadas para moldar e fazê-los – criando ligas e combinando materiais para fundi-los – eram únicas, engenhosas *e incomparáveis a quaisquer outras descobertas fora dessas tumbas*.

Devemos ter em mente que nenhum dos materiais utilizados em todos esses objetos – ouro, prata, lápis-lazúli, cornalina, pedras e madeiras raras – era encontrado na Suméria (ou mesmo em toda a Mesopotâmia). Eram materiais raros que tinham de ser obtidos e trazidos de longe; no entanto, eles eram utilizados sem a menor preocupação quanto à raridade ou escassez. Acima de tudo, havia o uso abundante do ouro, mesmo na manufatura de objetos comuns (cálices e broches) ou ferramentas (enxadas e machados). Quem tinha acesso a todas essas riquezas raras; quem, em uma época em que os utensílios de casa eram feitos de barro ou, quando muito, de pedra, utilizava metais incomuns para bens corriqueiros? E quem desejaria que o máximo de coisas possíveis fosse feito de ouro, mesmo que as tornasse inúteis?

Conforme examinamos registros daqueles dias de "Dinastia Inicial", descobrimos que um rei considerava uma grande conquista, pela qual todo aquele ano seria lembrado, caso conseguisse produzir e presentear uma tigela de *prata* a uma divindade – buscando, em troca, uma vida prolongada. Mas aqui, em tumbas selecionadas, uma miríade de artefatos, utensílios e ferramentas era feita de forma requintada não apenas com prata, mas, em geral com ouro – uma abundância e utilização sem o menor vínculo com a realeza. O ouro, deve ser lembrado, constituía o propósito da vinda dos anunnakis para a Terra – ele devia ser levado para Nibiru. Na medida em que um uso inicial e extravagante *de ouro aqui na Terra e para vasilhas comuns* nos interessa, descobrimos menções ao ouro apenas em representações pictóricas **relacionadas à visita de estado de Anu e Antu à Terra, por volta de 4000 a.C**.

Nesses textos, identificados por seus escribas como cópias dos originais de Uruk, instruções detalhadas especificam que todas as *vasilhas usadas por Anu e Antu para comer, beber e se lavar "deveriam ser feitas de ouro*"; mesmo as bandejas usadas para servir a comida deveriam ser douradas, assim como as vasilhas e incensários de libação utilizados no banho. Uma lista da variedade de cervejas e vinhos que deveriam ser servidos a Anu especificava que as bebidas deviam ser colocadas em vasilhas ***Suppu*** ("Retenção de Líquido") especiais feitas de ouro; até as ***Tig.idu*** ("Vasilhas de mistura"), usadas para preparar a comida, tinham de ser de ouro. As vasilhas, segundo essas instruções, deveriam ser decoradas com um desenho de "roseta" para marcá-las como "Pertence de Anu". O leite, no entanto, deveria ser servido em vasilhas de pedra de alabastro especial, e não em vasilhas de metal.

Quando se tratava de Antu, vasilhas de ouro eram listadas para o seu banquete, mencionando as divindades Inanna e Nannar (nessa ordem) como seus convidados especiais; as vasilhas *Suppu* que eles utilizavam, assim como as bandejas em que eram servidos, também tinham de ser de ouro. Tudo isso, devemos nos lembrar, em uma época *anterior* à concessão da civilização à Humanidade; por isso, os únicos capazes de produzir todos esses objetos tinham de ser os artesões dos próprios deuses.

De forma notável, a lista das vasilhas de comida e bebida de Anu e Antu tinha de ser feita de ouro e, em um caso específico (para o leite), de pedra de alabastro, podendo ser interpretada quase como um inventário dos objetos descobertos nas tumbas "reais" de Ur; por isso, a pergunta "Quem tinha de possuir utensílios comuns feitos de metais incomuns, quem queria o máximo possível feito de ouro?", tem como resposta: os *"**Deuses**"*.

Uma conclusão de que todos esses objetos eram para o uso dos deuses, e não da realeza mortal, torna-se mais verossímil conforme relemos alguns dos hinos sumérios dedicados aos seus deuses – como esse de Nippur, inscrito em uma tabuleta de argila (hoje jogada no porão do museu da Universidade da Filadélfia). Trata-se de um hino a Enlil que exalta a enxada dourada que este utilizou para partir o solo para o ***Dur.an.ki***, o Centro de Controle da Missão, em Nippur:

> Enlil ergueu sua enxada,
> a enxada de ouro com extremidade de lápis-lazúli –
> sua enxada cuja lâmina amarrada
> era feita de prata e ouro.

De forma semelhante, segundo o texto conhecido como *Enki e a Ordem Mundial*, sua irmã, Ninharsag, "tomou para si o cinzel de ouro e o martelo de prata" – mais uma vez, utensílios que, feitos com esses metais moles, serviam apenas como símbolos de autoridade e *status*.

Quanto à harpa feita de prata, descobrimos que um instrumento musical raro chamado *Algar* é especificamente listado como uma das posses de Inanna em um hino de "Casamento Secreto" dedicado a ela pelo rei Iddi-Dagan: os músicos, o hino diz, "tocam diante de ti o instrumento *Algar*, feito de *prata pura*". Embora a natureza precisa do instrumento, que proporcionava uma "música suave", não seja certa, o *Algar* é mencionado em textos sumérios como sendo um instrumento musical *tocado exclusivamente para os deuses*; com a exceção que o de Inanna era feito de prata pura.

Tais menções de objetos semelhantes àqueles encontrados nas tumbas especiais de Ur aparecem em outros hinos; elas tornam-se quase incontáveis quando se trata de joalheria e coisas afins; e são, em especial, espantosas quando falam das joias e indumentárias de Inanna/Ishtar.

No entanto, por mais solene que isso tudo possa parecer, o que foi encontrado em várias das "Tumbas Reais" foi ainda mais surpreendente, pois mais incomum que os objetos e a opulência que acompanhavam alguns dos falecidos era o **acompanhamento de vários outros corpos humanos sepultados com eles**.

* * *

Sepultamentos com outras pessoas enterradas ao lado do falecido era um fenômeno nunca ouvido antes em qualquer parte do antigo Oriente Próximo; por isso, a descoberta de dois "companheiros" enterrados com o falecido em uma tumba (designada *PG-1648*) já foi incomum. Mas o que foi encontrado em algumas das outras tumbas ultrapassou qualquer coisa jamais descoberta, antes ou depois.

A tumba *PG-789*, chamada por Woolley de a "*Tumba do Rei*" (Figura 122), começava com uma rampa que levava ao que Woolley designou "o Fosso da Morte" e a uma câmara mortuária adjacente. Presumidamente, a tumba foi invadida e saqueada por ladrões de sepulturas na Antiguidade, que deve ser a razão para a ausência do corpo principal e de objetos preciosos. Mas havia outros corpos espalhados: seis corpos "companheiros" jaziam na rampa de acesso; eles usavam capacetes de cobre e portavam lanças, como soldados ou guarda-costas. Dentro do poço estavam resquícios de duas carruagens, cada uma delas conduzida por três bois cujos restos mortais foram encontrados *in situ*, junto com os corpos de um condutor de bois e dois passageiros por carruagem.

Tudo isso é apenas uma pequena amostra daquilo que Woolley chamou "os empregados do rei" – *54* deles, encontrados no "Fosso da Morte" (sua localização precisa marcada por um sinal de caveira na Figura 122) – que, a julgar pelos objetos encontrados ao lado dos corpos, eram, em sua maioria, homens que portavam lanças decoradas com pontas feitas de electro; próximo a eles estavam pontas de lanças soltas, anéis reais feitos de prata, escudos e armas; touros e leões eram as figuras proeminentes das esculturas e decorações. Enquanto tudo isso

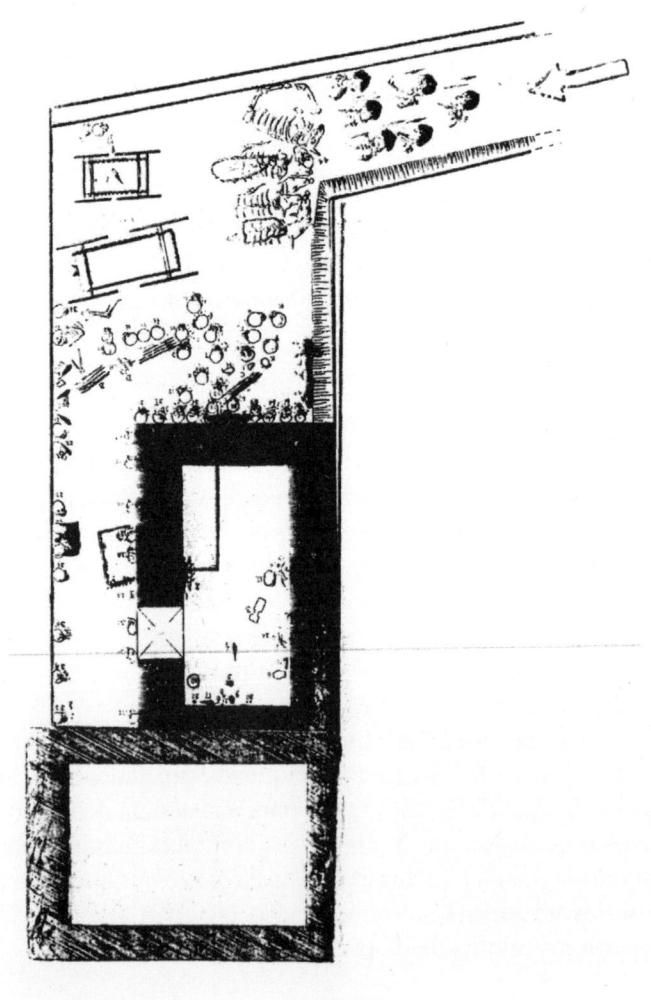

Figura 122

denotava um líder militar, os objetos encontrados perto de um número menor de corpos, identificados como femininos, indicavam apreciação pela arte e música: a cabeça de um touro esculpida em ouro com uma barba de lápis-lazúli, liras de madeira finamente decoradas e uma "caixa de ressonância" com painéis cuja decoração incrustada representava cenas dos contos de Gilgamesh e Enkidu.

A interpretação de um artista, feita em 1928, de como seria o agrupamento de pessoas no fosso da morte, antes que todos ali fossem drogados ou assassinados para ser enterrados *in situ* (Figura 123), dá uma ideia da realidade assustadora da cena.

Contígua à PG-789 estava uma tumba planejada de forma semelhante, a **PG-800**, que Woolley chamou "a ***Tumba da Rainha***". Aqui também ele encontrou corpos acompanhantes, tanto na rampa quanto no fosso (Figura 124) – cinco corpos de guardas, um carro de bois com seus cavalariços e dez corpos presumidamente de empregadas que transportavam instrumentos musicais. Mas *aqui havia um corpo depositado em um carrinho fúnebre, colocado em uma câmara mortuária especial* e acompanhado por três assistentes. Essa câmara não foi roubada na Antiguidade, provavelmente por se tratar de uma

Figura 123

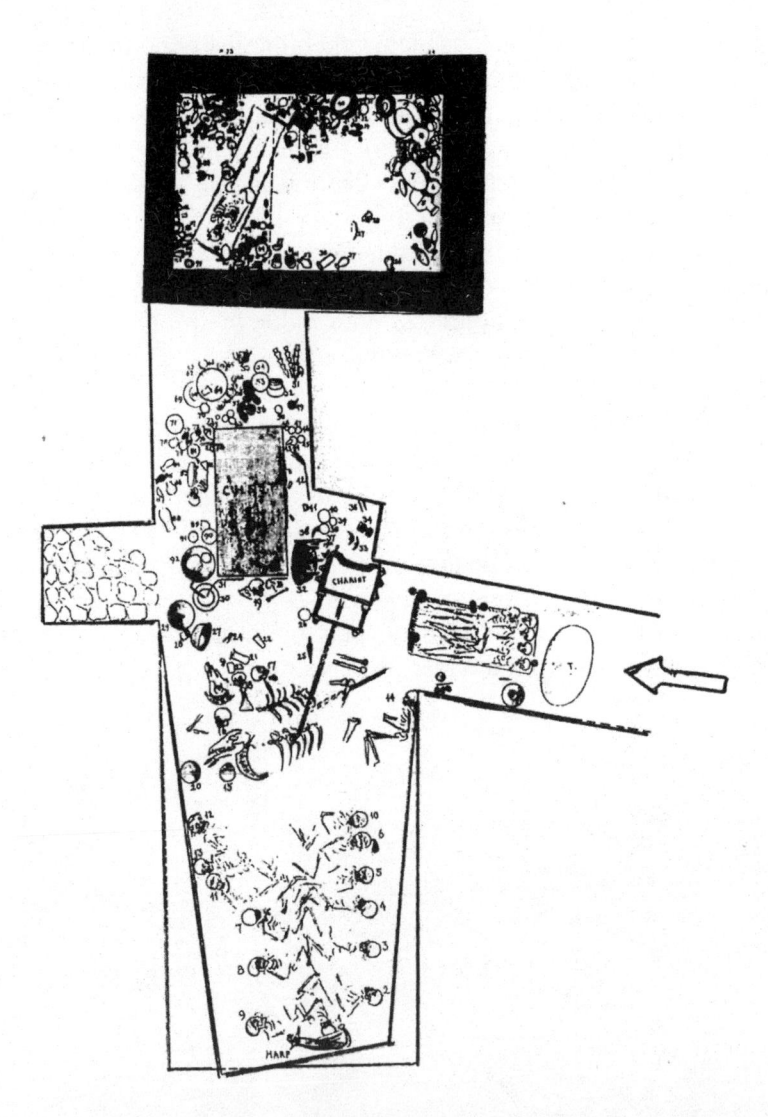

Figura 124

câmara secreta afundada: seu teto, ao contrário de seu chão, estava ao mesmo nível do solo do fosso. Julgando pelos restos mortais, assim como pela profusão de joias, ornamentos e até um grande baú de madeira para as roupas, tratava-se do corpo de uma mulher – a "Rainha", como Woolley a chamou.

O corpo feminino estava adornado – praticamente da cabeça aos pés – com joias e acessórios feitos de ouro, liga de prata e ouro (elec-

Figura 125

tro), lápis-lazúli, cornalina e ágata. Ouro, e ouro em combinação com lápis-lazúli e outras pedras preciosas, dominava essas descobertas; ouro e prata eram os metais utilizados na manufatura dos objetos cotidianos (com a rara pedra de alabastro utilizada em tigelas); assim eram habilmente esculpidos vários objetos, como as cabeças de um touro e de um leão. Com uma opulência um tanto menor, mas com adornos semelhantes, estavam as assistentes enterradas com a mulher: além de um elaborado enfeite de cabeça dourado, cada uma delas tinha brincos de ouro, gargantilhas, colares, braçadeiras, cintos, anéis, punhos de vestimenta, pulseiras, grinaldas, testeiras e uma variedade de outros ornamentos.

Perto dessas duas tumbas, Woolley encontrou a parte dianteira de outra tumba grande, **PG-1237** (veja mapa do sítio, Figura 113). Ele desenterrou a rampa e o fosso, mas não encontrou a câmara mortuária à qual deveriam ter pertencido. Ele chamou a descoberta de "*o Grande Fosso da Morte*", porque continha *73* corpos de assistentes (Figura 125). Com base nos restos mortais e objetos encontrados sobre os corpos, ou próximos a eles, apenas cinco deles eram homens, deitados ao lado da carruagem. Espalhados pelo fosso estavam *os corpos de 68 mulheres*; os objetos encontrados próximos incluíam uma lira extraordinária (desde então conhecida como a "Lira de Ur"), a escultura do "Carneiro no Matagal" e uma impressionante variedade de joias. Como em outras tumbas, o ouro era o material dominante.

(Foi constatado depois que Woolley, de fato, encontrou uma câmara mortuária ao lado da PG-1237, mas, como o corpo que ela continha estava embrulhado em tapetes de junco, considerou-a uma intrusão feita em período posterior e não o sepultamento original).

Woolley encontrou alguns outros "fossos da morte", sem descobrir os sepultamentos aos quais estavam associados. Alguns, como a **PG-1618** e a **PG-1648**, continham apenas alguns corpos que Woolley catalogou como "serviçais; outras continham muito mais: a **PG-1050**, por exemplo, encerrava *40 corpos*. Devemos presumir que todos se tratavam de meros sepultamentos essencialmente semelhantes aos PG-789 e PG-800 (e, provavelmente, também o PG-755); isso intrigou os estudiosos e pesquisadores desde Woolley, pois *esses sepultamentos não tinham iguais em lugar algum*, nem foram mencionados na vasta coleção valiosa da Mesopotâmia – com uma exceção.

Um texto apelidado de *A Morte de Gilgamesh* pelo seu primeiro tradutor em inglês, Samuel N. Kramer, descreve Gilgamesh em seu leito de morte. Informado pelo deus Utu de que Enlil não lhe concederia vida eterna, ele é consolado com promessas de "ver a luz" mesmo no Mundo das Trevas, para onde vão os mortos. Linhas desaparecidas privam-nos da ligação com as 42 linhas finais, das quais podemos deduzir que Gilgamesh iria manter, no Mundo das Trevas, a companhia de "sua amada esposa, seu amado filho (...) sua amada concubina, seus músicos, seus animadores e seu amado copeiro", o camareiro-chefe, os caseiros e os assistentes do palácio que o serviam.

Uma linha (linha sete do lado reverso do fragmento) que pode ser lida inclui as palavras "quem quer que se deite com ele no Lugar Puro" ou "quando eles se deitaram com ele no Lugar Puro" é tomada como uma indicação de que *A Morte de Gilgamesh*, de fato, descreve um "sepultamento acompanhado" – presumivelmente um privilégio extraordinário concedido a Gilgamesh, que era "dois terços divino", como compensação por não atingir a imortalidade dos deuses. Enquanto a explicação para essas linhas legíveis permanece discutível, *não há como escapar da misteriosa semelhança entre A Morte de Gilgamesh e a deslumbrante realidade descoberta em Ur.*

Outro debate recente, se os assistentes, que sem dúvida faziam parte do cortejo fúnebre, foram enterrados de forma voluntária, se foram drogados ou, talvez, assassinados assim que entraram no fosso, não altera um fato básico: demonstravam ali uma prática bastante incomum, *não imitada nem repetida em nenhum outro lugar* onde muitos reis e rainhas foram sepultados durante milhares de anos. No Egito, a noção da "vida após a morte" incluía objetos, mas não uma hoste de assistentes enterrados com a pessoa; os grandes faraós eram sepultados (em meio a uma opulência de objetos que os acompanhavam) em tumbas escondidas bem fundo no solo – sozinhos e em completo isolamento. No Extremo Oriente, o falecido imperador chinês Qin Shihuang (por volta de 200 a.C.) foi acompanhado por um exército de seus súditos – mas todos eles eram feitos de barro. E, apesar de ter acontecido em tempos subsequentes ao nascimento de Jesus e do outro lado do mundo, podemos ao menos citar uma recente descoberta em Sipán, no Peru, de uma tumba real em que quatro corpos acompanhavam o falecido.

As tumbas de Ur com os fossos da morte foram, e continuam sendo, únicas. Portanto, quem era tão especial para ser sepultado com uma grandeza tão aterradora?

A conclusão de Woolley de que as 16 tumbas extraordinárias pertenciam a reis e rainhas mortais deriva da noção aceita de que os deuses e as deusas eram apenas um mito e não existiam fisicamente. Mas o abundante uso do ouro, o aspecto extraordinariamente artístico e tecnologicamente avançado dos objetos, e outras características que salientamos, levam-nos a concluir que **semideuses, e até deuses, foram sepultados ali**; e essa conclusão é estimulada pela descoberta de *selos cilíndricos inscritos.*

* * *

Os escavadores de Woolley encontraram selos cilíndricos dentro de tumbas e longe delas; vários selos e impressões em selos foram descobertos em uma pilha de coisas descartadas que Woolley chamou de Estratos de Impressão de Selos ou, pela sigla em inglês, SIS. Todos representavam alguma cena; alguns eram inscritos com nomes ou títulos, identificando-os como selos pessoais. Se um selo com um nome fosse

Figura 126

encontrado sobre ou ao lado de um corpo, seria lógico presumir que pertencia àquela pessoa; e isso podia nos dizer muito. A suposição também foi de que os selos SIS perdidos vinham de tumbas que tinham sido profanadas e saqueadas na Antiguidade, os saqueadores ficavam com os objetos valiosos e descartavam os pedaços de pedra "sem valor"; para os pesquisadores modernos, até os selos SIS são inestimáveis; e os utilizaremos como pistas a serem seguidas na *descoberta do maior mistério das Tumbas Reais: quem estava enterrado na PG-800*.

Em seis destes selos, a cena principal representada era de leões caçando outros animais na selva. Um selo foi encontrado na **PG-1382** (uma sepultura de uma única pessoa), outro ao lado de um esqueleto solitário na **PG-1054**. Embora esses selos deixassem incógnita a identidade de seus proprietários, sugeriam que se tratava de homens com atributos heroicos – um aspecto que se torna evidente a partir do terceiro selo, no qual um homem selvagem, ou um homem no deserto, foi acrescentado à cena representada. Ele foi encontrado na **PG-261**, que Woolley descreveu como uma "simples inumação que havia sido pilhada". E esse *selo continha o nome de seu proprietário inscrito* de forma claramente legível (Figura 126): **Lugal An.zu Mushen**.

Em seu relatório, Woolley não se preocupou com esse selo cilíndrico, embora ele fosse francamente identificado como sendo a tumba de um rei. Estudiosos subsequentes também o ignoraram porque uma vez que Lugal significava "rei" e Mushen, "pássaro", a inscrição faz pouco sentido quando lida "Rei Anzu, Pássaro". No entanto, torna-se altamente significativa quando lida – como eu sugiro – "Rei/Anzu Pássaro", pois assim ela sugere que o selo pertencia ao Rei com fama de "pássaro Anzu" – identificaria o proprietário como sendo Lugalbanda, cujo caminho para Arata, o leitor se lembrará, foi bloqueado em uma passagem de montanha vital pelo monstro Anzu mushen ("Anzu o Pássaro"). Desafiado a identificar-se, foi assim que Lugalbanda respondeu:

> *Mushen*, no *Lalu* eu nasci;
> *Anzu*, no "Grande Recinto" eu nasci.
> Como o divino Shara eu sou,
> o filho amado de Inanna.

Poderia o semideus Lugalbanda – filho de Inanna, marido da deusa Ninsun e pai de Gilgamesh – *ser o VIP que foi enterrado na profanada e pilhada tumba PG-261*?

Se a nossa sugestão está correta, outras peças do quebra-cabeça começarão a formar uma imagem plausível nunca dantes contemplada.

Embora nenhum objeto dourado revelador fosse encontrado ali, dispersos pela PG-261 estavam (segundo Woolley) "resquícios de um conjunto associado a militares" – armas de cobre, um machado de bronze, etc. –, objetos que serviram a Lugalbanda, que conquistou fama como comandante militar de Enmerkar. Uma vez que a tumba fora profanada e saqueada por ladrões de sepulturas da Antiguidade, pode muito bem ter havido ali uma variedade de artefatos preciosos que foram levados.

Para visualizar como a PG-261 teria sido originalmente, podemos olhar com mais atenção para uma tumba muito semelhante, a PG-755, onde o capacete e a adaga dourados foram encontrados (veja Figuras 115 e 116). Sabemos quem as possuía porque entre os artefatos encontrados dentro do caixão havia duas tigelas de ouro, uma das quais entre as mãos do ocupante enterrado, e continham inscrito o nome *Mes. kalam.dug* – o nome, sem dúvida, da pessoa sepultada. Seu nome, com o prefixo *Mes* (= "Herói"), como já explicamos, significava "Semideus". Não "divinizado" como Lugalbanda e Gilgamesh, seu nome não aparece na Lista de Deuses (de fato, a única ocorrência em toda a Lista de Deuses de um nome que começa com *Mes* – um nome parcialmente legível onde se lê Mes.gar.?.ra – foi encontrada entre os filhos de Lugalbanda e Ninsun). Mas Mes.kalam.dug (= "Herói que a Terra mantinha") não é um completo desconhecido: sabemos que foi um rei

Figura 127

por meio de um selo cilíndrico que continha a inscrição **Mes.kalam.dug Lugal** ("Meskalamdug, *rei*"), encontrada em solo SIS.

Sabemos algo acerca de sua família: vasilhas de metal, depositadas ao lado de seu caixão, na PG-755, portavam os nomes **Mes.Anne. Pada** e **Nin.Banda.Nin**, sugerindo que eram parentes do falecido; e sabemos quem foi Mes.anne.pada: ele foi inserido na Lista de Reis suméria como o importantíssimo *fundador da Primeira Dinastia de Ur*! E não conquistou essa honra sem as mais altas qualificações: como afirmado em um texto do Museu Britânico que citamos anteriormente, seu "doador da semente divina" foi o próprio Nannar/Sin. Ser apenas um semideus significava que sua mãe não era a esposa oficial de Nannar, a deusa Ningal; mas sua genealogia ainda fazia dele meio-irmão de Utu e Inanna.

Também sabemos quem, nesse contexto, era a mulher **Nin.Banda.Nin**: em um selo cilíndrico de duas camadas (pertencente à série o "homem e os animais na selva") encontrado em uma pilha SIS (Figura 127) estava inscrito **Nin.banda Nin/Dam Mes.anne.pada** – "*Ninbanda, deusa, esposa [de] Mesannepada*" –, identificando-a como esposa do fundador da dinastia "Ur I".

Qual era a relação de Mes.kalam.dug com esse casal? Enquanto alguns pesquisadores afirmam que ele era seu pai (!), para nós é óbvio que um semideus não poderia ser pai de uma *Nin* – uma deusa. *Nosso palpite é que Nin.banda-Nin era a mãe de Meskalamdug, e Mes.anne. pada era seu pai*; e sugerimos ainda que a descoberta de seus selos em solo SIS significa, sem dúvida, que **eles também foram sepultados no**

Figura 128

agrupamento das "Tumbas Reais", em tumbas que foram profanadas e saqueadas na Antiguidade.

É nesse ponto que devemos, de forma clara e enfática, pôr um fim à contínua referência acadêmica de que Ninbanda era "rainha". *Nin*, como em Nin̠harsag, Ninmah̠, Ninti, Ninki, Ninlil, Ningal, Ninsun, e assim por diante, era sempre um prefixo *divino*; a Grande Lista de Deuses inclui 288 nomes ou epítetos cujo prefixo era *Nin* (às vezes também para deuses do sexo masculino, como em Ninurta ou Ningishzidda, em que indicava "Nobre/Filho divino"). ***Nin.banda não era "rainha"***, mesmo que seu marido fosse rei; ***ela era uma NIN, uma deusa***; como a inscrição afirma duplamente, ela era *"Nin*.banda, *Nin"* – confirmando que Mes.anne.pada era seu marido, e *levando à conclusão de que o VIP sepultado na PG-755 – Mes.kalam.dug – era o filho daquela deusa + o casal de semideuses que iniciaram a Primeira Dinastia de Ur.*

A seção relevante da Lista de Reis suméria afirma que Mesannepada, o fundador da dinastia "Ur I", foi sucedido no trono de Ur por seus filhos *A.anne.pada* e *Mes.kiag.nunna*. Ambos portavam o prefixo *Mes*, confirmando assim que também eram semideuses – como obviamente seriam se sua mãe fosse a deusa Nin.banda. O filho primogênito, Mes.kalam.dug, não está incluído na lista de "Ur I"; seu título *Lugal* sugere que ele governou em outro lugar – na cidade ancestral da família, Kish.

Será possível que o único rei desse grupo de "Ur I"que recebeu um sepultamento "real" em Ur foi Meskalamdug, o único que não governou naquela cidade? Não apenas os selos cilíndricos descartados e citados, mas também a impressão danificada de um selo (com a cena heroica familiar, Figura 128) encontrado em solo SIS, que continha o nome *Mes.anne.pada*, fundador da dinastia, sugere que *ladrões da Antiguidade encontraram sua tumba*, saquearam-na e jogaram fora (ou deixaram cair) o selo que estava com seu corpo. Qual sepultura? Há tumbas não identificadas suficientes para escolher.

À medida que o quebra-cabeça da primeira família "Ur I" e seus sepultamentos emergem, compete a nós questionar quem era a mãe – Nin.banda-Nin. Havia uma ligação entre *Lugal.banda* ("Banda o rei") e *Nin.banda* ("A Deusa Banda")? Se Lugal.banda, como sugerimos, foi sepultado em Ur, como aconteceu com o marido de Nin.banda, Mes.anne.pada, e três filhos – o que aconteceu a ela? Será que, em razão da longevidade anunnaki, ela não necessitava de sepultamento – ou *será que, em algum ponto, ela morreu e também foi sepultada nesse cemitério*?

Essa é uma questão da qual temos de nos lembrar quando desvendamos, passo a passo, o surpreendente segredo que se esconde nas Tumbas Reais de Ur.

* * *

A sexta "cena selvagem" em um selo cilíndrico, que retrata uma figura masculina despida usando uma coroa, contém a clara inscrição de seu proprietário: *Lugal Shu.pa.da* (Figura 129), "Rei Shupada". Não sabemos nada a respeito dele, exceto que foi um rei; mas só esse fato já é bastante significante, porque o selo foi encontrado próximo ao seu corpo *no fosso da PG-800, onde ele era um dos assistentes*. Retratá-lo despido estaria de acordo com casos anteriores, em que um *Lu.Gal* sem vestimentas servia uma divindade feminina (veja, por exemplo, Figura 77).

O fato de que um *rei* servia como um assistente funerário faz-nos questionar se os outros cavalariços, assistentes, músicos, etc., que acompanhavam o falecido VIP, eram meros serviçais ou, em vez disso, altos funcionários e dignitários por direito próprio. A segundo hipótese é sustentada por outra descoberta, próxima ao baú guarda-roupa na PG-800, de um selo que continha a identificação *A.bara.ge*, que pode ser traduzido como "A Água Purificadora do Santuário" – o selo pessoal de um alto funcionário que, como copeiro da divindade, era o assistente pessoal de maior confiança do falecido.

O fato de os assistentes de VIPs sepultados serem pessoal de alto escalão por direito próprio é corroborado por um selo cilíndrico descoberto no Grande Fosso da Morte da PG-1237. Retratando mulheres em um banquete que bebem cerveja por um canudinho enquanto os músicos atuam (Figura 130), ele pertencia a uma cortesã e continha a inscrição **Dumu Kisal** – "Filha do Sagrado Átrio". Esse também era um título de grande importância, pois ligava o título de seu proprietário a um rei subsequente chamado **Lugal.kisal.si** (= "O Rei Honrado do Átrio Sagrado"), indicando sua genealogia real-eclesiástica.

Enquanto a PG-755 continha um corpo sepultado sem seu fosso de morte, a PG-1237 apresentava um fosso de morte sem uma sepultura e um corpo, e a PG-789 (a "Tumba do Rei") mostrava uma sepultura com fosso, mas sem corpo; a PG-800 emergia como a descoberta ideal, fornecendo aos arqueólogos um corpo, uma sepultura e um fosso de morte. De forma compreensível, na opinião de Woolley e outros pesquisadores, a

Figura 129

Figura 130

PG-800 era a "mais rica de todas as sepulturas" do Cemitério Real de Ur. Ele também considerava a PG-789, do Rei, e a PG-800, da Rainha – exatamente de frente uma para a outra – como uma unidade especial, semelhante ao ter a rampa, carrinho ou carruagem para transportar o caixão, o fosso de morte repleto de assistentes, eles de alto escalão; e a Câmara Mortuária especial e separada teria sido construída como um edifício de pedra subterrâneo.

Quem quer que fosse enterrado em tal tumba "com fosso" e assistentes que eram, eles mesmos VIPs – até um rei –, tinha, portanto, de ser mais importante que uma mera princesa ou rei; tinha de ser, no mínimo, um semideus – ou mesmo **um deus ou deusa totalmente qualificado**. E isso nos leva *ao grande enigma das Tumbas Reais de Ur – a identidade da mulher que foi depositada na PG-800.*

* * *

Podemos começar a desvendar o mistério olhando com mais atenção para os objetos e adornos encontrados com ela. Já descrevemos algo sobre a abundância de ouro da PG-800 (que não foi roubada na Antiguidade), estendendo-nos à manufatura, em ouro, mesmo de utensílios diários – uma tigela, um copo, um cálice – e notamos a semelhança de tal uso com as especificações para a estada de Anu e Antu em Uruk, alguns 2 mil anos antes.

Além disso, a semelhança abrange o emblema de Anu, a "roseta" de pétalas; por isso, não é sem grande significância *que o mesmo símbolo seja visto incrustado no fundo dos utensílios de ouro da PG-800* (Figura 131). Isso seria possível caso os utensílios encontrados em Ur fossem os mesmos da visita de Anu a Uruk, de alguma forma preservados por dois milênios como herança de família – nesse caso, um feito relacionado a Inanna, a quem Anu legou o templo de E.Anna, em Uruk, com tudo dentro. Se os utensílios foram produzidos outra vez em Ur, então o VIP a quem eles eram destinados tinha de ser autorizado a exibir o símbolo de Anu. Quem poderia ser, senão alguém que pertencesse *diretamente* à família dinástica de Anu?

Outra pista, em nossa opinião, é um objeto imperceptível encontrado na PG-800 – um par de "pinças" douradas. Os arqueólogos presumiram que serviam para uso cosmético. Talvez. Mas encontramos um objeto idêntico representado em um selo cilíndrico que (segundo sua inscrição) pertencia a um sumério *A.zu*, um médico. Apresentamos a "pinça" da PG-800 sobreposta no selo cilíndrico (Figura 132) para apoiar a conclusão de que era um *instrumento médico*. Não sabemos se essa emulação simbólica, em ouro macio, indicava a profissão da falecida ou se tratava, também, de herança familiar: em ambos os casos, ela **sugere que a deusa na PG-800 tinha ligações com a tradição médica**.

Agora chegamos às joias e adornos da "Rainha" sepultada (como Woolley chamava-a). Cada detalhe sobre elas justifica os adjetivos "in-

Figura 131

comum", "impressionante" e "extraordinário"; elas sem dúvida merecem uma atenção especial.

Essa mulher foi enterrada portando em seu torso não um vestido, mas uma capa feita totalmente de contas (Figura 133). Como já foi mencionado, havia um grande "baú guarda-roupa" fora da câmara mortuária, indicando que a "rainha" possuía muitas vestimentas. No entanto, do pescoço para baixo, o corpo despido estava enfeitado não com uma peça de vestuário, mas com longas tiras de contas – 60 delas – feitas de ouro combinado em desenhos artísticos com contas de lápis-lazúli e cornalina. As tiras de contas formavam uma "capa" que foi presa à cintura com um cinto de tiras de ouro decoradas com as mesmas pedras preciosas. Havia anéis de ouro em cada um dos seus dez dedos, e uma cinta-liga, combinando com o cinto, atada em sua perna direita. Perto, em uma prateleira quebrada, estava um diadema de ouro e lápis-lazúli adornado com fileiras de animais, flores e frutas em miniatura; tudo feito de ouro. Até os alfinetes eram habilmente trabalhados em ouro.

Sem dúvida, o mais brilhante e chamativo dos acessórios era o grande enfeite de cabeça elaborado que a "rainha" portava. Ele foi en-

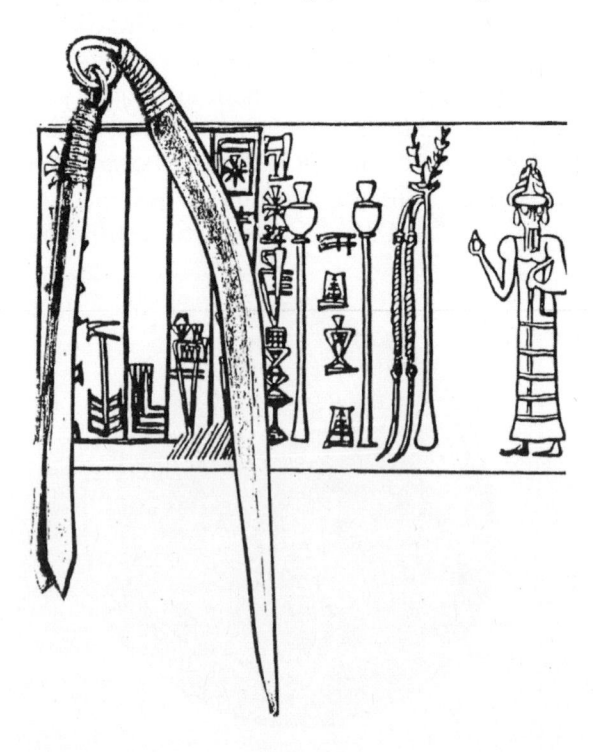

Figura 132

contrado esmagado debaixo de terra e foi restaurado e colocado, por especialistas, na cabeça de um manequim (Figura 134); desde então, ele está entre os mais conhecidos e mais exibidos objetos das Tumbas Reais de Ur. Exposto em frente da entrada do Salão da Suméria, no Museu da Universidade da Filadélfia, esse enfeite, em geral, causa uma reação do gênero "Uau!", à primeira vista. Essa também foi a minha reação quando o vi pela primeira vez, mas, ao me familiarizar com ele e o local onde foi encontrado, pareceu-me estranho que a única maneira para encaixá-lo na cabeça do manequim (feito de forma a parecer com as cabeças femininas encontradas em sítios sumérios) seria criando, no manequim, um imenso penteado de cabelo rijo. O toucado pesado foi preso com alfinetes e fitas dourados; para combi-

Figura 133

Figura 134

nar com seu desenho e tamanho, foram colocados brincos dourados enfeitados com pedras preciosas.

A desproporção do toucado torna-se óbvia quando olhamos para os enfeites de cabeça utilizados pelas assistentes enterradas com a "rainha" (Figura 135). Semelhantes aos dela, mas menos elaborados, eles encaixavam com perfeição na cabeça sem o recurso de uma massa de cabelo artificial. *Portanto, ou a "rainha" usava um toucado que não era o seu –* **ou ela possuía uma cabeça extraordinariamente grande**.

A "rainha" usava à volta do pescoço uma gargantilha, uma gola e um colar, todos feitos de ouro combinado com pedras preciosas. A gargantilha possuía, em seu centro, uma roseta dourada (o emblema de Anu); a gola apresentava um desenho constituído de uma série de triângulos que se alternavam, sendo um de ouro e o outro de lápis-lazúli (Figura 136, linha superior); gargantilhas ou golas com o mesmo desenho também foram encontradas em algumas das assistentes da PG-1237 (linhas inferiores). Isso é altamente significativo, pois, em algumas de suas representações pictóricas, a deusa Inanna/Ishtar (imagem sobreposta) era representada usando *exatamente a mesma gola*! O mesmo desenho tam-

Figura 135

bém era exibido nas colunas de entrada ou cerimoniais (Figura 137) dos primeiros templos de Ninmah/Ninharsag. Aparentemente reservado a divindades femininas, esse "desenho de culto" (como chamam os estudiosos) sugere algum tipo de afiliação entre as várias deusas envolvidas.

Esses e outros pontos precedentes de ligação a Inanna pedem uma observação mais minuciosa tanto na capa de contas única como no toucado excepcional usado pela "rainha" na PG-800. O uso em profusão de lápis-lazúli e cornalina nos faz recordar que a fonte mais próxima para lápis-lazúli era Elam (hoje, o Irã); e a cornalina era encontrada mais a oriente, no Vale do Indo. Como relatado no texto *Enmerkar e o Senhor de Aratta*, foi para adornar a morada de Inanna, em Uruk, que o rei sumério exigiu de Aratta tributos em cornalina e lápis-lazúli. Assim, não é insignificante o fato de que um dos poucos objetos de arte encontrados nas ruínas dos centros do Vale do Indo, uma estatueta da deusa de Aratta – Inanna –, retrate-a despida e enfeitada apenas com fitas e colares de contas e pingentes de ouro, presos por um cinto com o emblema do disco (Figura 138). As impressionantes semelhanças com a "rainha" da PG-800 e sua capa e cinto de contas não terminam ali: ***o enfeite de cabeça da estatueta, com seus grandes***

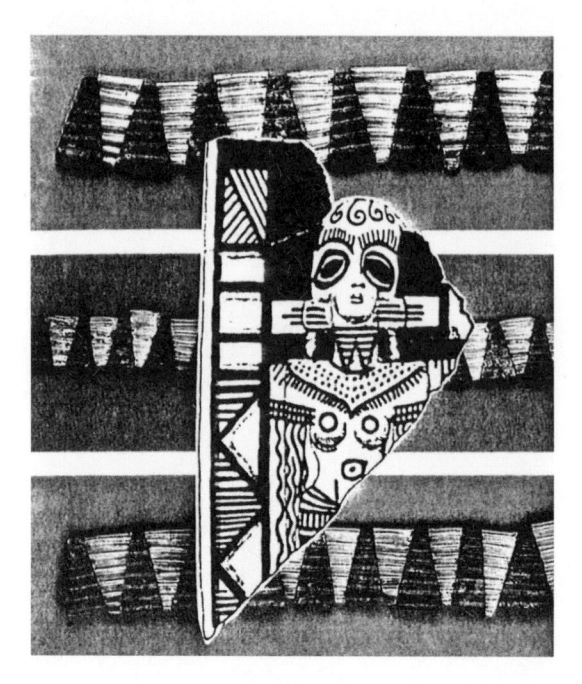

Figura 136

Figura 137

brincos, parece uma tentativa do artista de emular, em argila, o toucado da PG-800.

Isso tudo significa que a "rainha" sepultada na PG-800 era a deusa Inanna? Poderia ser, não fosse o fato de Inanna/Ishtar ter vivido séculos mais tarde, quando o Vento Maligno arrebatou a Suméria; sabemos disso porque ela e sua fuga apressada são claramente descritas nos Textos de Lamentação. E ela também foi atuante muitos séculos depois – em tempos assírios e babilônicos, no primeiro milênio a.C.

Mas, se não era Inanna – quem era?

Figura 138

QUANDO OS "IMORTAIS" MORRERAM

A "Imortalidade" dos deuses anunnakis, já observamos, era, na realidade, uma grande longevidade que pode ser atribuída ao ciclo de vida de Nibiru. O conceito de deuses (ou mesmo semideuses) como imortais chegou a nós pela Grécia; a descoberta dos "mitos" canaanitas, em sua capital Ugarit (na costa mediterrânica da Síria), mostrou de onde os gregos tiraram essa ideia.

Ao listar os casais ancestrais em Nibiru, os anunnakis reconheciam que, há muito, eles estavam mortos. No primeiro conto de Enki e Ninmah, "Paraíso", ela acomete-o com doenças (para deter suas travessuras sexuais) e deixa-o à beira da morte – mostrando que deuses ficam doentes e morrem. De fato, na própria chegada de Ninmah, a médica e seu grupo de enfermeiras, indica o reconhecimento de doenças entre os anunnakis. O deposto Alalu, engolindo a "Virilidade" de Anu, morre por envenenamento. O maldoso Zu foi capturado e executado.

Textos sumérios descrevem a morte do deus Dumuzi, que se afogou ao tentar escapar dos "delegados" de Marduk. Sua noiva, Inanna, recuperou seu corpo, mas tudo que podia fazer era mumificá-lo na esperança de uma ressurreição futura; vários textos posteriores se referem a Dumuzi como um habitante do "Mundo das Trevas". A própria Inanna, que vai sem ser convidada ao domínio de sua irmã, o Mundo Inferior, foi morta ali – "um cadáver, pendurado em uma estaca". Dois salva-vidas androides recuperaram seu corpo e com um "Vibrador" e um "Emissor" ressuscitaram-na.

Quando o Vento Maligno nuclear começou a soprar em direção à Suméria, os deuses e as deusas – nem imunes nem imortais – escaparam apressados e em pânico. O deus Nannar/Sin esperou, e foi afligido por um coxear. A grande deusa de Lagash, Bau, recusou-se a abandonar seu povo, e o Dia da Calamidade foi seu último dia: "*Naquele dia, **como se fosse uma mortal**, a Tempestade arrebatou-a com sua mão*", afirma um texto de lamentação.

Na versão babilônica do *Enuma elish* – que foi lida em público durante o festival do Ano-Novo –, um deus chamado **Kingu** (homônimo do líder da hoste de Tiamat) é assassinado para a obtenção de sangue para a criação do Homem.

Na Suméria, a morte dos deuses era tão aceita quanto os contos sobre seu nascimento. A questão é: onde eles eram enterrados?

XVI
A Deusa Que Nunca Partiu

Nossa pergunta, "Quem estava sepultado na PG-800?", teria soado estranha a *sir* Leonard Woolley, caso ele ainda estivesse vivo para ouvi-la. Pois, assim que alcançou sua câmara mortuária – em 4 de janeiro de 1928 –, ele enviou para o Museu da Universidade da Filadélfia, por meio da *Western Union*, um telegrama que dizia (em tradução do latim que ele utilizou para manter segredo):

> Encontrei a tumba de pedra construída e envolta em uma abóbada de tijolos da rainha Shubad adornada com um vestido em que gemas e figuras de flores, coroas e animais eram costurados, de forma magnífica, com joias e cálices dourados. – WOOLLEY.

"*A tumba intacta da rainha Shubad*". Como Woolley sabia a resposta para o mistério assim que encontrou a câmara? A VIP sepultada tinha uma etiqueta dizendo "Rainha Shubad"? Bem, de certa maneira, ela tinha: quatro selos cilíndricos foram encontrados na PG-800, um perto do baú guarda-roupa, e três dentro da câmara mortuária, retratando banquetes femininos. Um dos três próximos ao corpo estava inscrito com quatro sinais cuneiformes (Figura 139) que Woolley leu *Nin.Shu.ba.ad* e traduziu como "*Rainha Shubad*" – e, embora *Nin* significasse "deusa", Woolley pensou que queria dizer "rainha", pois, como ele e todo o mundo sabia, deuses e deusas existiam apenas de forma mítica e não possuíam corpo físico para ser enterrado. Sua suposição de que esse era o selo pessoal da VIP sepultada foi assumida, embora a leitura de seu nome tenha sido, desde então, alterada para *Nin-Pu.a.bi*. (É digno de nota que o Museu da Universidade, na Filadélfia, ao reinaugurar a exposição das Tumbas Reais de Ur, em março de 2004, alterou o título de "Rainha Puabi" para "*Lady* Puabi".)

A cena retratada nesse selo, em dois "registros", mostra mulheres em um banquete; uma vez que cálices eram erguidos pelas celebrantes, elas estariam, provavelmente, tomando vinho. Em cada registro, há duas mulheres celebrantes sentadas e várias serviçais/assistentes. O segundo e terceiro selos encontrados na câmara mortuária também retratam, em dois registros, duas celebrantes – bebendo cerveja com canudos longos ou tomando vinho e comendo, servidas por serviçais e entretidas por um tocador de harpa. Nenhum desses dois selos apresentava nada escrito.

Figura 139

O quarto selo cilíndrico, reclinado contra o baú guarda-roupa, do lado de fora da câmara mortuária, também representava cenas de banquetes, com mulheres celebrantes e serviçais. Já assinalamos que o nome inscrito nele, *A.bara.ge* (= "A Água Purificadora do Santuário"), identificava seu proprietário como tendo um alto escalão a cargo do Copeiro. Além disso, podemos apontar aqui que ele ou ela tinha de ser, por si, "real", pois era um homônimo de um famoso rei de Kish, *En.me.bara.ge.si* – um semideus que foi creditado com um reinado de 900 anos (veja capítulo 11).

Além de sugerir que a VIP sepultada na PG-800 era a "Rainha Shubad", Woolley não possuía nenhuma informação para fornecer sobre ela. Não há menção, nos registros mesopotâmicos, de uma rainha com esse nome (seja *Shubad* ou *Puabi*). Como uma **Nin** – uma deusa – chamada *Puabi*, tal nome também não consta da Lista de Deuses. Se não fosse um epíteto não listado – o que cada divindade possuía em abundância –, poderia ter sido um apelido local ou familiar; por isso, vamos ter de recorrer às táticas dos detetives para desvendar sua identidade.

O sinal escrito para *Nin*, no selo, é absolutamente claro e não requer mais elaborações (veja Figura 57). Ao dividir o nome-epíteto **Pu.a.bi** em seus componentes, descobrimos que o primeiro, lido **PU**, era escrito com o número sinal 26a, na Lista de Sinais sumérios, e era outra palavra para *Sud* – "Aquele que Oferece Auxílio" – uma enfermeira, um médico. Essa descoberta reforça nossa conclusão anterior, baseada nas "pinças" médicas, de que a VIP sepultada na PG-800 seria uma curadora, como Ninmaḫ/Ninḫarsag, Ninlil (esposa de Enlil) e Bau (esposa de Ninurta) eram; e *nosso palpite é que ela estava diretamente relacionada a um deles*, sendo, assim, uma enlilita.

O segundo componente, lido Å, como no número cuneiforme 383, significava "Grande/Muito"; e **BI**, o número sinal 214, significava certa variedade de *cerveja*. Assim, **Nin Pu.a.bi**, literalmente, significava uma **Nin**, uma deusa, que era "Curadora [de] Muita Cerveja". É um apelido que condiz com banquetes e a ingestão de cerveja, retratado no segundo selo cilíndrico, encontrado próximo ao corpo de Puabi (figura 140). De fato, as representações pictóricas contidas em todos os seis selos "femininos" encontrados nas Tumbas Reais mostram mulheres em banquetes, mas elas diferem em certos aspectos – idade, penteado, vestido e estatura. Uma vez que os escultores poderiam ter tentado fazer dos selos individuais retratos o mais fiéis possível, esses pequenos detalhes merecem atenção. Especialmente intrigante é o selo da PG-800

Figura 140

(veja Figura 139) em que, no registro superior, uma jovem deusa (a anfitriã?) senta-se à direita, ao lado do nome/título inscrito, e uma deusa matrona, vestida de forma mais elegante e com um penteado elaborado (a convidada?), senta-se à esquerda. Seria esse um retrato verdadeiro da ocupante da tumba e sua convidada mais robusta e matrona?

É uma possibilidade a se considerar, pois a constituição física da anfitriã (e de sua convidada) é relevante para sua identificação definitiva, porque alguns dos restos mortais de várias tumbas de Ur, incluindo a PG-800 e a PG-755, foram examinados pelo líder da antropologia britânica, *sir* Arthur Keith.

Quanto a Shubad/Puabi, foi assim que ele iniciou seu relatório escrito que fez parte de um livro, lançado por Woolley em 1934, sobre as Tumbas Reais de Ur:

> Um estudo dos restos da Rainha conduziu-me à formação
> das seguintes conclusões em relação a ela:
> A Rainha tinha, mais ou menos, 45 anos no momento de sua morte;
> ela possuía, aproximadamente, 1,510 metro de estatura;
> seus ossos eram esbeltos e seus pés e mãos pequenos;
> ela tinha uma cabeça grande e longa.

Ao estimar sua idade, *sir* Arthur ficou perplexo com o fato de os dentes, e outros aspectos dos restos mortais, indicarem uma idade bem mais jovem que 40. Quando à estatura, devemos notar que é comparável à de Inanna na fotografia tirada em Mari, Figura 86.

Enquanto o crânio, muito fraturado, pode ter sido comprimido pela pressão do solo para ficar mais alongado e mais estreito do que fora, *sir* Arthur concluiu, com base em medições detalhadas, que *a rainha não poderia ter sido suméria* – e que ela era "membro de uma raça altamente dolicocéfala" ("dolicocéfalo" é ter a cabeça desproporcionadamente mais comprida que a sua largura). Além disso, ele ficou espantado e confuso com *o tamanho total da cabeça e a extraordinariamente grande capacidade craniana (cérebro)*:

> Basta medir os ossos frontal, parietal e occipital
> ao longo da linha mediana do cérebro para perceber
> quão grande poderia ter sido a capacidade do crânio (...)
> A capacidade craniana não poderia ser menos do que
> 1.600 centímetros cúbicos – 250 centímetros cúbicos
> acima da média para mulheres europeias.

"Os restos mortais", ele escreveu, "*não deixaram dúvidas de que a rainha possuía um crânio com uma capacidade incomum*". Depois de fornecer detalhes das partes restantes de seus ossos, a conclusão geral de *sir* Arthur foi de que *sua cabeça era excepcionalmente grande*, enquanto seu corpo, mãos e pés, comparados com o tamanho da cabeça, eram bem pequenos, "embora de constituição robusta".

Para usar terminologia suméria, podemos dizer que ela possuía a cabeça de um **Gal** e o corpo de um **Banda** ...

Sir Arthur também examinou os restos mortais da PG-755, referindo-se a eles como o "príncipe Mes-kalam-dug". Ao comparar os dois, ele observou que, "com exceção da grande capacidade craniana, a Rainha Shub-ad era intensamente feminina em sua caracterização física; em Mes-kalam-dug, os ossos do corpo possuíam uma constituição masculina bem robusta". Seus ossos eram muito mais maciços que os dela; "o braço direito era, em particular, espesso e forte no príncipe". No total, *sir* Arthur concluiu, "os ossos do príncipe – lamentavelmente, todos são apenas fragmentos hoje – mostram que ele foi um homem poderoso, com uma constituição forte, altura entre 1,65 a 1,67 metro (...) Um homem com um pescoço vigoroso".

O crânio do "príncipe" possuía "exatamente o mesmo índice cefálico do crânio da rainha Shub-ad" (por exemplo, a proporção entre comprimento e largura) – marcadamente alongado –, e a capacidade craniana (o tamanho do cérebro) era "muito acima da média para os sumérios". Em termos raciais, *sir* Arthur escreveu, "eu o nomearia, na falta de uma melhor [palavra], protoárabe".

Resquícios de ossos e crânios fraturados de várias outras tumbas da Dinastia Inicial foram examinados; a conclusão principal de *sir* Arthur foi que eles também eram "protoárabes". Em um resumo completo, ele salientou que os restos da "rainha" e do "príncipe" se destacavam dos outros:

> É de particular interesse analisar o físico esbelto
> e as ricas qualidades do cérebro da Rainha Shub-ad e
> do Príncipe Mês-kalam-dug.
> O último era um homem com um físico excepcionalmente robusto,
> e se podemos confiar no tamanho do cérebro como um indicador
> de capacidade mental – então o Príncipe não era apenas fisicamente
> forte, mas também um homem de capacidade superior.
>
> A qualidade cerebral da Rainha era excepcional,
> e se podemos confiar no desenvolvimento físico do corpo como
> uma pista para a mentalidade sexual, então podemos deduzir
> que ela era uma mulher muito feminina.

Em total acordo com todos os outros aspectos que encontramos, *sir* Arthur descreveu, assim, de forma precisa:

- **Um semideus heroico na PG-755, um *"homem com uma constituição física poderosa"*, com uma *"capacidade cerebral superior"*.**

E estava certo ao assinalar

- **Uma *"Rainha"* bem pequena e *"muito feminina"* com uma *"capacidade craniana incomum"* na PG-800.**

Os restos mortais e descobertas físicas a respeito do "príncipe" da PG-755 encaixam perfeitamente em sua identificação como Mes.kalam.dug, que estabelecemos como sendo filho de um casal composto por uma deusa + um semideus que iniciaram a Primeira Dinastia de Ur; mas ainda deparamos com o enigma da VIP da PG-800: adornada com joias e com estatura parecida com a de Inanna, mas não sendo Inanna... Quem poderia ser, e quem foi sepultado ao seu lado, na vazia PG-789?

* * *

Quanto à ocupante da PG-800, estabelecemos os seguintes pontos que podem levar à sua identificação:

- Um selo cilíndrico próximo ao seu corpo identifica-a como sendo Nin.Puabi – *a deusa* "Puabi".
- Os serviçais e assistentes sepultados com ela eram, eles mesmos, cortesãos de alto escalão, um deles rei, indicando que ela possuía uma importância mais relevante que a deles – *pois era uma deusa* –, confirmando seu título *Nin*.
- Ouro foi utilizado nesse sepultamento mesmo para utensílios comuns, de uso diário – emulando a única outra ocorrência registrada: a visita de Anu e Antu à Terra, cerca de 4000 a.C.
- Esses utensílios continham, incrustado, o mesmo emblema – uma "roseta" –, que também marcava os utensílios da visita de Anu. Isso sugere que a mulher sepultada na PG-800 era "Da Casa de Anu" – *uma descendente linear direta de Anu*. Esse elo genealógico direto com Anu poderia ser *por meio de seus filhos* **Enki** *e* **Enlil** ou *suas filhas* **Ninmah** *e* **Bau**.
- Um implemento encontrado na tumba, que devia ser feito com o metal mais resistente – uma enxada – foi confeccionado com ouro, o metal macio, ou seja, com propósitos simbólicos. A única ocorrência prévia registrada de tal coisa fora a Enxada Sagrada com a qual Enlil preparou o solo para estabelecer o *Duranki*, o Centro de Controle da Missão, em Nippur. A pista da enxada sugere que o *VIP dessa tumba era um enlilita* associado a Nippur, e não a Enki e Eridu. Isso elimina Enki e *deixa apenas três –* **Enlil, Ninmah** *ou* **Bau** *– como o elo genealógico direto de "Puabi" com Anu*.
- Possuir um instrumento médico dourado simbólico (as "pinças") liga Puabi à tradição de oferecer auxílio médico – como **Ninmah e Bau**; isso ainda deixa Enlil, um homem, na disputa, porque sua esposa, **Ninlil**, também era enfermeira.
- Já que pareceria improvável que Puabi, com aparência jovem, fosse um dos Antigos que vieram à Terra de Nibiru, *não podemos considerar* **Ninmah**, **Bau** *ou* **Ninlil**, *e devemos olhar para seus descendentes femininos*.

- Uma vez que as conhecidas filhas de Ninmah, nascidas na Terra, eram filhas de Enki, elas são eliminadas; e ficamos com *as filhas de* **Enlil** + **Ninlil** *ou de* **Bau** + **Ninurta**.
- Enlil + Ninlil tinham filhos homens (Nannar/Sin e Ishkur/Adad) nascidos na Terra e várias filhas, incluindo a deusa **Nisaba** (mãe do rei Lugalzagesi) e a deusa **Nina** (mãe do rei Gudea). Como Nina viveu tempo suficiente para ser uma das divindades em fuga do posterior Vento Maligno, *ela está eliminada* como candidata a "Puabi". Assim como **Nisaba,** que viveu ainda mais tarde, no tempo de Gudea.
- **Bau** (= "Gula", a "Grande"), filha mais nova de Anu, era casada com o Filho Primogênito de Enlil, Ninurta. Eles tiveram sete filhas, das quais pouco se sabe, com a exceção de **Ninsun**, esposa do conhecido Lugalbanda; seu famoso filho era Gilgamesh, por isso tinha de ser a mãe, Ninsun, (em vez de seu marido pequeno) que transmitiu a Gilgamesh o físico de seu pai, Ninurta, e o volume de sua mãe, Bau/Gula.
- Se as reivindicações feitas pelos reis de "Ur III", de que Ninsun era sua mãe, forem válidas, *a própria Ninsun não poderia ser "Puabi"* (que foi sepultada durante o período "Ur I").
- Descendo pelas linhagens dos descendentes, chegamos à próxima geração nascida na Terra – um passo em sintonia com o fato de Puabi estar "nos seus 40" (segundo *sir* Arthur Keith), *caso tivesse nascido na Terra*. A segunda geração de deusas conhecidas nascidas na Terra era formada pela filha de Nannar/Sin, **Inanna**, e pela filha de **Ninsun** + **Lugalbanda**, chamada **Nin.e.gula**.
- Inanna (por razões já mencionadas) não poderia ser "Puabi". No entanto, as joias de Puabi, sua capa de contas, a gargantilha e seus símbolos, a harpa toda de prata, sua grande "feminilidade" (como disse *sir* Arthur), etc. – e sua estatura – indicavam tratar-se de *"Inanna"*; por isso, caso Nin.Puabi não fosse a própria Inanna, *ela teria de ser, de outra forma, ligada a Inanna*.
- Inanna tinha um filho conhecido (o deus Shara), mas nenhuma filha; mas poderia ter – e tinha – uma neta: já que Inanna, conforme a reivindicação de Lugalbanda, era sua mãe, uma filha de Lugalbanda também seria *neta de Inanna*, herdando sua "feminilidade" e amor pelos atributos das joias.

- *Mas a filha de Lugalbanda também seria neta de Bau/ Gula*, pois a esposa de Lugalbanda, Ninsun, era filha de Bau + Ninurta!
- Seu nome (segundo a Lista dos Deuses) **Nin.e.gula** ("Senhora da Casa/Templo de Gula") serve como uma confirmação de que além do "gene do gosto pelas joias e da feminilidade" da avó Inanna, ela *carregava o gene "Gula"* de sua avó Bau/ Gula – a cabeça extraordinariamente grande!

Obtemos, assim, duas linhas de investigação de herança genealógica que convergem:

Anu > Enlil + Ninlil > Nannar > Inanna > Lugalbanda + Ninsun
e
Anu > Enlil + Ninmah > Ninurta + Bau > Ninsun + Lugalbanda

Convergindo dessa forma, **as duas linhas genealógicas apontam para o mesmo casal Lugalbanda + Ninsun como progenitores da deusa da PG-800: sua filha, Nin.e.gula, também conhecida como Nin.Puabi**.

Essa conclusão oferece uma explicação plausível para o físico contraditório de "Puabi" – corpo pequeno (uma neta de Inanna!) e uma cabeça extraordinariamente grande (uma neta de Bau/Gula).

Essa conclusão também oferece uma razão plausível para Lugalbanda ter sido sepultado na PG-261.

E explica a pista negligenciada dos nomes de **Mes.Anne.Pada** e **Nin.Banda-Nin**, vistos em vasilhas encontradas próximas ao caixão de Meskalamdug, na PG-755, assim como na inscrição de um selo, **Nin.banda Nin/Dam Mes.anne.pada** ("Ninbanda, deusa, esposa [de] Mesannepada"): confirmando, em nossa opinião, que eles eram o casal de deusa + semideus que iniciou a Primeira Dinastia de Ur.

Essa solução, não apenas para PG-800, mas também para outras tumbas "Reais" identificáveis, faz sentido? Lembremo-nos do fato intrigante de que Ninsun estivera envolvida em arranjos casamenteiros dinásticos – um exemplo flagrante foi seu esquema de tentar casar uma de suas filhas com Enkidu. Estaria ela além das intrigas, quando foi tomada a decisão de transferir o Reinado central para uma nova dinastia em Ur, e ter sua filha casada com o semideus escolhido para a tarefa? Outra grande conspiradora casamenteira, sua mãe, Bau/Gula – que poderia ser a visitante matrona mais velha retratada no selo cilíndrico com um cálice de vinho –, teria dado sua bênção de imediato, assim como a outra avó, Inanna, para quem a escolha representava um retorno triunfante à influência; seria ela a outra visitante, compartilhando uma cerveja?

Nin.banda, eu sugiro, era filha de Ninsun + Lugalbanda:

- **Ligada a Inanna pelo título dinástico Nin.banda**
- **Foi-lhe concedido o nome epíteto Nin.e.gula por sua herança de Bau**
- **Carinhosamente apelidada de Nin.Puabi por suas festas constantes**
- **Sepultada no complexo funerário da família, no recinto sagrado de Ur**

Percebemos que ela era também uma irmã mais nova de Gilgamesh – ambos filhos do casal único: o semideus divinizado Lugalbanda e a poderosa deusa Ninsun. E isso leva a um tema ainda mais amplo.

* * *

Embora essa identificação (provável ou, pelo menos, possível) da pessoa encontrada na PG-800 seja uma conquista gratificante, é necessária uma tentativa de reconhecer as identidades das outras 15 Tumbas Reais para a compreensão do discordante sepultamento conjunto nas câmaras mortuárias e, em particular, nos fossos da morte. A ausência de quaisquer anais, hinos, lamentações ou outros textos que teriam explicado as razões é, em si mesmo, preocupante; o fato de a única corroboração textual ser *A Morte de Gilgamesh* apenas aprofundou mais o enigma. Mas aqui vai uma ideia nada convencional: e se o texto de Gilgamesh descrevesse seu verdadeiro sepultamento – *e se o grande Gilgamesh estivesse, na verdade, sepultado em uma das Tumbas Reais de Ur?*

O local do sepultamento de Gilgamesh nunca foi encontrado, nem os textos disponíveis indicam onde estaria. Sempre se supôs que Gilgamesh fora sepultado onde reinara – em Uruk; mas em nenhuma parte em Uruk, local escavado de forma extensiva, tal tumba foi encontrada. Por isso, por que não considerar o cemitério real de Ur?

Transportando-nos de volta à Suméria de quase 5 mil anos atrás, quando o Reinado central, tendo passado por Kish e Uruk, estava prestes a ser transferido para Ur, podemos imaginar a cadeia de acontecimentos iniciados em Kish. Começando pelo primeiro governante, os reis eram semideuses: Mes.kiag.gasher era "filho de dUtu". Assim como os seguintes – filhos de uma divindade masculina. Para compreender a imensidão da mudança na época de Lugalbanda, pai de Gilgamesh, vale a pena reproduzir uma lista de um capítulo anterior (ao qual podemos acrescentar Gudea e sua mãe, a deusa Nina):

Etana: da mesma semente de Adapa (= de Enki)
Meskiaggasher: o deus Utu é o pai
Enmerkar: o deus Utu é o pai
Eannatum: semente de Ninurta, Inanna colocou-o no colo de Ninḫarsag para ser amamentado
Entemena: criado com o leite de Ninḫarsag
Mesalim: "filho amado" de Ninḫarsag (por amamentação?)
Lugalbanda: a deusa Inanna é sua mãe
Gilgamesh: a deusa Ninsun é sua mãe
Lugalzagesi: a deusa Nisaba é sua mãe
Gudea: a deusa Nina é sua mãe

No início, os reis são semideuses por serem filhos de um deus e terem como mãe uma terráquea (o próprio Enki estabeleceu o exemplo em épocas pré-diluvianas). Uma transição, na qual ocorre a inseminação artificial por um deus e amamentação por uma deusa. Em seguida, Lugalbanda entra em cena com uma grande mudança: a partir dele, a divindade vem da parte feminina – *a mãe é uma deusa*. O que sabemos hoje sobre genética e DNA clarifica a importância da mudança: os novos semideuses herdam não apenas o DNA regular da relação deus-terráquea, mas também o segundo conjunto de DNA mitocondrial que é herdado apenas da mãe. Pela primeira vez, em Lugalbanda, o semideus é mais que "semi"...

O que deve ser feito com **Lugalbanda** quando ele morrer? Ele é mais do que um mero rei, mais do que um semideus comum: mas não é um deus de verdadeiro puro sangue, por isso não pode ser transportado e sepultado em Nibiru – nem pode ser enterrado no recinto sagrado de Uruk, que foi santificado pelo próprio Anu. Por isso, os deuses levam-no para Ur, o lugar de nascimento (e residência atual) de sua mãe, Inanna. Eles "divinizam-no" ao sepultá-lo no canto do recinto sagrado de Nannar, em uma tumba especialmente construída para isso – talvez, como sugerimos, na **PG-261** – segurando seu selo favorito *Lugal An.zu Mushen*.

Em seguida, **Gilgamesh** surge em cena, e ele também é especial: não apenas sua mãe é de origem divina (o pai, não), mas o pai é um terráqueo incomum: Lugalbanda, seu pai, era filho de uma deusa (Inanna). Por isso Gilgamesh possui "dois terços divinos", o suficiente para fazê-lo acreditar que está qualificado, por direito, à "imortalidade" dos deuses. Assistido por sua mãe, a deusa Ninsun, e pelo deus Utu, e apesar de suas reservas, ele parte em buscas aventureiras pela vida eterna, buscas que se mostram inúteis. No entanto, sua convicção de que não deveria "espreitar por cima do muro como um mortal" continua mesmo quando ele jaz em seu leito de morte – até Utu trazer-lhe o veredicto final. Enlil disse: Nada de vida eterna. Mas ele foi consolado: por que você é especial, por que você é único, continuará a ter consigo sua esposa (e concubina ...), copeiro, empregados, músicos e o restante de sua família, mesmo no Mundo das Trevas.

E assim – nesse cenário imaginado – Gilgamesh é sepultado próximo a seu pai, no recinto sagrado de Ur, com o acompanhamento daqueles que lhe foram prometidos em lugar da Vida Eterna. Em qual PG? Não sabemos, mas há várias (esvaziadas por saqueadores da Antiguidade) para escolher. Que tal a PG-1050, que continha 40 corpos companheiros – o número correto daqueles listados no texto *A Morte de Gilgamesh*?

Um exemplo é estabelecido – um precedente foi criado.

Com a morte de Gilgamesh – estamos agora, segundo o calendário, por volta de 2600 a.C. – a era heroica de Uruk se extingue; tudo que permanece dela são os textos épicos e as representações pictóricas em selos cilíndricos, destacando Gilgamesh, Enkidu e os episódios heroicos. Enquanto a liderança anunnaki contempla onde estabelecer o Reinado central, **Nin.banda**, *irmã de Gilgamesh*, e seu marido, **Mes.anne.pada**, ficam em compasso de espera em Kish. Quando chega a decisão de que Ur foi escolhida, o casal deusa + semideus transfere-se para lá, com o intuito de assumir o papel de fundadores da Primeira Dinastia de Ur.

Eles deixam para trás, em Kish, seu filho mais velho, **Mes.kalam.dug** – governando como rei de Kish, embora esta não seja mais a capital nacional. Enquanto os novos governantes unem as cidades rivais da Suméria e ampliam-na tanto geográfica como culturalmente, seu filho mais velho, Mes.kalam.dug, morre em Kish.

Sendo semideus, ele não é sepultado longe de seu avô, Lugalbanda, e de seu tio, Gilgamesh, no que está se tornando o enredo da família dinástica "Ur I". Woolley, que assinalou a tumba **PG-755**, descreveu-a como uma "inumação simples", na qual encontrou o capacete dourado do falecido rei e uma magnífica adaga dourada (depositados no caixão, ao lado de seu corpo). Os mais de 60 artefatos encontrados na tumba incluem objetos pessoais (seu cinto de prata, um anel de ouro, joias de ouro com ou sem ornamentos de lápis-lazúli) e seus utensílios reais, muitos de prata ou ouro – evidência eterna de seu *status* de semideus + real. Mas, na verdade, não sabemos se um fosso de morte fazia parte de um sepultamento mais elaborado – o fato de seu selo pessoal contendo a inscrição **Mes.kalam.dug Lugal** ("Meskalamdug, *rei*") ter sido encontrado em solo SIS sugere que outra parte não descoberta existia e foi penetrada e saqueada na Antiguidade. Vasilhas de metal, recostadas perto do caixão da PG-755, contêm os nomes de seus pais **Mes.Anne. Pada** e **Nin.Banda Nin**, assegurando a identidade do falecido.

Então, chega o dia em que o próprio **Mes.anne.pada** "espreita sobre o muro". Sua esposa e dois filhos remanescentes proporcionam-lhe um sepultamento elaborado, de acordo com o fundador dinástico: um caixão adequado, uma câmara mortuária construída em pedra, um fosso de morte acessível por meio de uma rampa. Um grande tesouro de objetos feitos de ouro, prata e pedras preciosas foi transportado para baixo, junto com o corpo, em duas carruagens, cada uma delas conduzida por três bois, dois cavaleiros e um encarregado dos bois. Seis soldados portando capacetes de cobre e lanças atuavam como guarda-costas. Dentro do fosso, muitos outros soldados estavam ordenados, segurando lanças decoradas com pontas de electro e escudos. Um contingente de cantoras e músicos estava reunido com liras decoradas de forma requintada e uma "caixa de ressonância" musical com painéis cujas incrustações retratavam cenas dos contos de Gilgamesh. Também foram transportadas para baixo várias esculturas decoradas com imagens de touros e leões; uma escultura em particular, uma favorita do rei, era a cabeça de um touro feita de ouro com uma barba de lápis-lazúli. Ao todo, 54 assistentes foram reunidos no fosso para fazer companhia a Mes.anne.pada no Mundo Inferior.

Quando Woolley descobriu essa sepultura, numerou-a **PG-789** e chamou-a de *"Tumba do Rei"*. Ele assim o fez por causa da sua óbvia ligação com a PG-800, "Tumba da Rainha"; e essa, eu sugiro, era de fato ***a sepultura de Mes.anne.pada, o fundador da dinastia "Ur I"***.

Como o corpo principal desaparecera, e graças à ausência de objetos de ouro, prata e lápis-lazúli, Woolley concluiu que a PG-789 fora violada e roubada na Antiguidade – muito possivelmente, quando as escavações da PG-800 revelaram a câmara mortuária da PG-789.

E assim chegamos, em nossa imaginada Viagem ao Passado, à morte da própria "Rainha Puabi". Como e quando ela morreu, não sabemos. Presumindo que sobreviveu a seus dois outros filhos (A.anne.

pada e Mes.kiag.nunna), que governaram após a morte de seu marido, Nin.banda/Nin.e.gula/Nin. Puabi viu-se sozinha, com todos que eram caros a ela – seu pai Lugalbanda, seu irmão Gilgamesh, seu marido Mes.anne.pada e seus três filhos – mortos e enterrados no lote do cemitério que ela podia ver todos os dias. Seria seu desejo ser sepultada na Terra ao lado deles – ou os anunnakis não podiam transportar seu corpo de volta a Nibiru porque, apesar de ser uma *Nin*, ela não possuía genes terrestres por parte de seu pai semideus?

Não sabemos a resposta. Mas seja qual for a razão, Nin.Puabi foi enterrada em Ur, em uma sepultura adjacente à de seu marido, com todos os tesouros e serviçais com os quais essa dinastia única já se acostumara – adornada com joias da avó Inanna e um toucado, grande demais para a sua cabeça, de sua avó Bau/Gula ...

Isso nos leva à Descoberta das Origens Humanas de todos os tempos: por causa de todos os anunnakis e igigis que pisaram no planeta Terra e partiram, *Nin.Puabi – uma NIN, não importa quem fosse exatamente – foi a Deusa Que Nunca Partiu.*

AS LINHAGENS DO DNA
E DO DNA MITOCONDRIAL DE NIN.PUABI

Se estivermos corretos, eis as linhagens gerais e especificamente femininas do DNA de Nin.Puabi e sua associação direta com Nibiru, por meio dos filhos de Anu, Ninmah/Ninharsag e Bau/Gula:

A Árvore Genealógica de Nin.Puabi

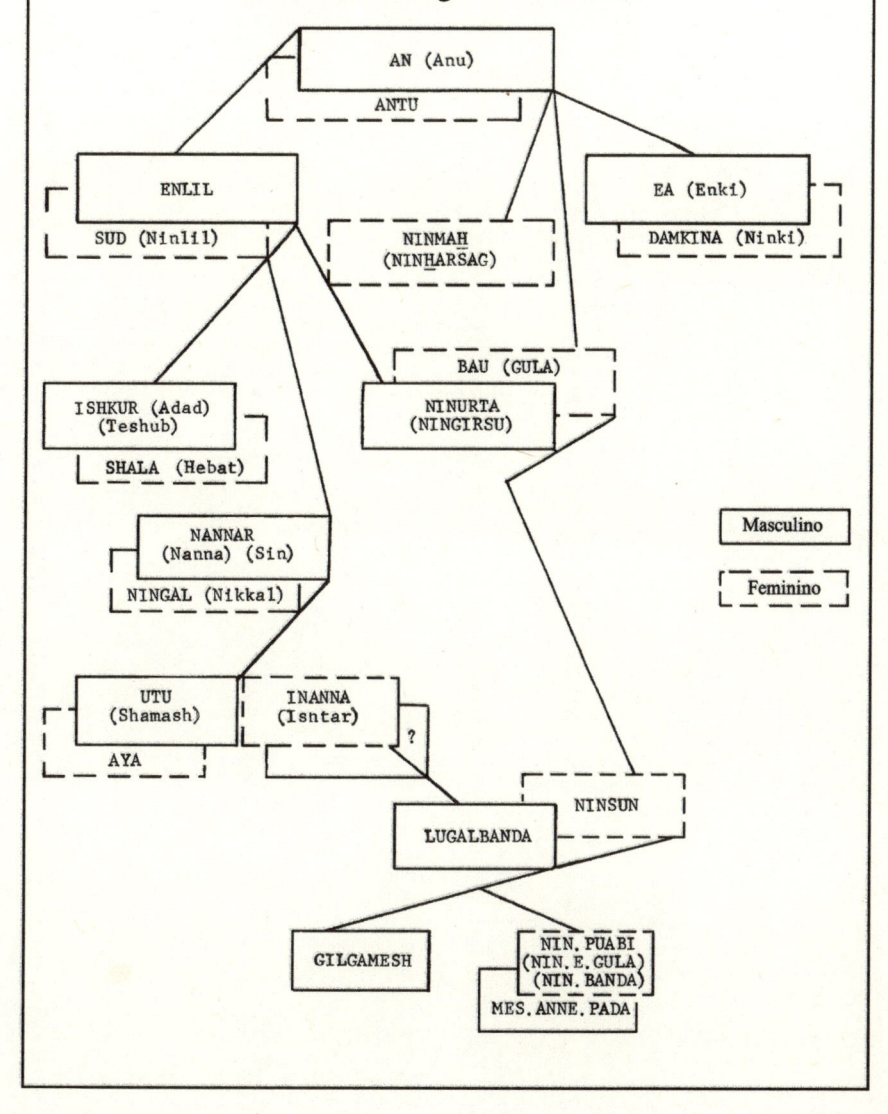

```
                    AN (Anu)
                     ANTU

   ENLIL                    NINMAH          EA (Enki)
   SUD (Ninlil)             (NINHARSAG)     DAMKINA (Ninki)


                        BAU (GULA)
   ISHKUR (Adad)        NINURTA
   (Teshub)             (NINGIRSU)
   SHALA (Hebat)

                                                Masculino
       NANNAR
       (Nanna) (Sin)                            Feminino
       NINGAL (Nikkal)


   UTU         INANNA
   (Shamash)   (Ishtar)
   AYA               ?
                                    NINSUN
                        LUGALBANDA


            GILGAMESH        NIN.PUABI
                             (NIN.E.GULA)
                             (NIN.BANDA)
                             MES.ANNE.PADA
```

PÓS-ESCRITO

As Origens Alienígenas da Humanidade: a Evidência

Desde a proposta de Darwin da Evolução como explicação para a vida na Terra, o capítulo mais interessante – que trata das origens humanas – colidiu com duas muralhas no caminho, como ondas do mar que batem, inutilmente, contra uma costa rochosa: para os "Crentes", a santidade da afirmação bíblica de que Deus, não a Evolução, criou o Homem; para os Puristas Científicos, a incapacidade de explicar como, em um processo evolucionário lento que requer milhões e milhões de anos, o Homem saltou do hominídeo, aprendeu a andar e se tornou um Homem Pensante (*Homo sapiens*) – nós – praticamente da noite para o dia, há alguns 300 mil anos. Quando fósseis hominídeos cada vez mais antigos são encontrados, mais se amplia o enigma do "Elo Perdido" (como o problema passou a ser conhecido).

Por mais de 30 anos, desde a publicação do livro *O 12º Planeta*, fiz o que pude para explicar que *não há* conflito entre a Bíblia e a Ciência, a Fé e o Conhecimento. O "Elo" está perdido, eu disse, porque alguém saltou o passo da Evolução e utilizou a sofisticada engenharia genética para aprimorar o *Homo erectus* ou o *Homo ergaster* (como alguns preferem chamar seu primo africano) misturando seus genes com os *seus* genes avançados. Esse "alguém" eram os bíblicos *Elohim* (que os sumérios chamavam *anunnakis*) que vieram para a Terra de seu planeta, Nibiru; moldaram O Adão e, em seguida, desposaram as Filhas do Homem. Isso foi possível, expliquei, porque a vida em seu planeta, e no nosso planeta, se baseia no mesmo DNA – compartilhado quando os planetas colidiram...

Você ainda está me acompanhando?

Deve haver uma forma melhor de explicar tudo isso sem discussão – não apenas para dizer que a Investigação Criminal indica que ocorreu um assassinato – mas uma maneira de *mostrar um corpo e dizer: Voilà*!

Ah, se ao menos um dos anunnakis ainda estivesse por aqui, um rapaz ou uma moça cujo fato de ser nibiruano seria inquestionável, que arregaçaria as mangas e diria: teste meu DNA, decodifique o meu genoma, veja que eu não sou do seu planeta! Descubra as diferenças, descubra o segredo da longevidade, cure seus cânceres... Se fosse possível!

Mas, por intermédio da bênção do Destino e do profissionalismo de arqueólogos dedicados, tal evidência – o corpo físico de um anunnaki – realmente existe. Ele consiste nos restos mortais de Nin.Puabi.

Foi em agosto de 2002 que o Museu Britânico de Londres revelou que caixas fechadas e negligenciadas em seu porão desde a época de Woolley continham crânios das Tumbas Reais de Ur. Buscando mais informação do museu, eu perguntei "se havia planos para examinar o DNA desses crânios". A resposta gentil que me foi dada era que "no momento não há planos para tentar uma análise de DNA", no entanto, "mais pesquisas são conduzidas pelo Departamento de Pesquisa Científica e pelo Departamento do Antigo Oriente Próximo, e espera-se que as descobertas iniciais possam ser divulgadas no início de 2003".

Após outras informações quanto ao tamanho dos cérebros e toucados, o curador do Departamento do Antigo Oriente Próximo me disse que "uma reavaliação detalhada de todos os ossos humanos coletados em Ur está em curso, neste momento". O relatório, publicado em 2004, revelou que a reavaliação envolvia testes de radiografia (ou seja, raios-x) realizados por cientistas do Museu de História Natural, em Londres. Ele afirmava que, "apesar do longo tempo desde a descoberta dos restos mortais, as conclusões dos especialistas contemporâneos podiam ser confirmadas". Os "especialistas contemporâneos", nesse caso, eram *sir* Arthur Keith e seus assistentes.

Conseguindo uma cópia do relatório, fiquei impressionado ao perceber que, 70 anos após as descobertas de Woolley, um museu em Londres ainda *possuía os restos mortais intactos da "Rainha Puabi" e do "Príncipe Meskalamdug"*!

Essa descoberta foi uma bomba: os restos mortais de uma deusa nibiruana (e de um rei semideus) que foi enterrada há alguns 4.500 anos estavam, inesperadamente, disponíveis, intactos!

Podemos discutir a respeito de quem realmente construiu as Grandes Pirâmides, discordar sobre o significado de textos sumérios ou rejeitar uma descoberta embaraçosa como sendo uma falsificação; mas aqui está evidência física irrefutável, cuja procedência, data, local de descoberta, etc. estão acima de dúvidas. ***Por isso, se a minha identificação de Puabi como uma deusa anunnaki, e não uma "rainha", e de Mes.kalam.dug como um semideus, e não um "príncipe" sumério – temos, à nossa disposição, dois genomas de pessoas cuja origem total ou parcial é de outro planeta!***

Persistindo com minhas repetidas perguntas sobre se os testes de DNA foram ou seriam conduzidos, indicaram-me a cientista que liderava a reavaliação, a dra. Theya Mollenson. Quando consegui contatá-la, estava aposentada. Tentativas de descobrir mais com a ajuda de amigos em Londres não deram em nada. A necessidade de lidar com assuntos mais urgentes mantinha o tema em "fogo brando" – até a notícia recente, de que os biólogos foram capazes de decodificar e comparar o DNA de um Neandertal de alguns 30 mil anos atrás com o DNA de um homem moderno, gerar a brilhante ideia: se isso foi possível – por que não decodificar e comparar o DNA de uma mulher anunnaki que morreu há meros 4.500 anos?

Em fevereiro de 2009, escrevi sobre o assunto ao Museu de História Natural, em Londres. Uma resposta gentil, assinada pela dra. Margaret Clegg, chefe da Unidade de Restos Humanos, confirmou que em posse do museu constavam "Nin Puabi, *também listada como Rainha Shubad, e o Rei Mes-Kalam-dug*". Acrescentando que "nenhuma análise de DNA fora conduzida nesses resquícios", ela explicou que "o Museu não tem o hábito de conduzir análises de DNA em resquícios desta coleção, e *não há planos para fazê-lo em um futuro próximo*". Essa postura foi reiterada pelo museu em março de 2010.

Apesar de o DNA de Nin.Puabi não ser puramente anunnaki em razão de seu pai, Lugalbanda, ser apenas um semideus, seu DNA mitocondrial, apenas por parte de mãe, é totalmente anunnaki – passando por Ninsun e Bau até chegar às Mães Antigas de Nibiru. Caso fossem testados, seus ossos poderiam revelar as diferenças entre o DNA e o DNA mitocondrial que representam o nosso Elo Perdido genético – aquele grupo de "genes alienígenas pequeno, mas crucial" (223?) que nos fez evoluir de hominídeos selvagens ao Homem Moderno, há alguns 300 mil anos.

É minha esperança ardente mostrar que os restos mortais de NIN-Puabi não são questão "de rotina", e que este livro convença o museu a realizar o incomum e conduzir os testes. Eles poderiam fornecer explicação vital à resposta dada a Gilgamesh:

> Quando os deuses criaram o Homem
> Amplo entendimento aperfeiçoaram para ele;
> Sabedoria lhe concederam;
> A ele foi dado Conhecimento –
> Vida Eterna não lhe fora concedida.

O que os "deuses" esconderam geneticamente de nós de forma deliberada?

Talvez o Criador de Tudo quisesse que a Deusa Que Nunca Partiu ficasse, até que nós, enfim, encontrássemos a resposta.

ZECHARIA SITCHIN